U0148340

此情可待成追忆
李商隐诗传

水恋珠 ————

著

远方出版社

图书在版编目（CIP）数据

此情可待成追忆：李商隐诗传／水恋珠著． —— 呼和浩特：远方出版社，2021.5

ISBN 978 - 7 - 5555 - 1372 - 8

Ⅰ.①此… Ⅱ.①水… Ⅲ.①李商隐（812 - 约858）- 传记 Ⅳ.①K825.6

中国版本图书馆 CIP 数据核字（2021）第 091871 号

此情可待成追忆：李商隐诗传

CI QING KE DAI CHENG ZHUIYI LI SHANGYIN SHIZHUAN

作　　者	水恋珠
责任编辑	奥丽雅
责任校对	安歌尔
封面设计	VIOLET
版式设计	赵艳霞
出版发行	远方出版社
社　　址	呼和浩特市乌兰察布东路 666 号　邮编：010010
电　　话	（0471）2236473 总编室　2236460 发行部
经　　销	新华书店
印　　刷	天津中印联印务有限公司
开　　本	145mm×210mm　1/32
字　　数	200 千
印　　张	8
版　　次	2021 年 5 月第 1 版
印　　次	2021 年 5 月第 1 次印刷
印　　数	1—5 000 册
标准书号	ISBN 978 - 7 - 5555 - 1372 - 8
定　　价	42.00 元

如发现印装质量问题，请与出版社联系调换

序　言

蓝田日暖玉生烟

在唐代灿若繁星的诗人中，李商隐是一颗璀璨的明星。

李商隐，字义山，号玉溪生，怀州河内（今河南省沁阳市）人。李商隐出身于小官宦之家，少年丧父，弱小孤独，佣书贩舂，苦撑门面。尽管艰苦备尝，仍不费学业，弱冠即以《才论》《圣论》令人刮目相看，先得白居易赏识，再得令狐楚知遇，但命运并未因为他的才华而青睐他。唐朝中后期，宦官弄权，朝政腐败，四十年之久的朋党斗争断送了这个诗人才华横溢的一生，使他"空负凌云万丈才，一身襟袍未曾开"。

李商隐的诗歌长于律、绝，文采斐然，风格色彩秾丽，尤喜用典，有时晦涩难懂，故有"诗家总爱西昆好，独恨无人作郑笺"之说。这几近毁誉参半的评价源自诗人元好问的《论诗三十首·其十二》："望帝春心托杜鹃，佳人锦瑟怨华年。诗家总爱西昆好，独恨无人作郑笺。"诗人都喜欢李商隐西昆体的诗，只可惜没有人能像郑玄注解古书那样，为他那风格美好的诗歌做出完美的解释。宋初年间，诗人杨亿、钱惟演等人因为崇拜李商隐诗的唯美，刻意模仿他的写诗风格，注重对仗，讲究辞藻，堆砌典故，却没有学到李商隐诗的精髓，当时把这种诗风称为"西昆体"。李商隐的诗语言华美，情思深婉，但内容隐晦艰深、意境朦胧，不易理解，故元好问感叹"诗家总爱西昆好，独恨无人作郑笺"。"郑笺"泛指给古籍作注解，《诗经》虽有毛公作传，但仍难以读懂，到了汉末，郑玄又为之作笺注，才使得难读难懂的《诗经》明白易懂。因此，希望有人能像郑玄给《诗经》作笺那样给李商隐的诗作注解。很遗憾哪！这么美好的诗句，如果有人来作出正确的解释该多好啊！

作为一个关心时事的知识分子，李商隐写了大量的咏史诗抨击时局，批判现实社会，用含蓄委婉的手法表达个人的政治意愿。作为晚唐时期的杰出诗人，众多评论家都承认一个事实，李商隐的重要性在唐代优秀诗人中，仅次于杜甫、李白、王维等人，但他独特的诗歌风格却可以与任何大家比肩。在李商隐留存下来的约六百首诗歌中，有一百首左右是政治咏史诗，重要的有《行次西郊作一百韵》《随师东》《有感二首》《韩碑》等。李商隐被认为是杜甫诗风的重要继承者，流传较广的有抒怀咏物诗《安定城楼》《春日寄怀》《乐游原》《杜工部蜀中离席》等，在学习和继承杜甫咏史诗的基础上，其思想内容及艺术表现手法都有创新和突破，或直抒胸臆，或辛辣讽刺，或借古讽今。他的作品意境优美、内涵充实、手法含蓄、议论精到，成为晚唐乃至整个唐代咏史诗中的佳作。

李商隐的爱情诗写得含蓄朦胧，情调幽美，有一种独特的难以捉摸的瑰丽。他是一个心思缜密的人，敏感而忧郁，这些属于个人品质方面的特点再加上爱情经历，故产生了深沉委婉甚至难以琢磨的爱情诗篇。他善于把内心深处的某种朦胧意象，采用象征、暗示、比兴、用典等曲折的方式进行表达，通过想象，借助典故，把可见的实情实景幻化为一种扑朔迷离的场景。在深曲婉转的诗境中，他隐藏内心的痛苦和无奈，一唱三叹，使读者在一种恍惚迷离的意境中产生朦胧多义的见解。在李商隐的诗歌创作中，无题诗是他的独创，如《无题》（八岁偷照镜）、《无题》（照梁初有情）、《无题》（相见时难别亦难）等以"无题"为名的爱情诗，朦胧曲婉。一般认为，他无非要表达两点：寄托与爱情。无题诗大多与爱情有关，诗中融入的或是他对社会人生的某种体验，或是若有所失的情感，给后世留下了许多耐人寻味的待解之谜。

李商隐的家世、身世、爱情经历及其他方面的原因促成了他易于伤感、内向的性格和心态。他三岁时随父到浙东，在江南水乡度过了六年的欢乐时光，这是他童年时代甚至是一生中唯一的黄金时期。初春时节，中原还是寒风凛冽，水乡泽国却已莺飞燕舞，还有那吴侬软语动人心魄的呢喃声，一川烟草，满城风絮，梅子黄时雨，这些都成了日后李商隐诗歌中风格秾丽、委婉柔美的色调基础。三岁前的李商隐生活在中原一带的黄河流域，"河南禁酒河阳饮，醉醒相看总有情"，大碗喝酒的粗犷民风给他留有最初的印象，而他柔弱的天性却与江南水泽之乡更为契合。他的一些长篇古文充满雄放奇崛的意境，而大多数诗歌则是含蓄朦胧、缠绵悱恻，充满令人沉醉的忧伤美，弥漫着忧郁情调。

李商隐除了诗歌方面的成就以外，骈体文成就也很高，是在恩师令狐楚的一手调教下成为骈体文作家的。骈体文广泛应用于唐代官方文件中，这种文体有一个显著特点，辞藻华丽，表述准确，注重文辞对偶，用典要求很高。这一写作习惯直接影响了李商隐的诗歌创作，可以这么认为，他在诗歌中喜欢用典跟他的骈文写作有很大的关系。可惜他最重要的骈文作品《樊南甲集》《樊南乙集》各二十卷共八百三十二篇都没有留存下来。中国史家学范文澜先生认为，只要李商隐的《樊南文集》保存下来，唐代其他的骈体文即便全部遗失也不可惜。

从社会意义上说，虽然李商隐的诗不及杜甫、李白、白居易的深度，但他却是对后世影响较大的诗人。晚唐时期，一些诗人开始自觉学习李商隐诗的风格。到了宋代，跟风者更是有增无减。北宋文学家王安石对李商隐诗的评价很高，"虽老杜无以过也"（《蔡宽夫诗话》）。从王安石本人的诗歌风格中也可以看出，他亦受李商隐诗的影响。李商隐的无题诗更是为明清二朝专写艳情诗的人趋之若鹜。中华民国时期鸳鸯蝴蝶派小说的香艳诗明显有李商隐无题诗的烙印。

在李商隐的一生中，最令人关注的除了他在诗歌领域的成就外，就是他政治生涯中身陷朋党之争给他造成的悲剧。他一生都在与命运抗争，但始终没有冲破朋党之争给他布下的罗网。这是一个令人唏嘘的人生际遇，李商隐十七岁时得令狐楚赏识，并极力培植，然而，科场诡谲，五年一第；官场污秽，十年不离青袍，一生都在漂泊流离中度过，先后到桂州、徐州、四川、广东等地的幕府履职，幕僚生涯远超过他正式为官的生涯。他唯一可以称道的是夫妻恩爱，但美满的婚姻却给他的仕途带来了灾难，使他终身夹在牛李两党中生不如死，"忘家恩，放利偷合"。故交都疏远他，讥讽他脚踏两桨，他一生都背负着"背牛就李"的黑锅。

李商隐与"牛李党争"的关系，以及与令狐一家的恩怨纠葛，明末清初的朱鹤龄在《笺注李义山诗集序》中有一段精辟的论述："夫令狐绹之恶义山，以其就王茂元、郑亚之辟也。其恶茂元、郑亚，以其为赞皇所善也。赞皇入相，荐自晋公，功流社稷，史家之论，每曲牛而直李。茂元诸人，皆一时翘楚，绹安得以私恩之故，牢笼义山，使终身不为之用乎？绹特以仇怨赞皇，恶及其党，因并恶其党赞皇之党者，非有其憾于义山也。"这里说得很清楚，李商隐"背牛就李"的不白之冤完全是朋党之争的恶果。

他的仕宦生涯中，第一次远行是应被贬"李党"骨干郑亚之邀入了桂幕，但由于上司再次被贬，失去工作的李商隐从千里之外的桂州返京，然而，四处求助无果。后来，李商隐得到武宁军节度使卢弘止的邀请，到徐州做幕僚，当他踌躇满志准备施展一番时，幕主卢弘止病故。李商隐再次失业，但还未来得及赶回家时，相濡以沫的妻子病故。失意到低谷的李商隐后来又得到西川节度使柳仲郢的邀请，到四川做幕僚，这次是他离京时间最长的一次远行。柳仲郢升迁入京，追随返京的李商隐被柳仲郢安排为盐铁推官，再次离京到浙东履职。后来，柳仲郢奉调进京，李商隐回到老家郑州荥阳，不久病逝。

李商隐是一个热爱生活、关心民间疾苦的诗人，动荡不安的时局和民生艰难的社会使他空怀一腔济世为民的情怀，一生贫寒困顿的生活使他过早地离开了人世。时代的悲剧也造就了他个人的悲剧。值得欣慰的是，他以赤子之心绽放的至情至性的作品，历千百年来为人诵读，成为中华民族文化中不可多得的瑰宝。

目 录

第一章

衰门弱族　繁华落尽

初春黎明，李商隐呱呱坠地。狰狞险恶的命运给这颗破土而出的希望之星，安排了一条崎岖难行的路。在"四海无可归之地，九族无可倚之亲"的悲凉中，幸得族伯悉心栽培的李商隐，笔下流出"十五泣春风，背面秋千下"的诗句。

皇室苗裔　衰门弱族的希望之星

　　《旧唐书·李商隐传》中客观而冷静地描述了李商隐的家世："曾祖叔恒，年十九登进士，位终安阳令。祖俌①，位终邢州录事参军。父嗣……"寥寥数语，说清了李商隐投胎的来路。然，投胎是个技术活儿，半点不由人，"未曾生我谁是我，生我之时我是谁"②。实际上，才情灿烂如花的李商隐远远不是《旧唐书》中描述的那样波澜不惊，作为皇族一脉的后裔，他的一生被浓厚的悲情色彩笼罩着，始终没有从那层悲剧色彩中突围出来。

　　所有的历史资料都不否认一个事实，李氏家族乃皇族同宗。据考证，李氏家族属于李唐皇族姑臧房的一支后裔。翻开《新唐书》的《宰相世系表》可知，他们与汉名将李广、西凉武昭王李暠沾亲带故。李商隐的先祖与唐皇室的先祖原是很亲近的兄弟，唐皇室出自李暠第二子，姑臧房出自第八子。谱系一路蔓延下来，数百年后，

---

　　① 古同"辅"。
　　② 出自清代顺治的《顺治归山诗》。

历史文献中已没有证明他们族谱的记载，到李商隐高祖李涉时，已无法从谱系中查到李家与李唐王室在血脉上的瓜葛了。因此，后世认为，他们与唐朝皇族的血脉关系很远，已是唐王室这棵大树的细枝末梢，无足轻重了。晚唐时期的"安史之乱"从根基上撼动了唐廷，唐王朝从此元气大伤，江河日下。开始走下坡路的唐王朝即便是王室都朝不保夕，而处在末端的与王室有千丝万缕瓜葛的远亲更是无人问津。况且，李唐王室也没有高调承认这门亲戚。

与古代文人的通病一样，作为李暠十五世裔孙的李商隐是自命清高的，他在一些诗歌或文章中藏头露尾地表明了自己皇族宗室的身份。在《哭遂州萧侍郎二十四韵》中，他干脆明说"公先真帝子，我系本王孙"。但这并没有给他带来什么实质的利益，皇族身份并没有产生令人仰望的威慑力，反而招来鄙夷不屑的目光，认为他有攀附权贵的嫌疑。这些可以杀人的目光给这个贵族青年留下了标志性的烙印——骨子里的忧伤。

李氏家族虽然一门三进士，但做的官都不算大。李涉是李商隐的高祖，担任过的最高行政职位是在当时的美原（今陕西省富平县西北）做县令。曾祖叔恒任安阳县令（一说是县尉）。这位曾祖叔恒不是等闲之辈，十九岁便一举中了进士，不仅有做官的行政能力，而且才情横溢，堪与当时彭城刘长卿、清河张楚金这些诗坛大腕比肩。可惜他二十九岁便走完了人生旅程，撒手人寰。我们姑且推测一下，如果他能长寿，或许会是振兴李氏家门的中坚力量，不至于到李商隐出生时家境已落到"衰门"的地步，弱到需要仰仗贵人施以援手来扶持。

好在叔恒之妻卢氏独立撑起了门面。卢氏出身范阳大族，是位颇有教养的知识女性，十七岁嫁到李家。虽然没有历史资料记载她在娘家时过着锦衣玉食的生活，但从她的父亲官至兵部侍郎、东都留守的记载来看，她的娘家应该是富裕安逸的，只是命运没有眷顾她，年纪轻轻便守寡了。卢氏含辛茹苦地抚养儿子李俌，希望他能光宗耀祖，振兴李家门庭。李俌也比较争气，虽然他没能像父亲那样高中进士，但也顺利进入了仕途。然而，短命像一个魔咒如影随形，李俌竟然因病早亡，走在了母亲卢氏的前面，他的仕途止于七品上的邢州录事参军①。李商隐的曾祖和祖父都没能逃脱英年早逝的命运，新一代的孤儿寡母又产生了。李俌留下的孤儿李嗣便是李商隐的父亲，在祖母和母亲的养育下长大成人。李嗣未能考中进士，他的仕途始于何时，没有明确的史料记载，只知道在李商隐出生时，他正在获嘉县令的职位上。

祖母卢氏在李俌死后十年去世了，没有看到李嗣成家立业。更为悲哀的是，她去世的时候，李家贫困到拿不出钱来将她的遗体运回怀州去与丈夫李叔恒合葬于雍店东原的祖坟，只能将就埋在郑州荥阳坛山原上新辟的家墓中。汉代李密与祖母相依为命，祖母九十六岁时，他写《陈情表》上奏晋武帝："臣无祖母，无以至今日，祖母无臣，无以至终年……乌鸟私情，愿乞终养。"李密恳求晋武帝开恩，不要强求他赴京就职，让他回归故里给祖母养老送终，九十六岁老人的生命像流星一样稍纵即逝，他要抓紧时间在祖母面前尽孝。据说晋武帝看了《陈情表》后，深受感动，特赏赐给李密奴婢二人，并且命当地郡县按时给其祖母供养，故有"读诸葛亮《出师表》不流泪者不忠，读李密《陈情表》不流泪者不孝"之说。今日，同样是被祖母抚养长大的李嗣，虽为官一方，却贫困得没有能力让祖母魂归怀州河内的祖墓，这成为埋在李嗣心中的一根尖利的刺，时刻扎得他心痛。

---

① 官职名称，唐朝为王、公、大将军的属员，掌总录众曹文簿。

李商隐未出生时，李嗣膝下已有三千金，大女儿不幸早夭，二女儿不但标致漂亮，而且冰雪聪明，琴棋书画、针线女红，样样精通。李嗣在络绎不绝的求婚者中，为掌上明珠相中了盛唐开元年间的名相裴耀卿的孙子裴允元。但这门貌似完美的婚姻却以一枚苦果告终，实在是出人意料。在预订的时辰，裴家准时送来了彩礼，当裴家人拿着赏金心满意足地离去之后，李嗣心里的一块石头落地了。爱女有了归宿，嫁入了河东望族，实在是天遂人愿。不料，这份欢喜只是昙花一现，令人心跳地闪现了一下野外萤火虫般的亮光，随即便沉寂在浓黑的夜色中。

天宝年间，由于宰相李林甫一番居心叵测的运作，导致豢养了尾大不掉的胡人节度使。唐天宝十四年（755 年）十二月十六日，雄踞一方的胡人节度使安禄山串通史思明在范阳举兵反唐，叛军所向披靡，很快便控制了河北一带。这次反叛并非像叛军打出的旗号那样，以"忧国之危"奉密诏讨伐杨国忠，也不是建立西凉半壁江山与唐王朝分庭抗礼，而是要与唐王朝争夺统治权。这场厮杀了八年的内战打到最后，"宫室焚烧，十不存一，百曹荒废，曾无尺椽"[①]，黄河中下游满目凄凉，人烟断绝，豺狼所嗥。杜甫在诗中写道："寂寞天宝后，园庐但蒿藜，我里百余家，世乱各东西。"唐王朝从此失去西域安西、北庭，内忧外患，百姓流离失所，朝不保夕。

"安史之乱"爆发，兵祸连连，赋税猛于虎。李家那个冰雪聪明的女儿受不了兵荒马乱的刺激，异常痛苦。当然，既然订了婚，后面就要按正常程序走，婚礼如期举行。新婚宴尔，裴家公子不但没有体味到甜蜜的新婚生活，反而倍受折磨，妻子时常半夜被噩梦惊醒，大喊大叫，搅得裴家乱作一团。有情有义的裴允元对新婚妻子

---

① 见《旧唐书·郭子仪传》。

百般呵护，一再容忍她失控的情绪。他钟情于她婚前那水灵灵的俊俏模样，那模样曾深深地打动过他的心弦，即便她现在由于疾病的折磨失去了往日风采，他仍然对她爱得很深。但裴家公婆没有这份心境，他们无法容忍这个病恹恹的新媳妇，休书一封，让李家来接姑娘，待病愈后再回来。这其实是变相地休了这个刚过门的儿媳妇，对李嗣来说等于一记闷棍。二女儿被遣送回家之后，病情一天重似一天，曾经水葱一样标致的女孩就这样黯淡了。

当时的李嗣已年过四十，大女儿早夭，二女儿被弃，小女儿待字闺中，将来会遇到什么样的婆家还是个未知数，这怎么能叫他不心焦。李嗣的心里蒙上了一层浓重的阴影，就在这时，夫人怀孕了。这个柳暗花明的喜讯来得正是时候，李嗣的精神为之一振，已四十有余的他，眼下仍膝下荒凉，没有儿子，他希望李家添一个男丁，以补"不孝有三，无后为大"的缺憾。

唐元和七年（812年）的初春时节，即便春寒料峭，仍抵挡不住迎春花在二月里吐蕊怒放，斯时，李嗣正在获嘉县令的职位上。眼见夫人的产期临近，李嗣近几日来总是惴惴不安。这天，他提前一个时辰结束公务回到家里，站在打扫得干干净净的院落，预感到就在今晚，那个让他望眼欲穿的儿子将会降生。于是，他打发人去将远近闻名的接生婆接来家中。那一晚他如坐针毡，焦灼不安的感觉一直折磨他到深夜。在丑末寅初之时，疲惫不堪的李嗣上下眼皮打起架来，支撑不住了。他刚想打个盹儿，忽闻夫人房中传来一声清亮的啼哭声，还没等他三步并作两步冲进房间，丫鬟已跌跌撞撞地扑了出来："大人……是个公子……公子！"

那声清亮的啼哭一扫李嗣心头的阴霾，如一股和煦的春风直达心底。在这春寒料峭的早春，他心花怒放，顿觉大地一片温暖如春。他给儿子取名商隐，字义山。大凡名字都蕴含着深远的人生寓意，我们虽然无法和李嗣面对面地探讨这个名字是什么意思，但是当代著名学者、李商隐研究专家刘学锴先生给出了答案："商隐"之名摆脱不了取义"商山四皓"的干系，商隐当是取义于秦末汉初隐于商山的四位高士。取字"义山"，也有深刻的寓意。"商山四皓"由于张良引荐，纷纷出山，成为汉高祖太子的高参，成功地辅佐太子安定储位。作为一个男人，李嗣是有抱负的，当然不愿意儿子一辈子只是一条池中鱼，终身隐居不仕，他希望儿子能像"商山四皓"那样，伺机而出，成为帝王之佐。此外，"商隐"之名还有一层含义，苦于父、祖英年早逝，李嗣希望儿子能够像那四个须发雪白的老人一样高寿。

　　李商隐的出生对李嗣而言意义非凡，李家从此有了嫡亲的直系传人，李嗣感到莫大的欣慰。这是一颗衰门弱族的希望之星，要担当起振兴家门的重任。然，命运难料，你永远不知道老天爷是如何安排的。在晚唐山雨欲来的大环境下，李商隐想要跳出凡夫俗子的龙门，出人头地，进士及第，前途实难预料。这个生在小官僚家庭的男童，就像在一片险恶嶙峋的石头缝里钻出的小草。现在，这棵纤细的小草在阳光下透出稚嫩的绿色，这一点绿色就是李家这个衰门弱族的希望。

悲情迁徙之路

　　自唐高宗以来的统治者都心仪洛阳，一直以洛阳为都。在洛阳北面，黄河之水从遥远的西北边陲一路曲折迂回，滋润着两岸。在这片土地上，出现了三位在中国文学史上光芒四射的人物：韩愈、杜甫、李商隐。

　　坐落在黄河北岸的河阳（今河南省孟州市）是一个军事重镇，由于占尽地利，河阳一直是洛阳东北大门的一道锁钥，控制着黄河天险。中唐时期，被后世尊称为"唐宋八大家之首"的韩愈在河阳降生。作为唐代古文运动的倡导者，引领了唐代"文艺复兴"的韩愈与李商隐生活的时代相近，但年龄差距很大，李商隐十几岁时，韩愈已从人生舞台谢幕，二人平生从未谋面。

　　过了河阳，黄河继续东下，在几十里地的南岸，有一个小县城叫巩县（今河南省巩义市），巩县之北的洛水在这儿注入黄河。盛唐时期，这里诞生了中国文学史上令人瞩目的人物，他就是在中国古典诗歌中影响深远的现实主义诗人，被誉为"诗圣"的杜甫。同为唐代诗人，李商隐的才气不输杜甫，他与杜甫在诗坛上同样璀璨夺目。后世将杜甫与另一位诗坛大腕李白合称为"李杜"，而李商隐与唐代诗人杜牧则被称为"小李杜"。

蜿蜒东流的黄河来到与郑州隔河相望的武陟（今河南省武陟县），在这儿欣然接纳了从北流来的沁水，再一路前行几十里，就到达黄河北岸一个贫穷而偏僻的小城——获嘉（今河南省获嘉县）。李商隐的父亲就在这个弹丸小城为官，一说县令，一说县尉。当然，李嗣是县令还是县尉，在今人眼中已不重要了，重要的是他的儿子李商隐。

四十多岁的李嗣喜得麟儿后不久，又添一子，即李商隐的弟弟。李嗣仍忌讳先祖的早逝，便给这个儿子取字义叟。叟，老翁也。李嗣毫不掩饰地流露出希望儿女个个长寿的愿望，但事与愿违，李商隐的二姐还是早夭了。一天夜里，搂着弟弟李商隐进入梦乡的二姐，就在那夜静静地走了。自从她被裴家送回娘家后，再也没有回到河东望族的夫婿家中。李嗣这时又遇到了祖母去世时的难题，他本想将爱女的遗体送回郑州荥阳安葬在家墓中，但窘迫的经济状况使他只能将爱女暂时埋在获嘉，待以后有条件时再迁回郑州，魂归故里。

"灵沉绵之际，俎背之时，某初解扶床，犹能记面。"这是李商隐刚刚能扶着床沿勉强站稳的时候，看到姐姐弥留之际的印象。一个两岁多的孩子近距离地接触到死亡，是非常残酷的，这种悲怆的印象在他的脑子里挥之不去。李商隐后来的忧郁气质恐怕与最先闯入他记忆的悲惨画面有很大的关系。

爱女早逝，李嗣几近崩溃，这个清廉的县官又因囊中羞涩而拿不出钱来贿赂上司，升迁无望。就在走投无路时，转机出现了，一封来自长安的信使李嗣绝处逢生。

信是与李嗣同龄的杜四寄来的。杜四何许人也？杜四乃安阳缙绅之子，以明经入仕。他在任万年县（今属江西上饶市）主簿①时就听说李嗣处境不妙，正好这时他的好友给事中②孟简将出任浙江东观察使③，需要组阁，于是便把李嗣推荐给孟简。孟简当即表示同意，并火速致信李嗣，催促尽快回复。对李嗣来说，这份工作来得正是时候，可以借这个机会摆脱在获嘉履职的窘迫。

孟简，字几道，德州平昌（今山东省德平镇）人。唐贞元七年（791年），考中进士；唐贞元九年（793年），担任浙东观察使皇甫政的助手；唐贞元十三年（797年），随皇甫政入朝任职，累官至仓部员外郎④。对李嗣而言，在孟简手下做幕僚，不失为一条很好的出路。得到李嗣的回复后，孟简很快就派人送来了聘书和路费。李嗣立即启程，举家南下浙江。跟随李嗣一家前往浙江的还有三名男仆和两名女仆，都是曾经挣扎在死亡线上的难民，从老家荥阳来投奔李嗣，被李嗣收留在门下。

李嗣举家南迁的时候，李商隐三岁。之后的一生他都在漂泊中，像一片浮萍，在恶水泛滥的官场上漂来荡去，直到最后落叶归根，安息在故乡那片厚重的泥土中。

三岁男童对父亲南迁赴任一事不可能有理性的认知，大概只把这当作一次远游。迁徙之路一千八百余里，历时一个多月。李嗣在

---

① 唐代掌管文书、档案、印章的文职官员，是县级行政制度中的重要官员。
② 唐代官职名称，相当于皇帝的生活或政治秘书，很多朝廷大员都被皇帝授予此职以示荣誉。
③ 唐代地方军政长官，全称"观察处置使"。
④ 唐代掌全国军储、出纳租税、禄粮、仓廪之事的官员。

孟简的幕府具体担任什么职位，史料没有明确记载，而李商隐在《仲姊志状》①一文中，称父亲是"殿中君"，从中可知李嗣当时应该是殿中侍御史，官阶比在获嘉做县令高一品。御史是言官，负责监督中央官吏和弹劾百官犯罪，可直接向朝廷进言，反映基层情况。

"浙水东西，半纪漂泊"，这里漂泊的主角绝不是李商隐，而是李嗣。李嗣在浙江任职六年，流连于浙东浙西。浙东观察使的治所在越州，浙西观察使的治所在润州（今江苏省镇江市），他是因公到处出差还是在浙东浙西两大行政区供职，就没有史料记载了。

出身名门的孟简是个厉害角色，少年得志，尤工诗，善行书，是个学者型官员，最大的政绩是在常州任刺史时开通了镇江河道。唐朝时期，长江自镇江以下江阔水深，遇到大风季节，恶浪滔天，运粮船只路过那条水道，莫不九死一生。出于安全考虑，船只只能绕道而行，由南运河至润州过江，到对岸六圩进入北运河再继续北上。但这也不是最好的路线，河段以上的水位居高临下，遇到枯水期，大小船只只能在干涸的河道里搁浅。更令人叫苦不迭的是，低处的水位无法越过高处的地势灌溉农田，导致农作物颗粒无收，农民苦不堪言。孟简上任后，亲自实地考察，征集民工十五万人，对旧河道全面疏浚，修成了长四十一公里的水道，使四千余顷农田得到灌溉。后人因此将这条河道称作"孟河"，以纪念孟简的功绩。

尽管如此，踌躇满志的李嗣并没有在这一方官场上找到净土。当时唐宪宗志在削平藩镇，急需大笔钱粮，孟简为了迎合朝廷，便依靠当地土豪盘剥农民和商人，聚敛钱财满足朝廷需要，因此讼断和处理民事纠纷时均偏袒土豪而欺凌百姓。李嗣对此很失望，看到

---

① 全称为《请卢尚书撰李氏仲姊河东裴氏夫人志文状》，收于《全唐文》。

孟简并非想象的那样清廉，好在其人品还有可圈可点之处。孟简没有用鄙薄的眼光羞辱他困顿，至少维护了他的尊严，只要他尽心尽责，总会给他一份足以保证全家衣食饱足的俸禄。唐元和十二年（817年）八月，孟简因聚敛有术而受到朝廷青睐，官运亨通，被征召入朝任户部侍郎①。孟简入朝时带走了几位年轻有为的幕僚，对其他幕僚一一妥善安置，愿回原籍的发给盘缠，愿意留任的就地安排。李嗣表示愿意继续留任，于是孟简将他推荐给新上任的浙西观察使李翛，做掌书记②。李翛乃唐顺宗庄宪皇后的妹婿，论辈分又是唐宪宗的姨父。仗着外戚身份，李翛贪婪逢迎，做搜刮民财、挖国库墙脚之事，无所不用其极。

这位新幕主的所作所为不仅让李嗣感到沮丧，更令他万分担忧，可也不敢说什么。早在唐元和十年（815年），李翛就干过一件臭名昭著的事。太后驾崩，他假借负责运送灵驾之事中饱私囊，以致许多随行官员吃不饱饭。还因为扩建渭城北门时，克扣经费，偷工减料，导致灵驾差点翻进沟中，事后又谎称灵车车轴断裂而被迫停驾。正直的山陵使③李逢吉揭发了李翛，将他的罪行上报唐宪宗，建议以失职罪、欺君罔上罪查办。唐宪宗迫于压力将李翛的青光禄大夫的官爵削去，可是第二天即以三品官职复位，朝中愕然。此后，朝廷中的正义之士多被他诬告毁谤。

李嗣在李翛属下做了一名文职人员，他的国学功底深厚，文章精妙，又写得一手好字，更重要的是，他做人低调，与世无争。李嗣就这样默默地做着一名小官，拿着过得去的薪水，维持一家老小

---

① 唐代户部即今天的财政部，"侍郎"相当于今天的副部长、次长。

② 唐代官名，全称节度掌书记，为掌管一路军政、民政机关之机要秘书。

③ 掌皇帝丧葬之事，唐宋为大礼五使之一，多由大臣临时兼任。

的生活。李商隐的童年虽然算不上富贵荣华，却也衣食无忧。

李嗣虽然公务繁忙，但很注重儿子的启蒙教育。李商隐在父亲严慈相济的呵护下，很快脱颖而出，"五年读经书，七年弄笔砚"。可是这个早慧的孩子并未少年得志，很快就遭遇了命运的严酷摧残。李嗣在任职期间去世，史料上没有去世的具体日期，但从李商隐当时约十岁来推算，李嗣死时约五十岁。欢乐的童年就此结束了，此后一生，李商隐都与贫寒、失意、忧伤相伴。

李嗣去世，先前尚属小康的李商隐一家立时变得衣食无着，他们的根不在浙东，江南虽好，终非故土。现在孤儿寡母无依无靠，只能返回故乡。这次迁徙悲情万分，六年前，一家人在李嗣的带领下满怀希望地南下；如今，还是那条迁徙之路和那般风景，却物是人非。作为长子的李商隐身穿孝服，搀扶着悲痛欲绝的母亲，手持丹旐，领着弟妹，恓惶万分地护送父亲的灵柩，艰难地走在返乡的路上。好在这次返乡的还有以前跟随父亲一路南下的几个仆人，虽然主人离世，但他们感恩主人之德，愿意忠心地跟随主母回到原籍。

"某年方就傅，家难旋臻。躬奉板舆，以引丹旐，四海无可归之地，九族无可倚之亲。既祔故邱，便同逋骇，生人穷困，闻见所无。及衣裳外除，旨甘是急。乃占数东甸，佣书贩舂。"

——《祭裴氏姊文》

这是何等凄凉的一段经历，读来句句含泪。"某年方就傅，家难旋臻"，这句充满唏嘘的感叹只有亲身经历过的人才说得出来。八九岁正是跟着老师入学的时候，可家庭的灾难转眼就来。与李商隐同为唐代诗人的杜甫在八九岁时，"庭前八月梨枣熟，一日上树能千回"，整天在顽皮打闹中度过，灵活得像猴子一样在树上爬上爬下。"躬奉板舆，以引丹旐，四海无可归之地，九族无可倚之亲"，一语道尽他的无奈与悲伤：举着亡父的引魂幡，扶着亡父的灵柩，领着母亲和弟弟妹妹，悲情返故乡。

举迁东都洛阳　繁华落尽的求生之道

　　返乡路的尽头是"四海无可归之地，九族无可倚之亲"的悲凉。他们千里迢迢、星夜兼程地回到故乡，那里只有祖上在县城东郊山脚下的两亩坟地，那也是父亲的灵魂安息之处，除此之外，他们一无所有。少年李商隐尝到了深入骨髓的愁滋味，贫穷而卑贱的生活使这个少年的心智开始成熟。他在故乡为父亲守孝三年，"生人穷困，闻见所无"，孤儿寡母的生活极其窘迫，凄凉到难以言说。

　　万幸的是，李氏家族中有一位隐姓埋名在乡间过着淡泊生活的堂叔。堂叔向他们施以援手，是他们唯一的依靠。堂叔是位饱学的儒生，性格孤傲，其父和李嗣的父亲都做过七品官，李嗣的父亲是邢州录事参军，堂叔的父亲是郊社令①。堂叔十九岁时便以"乡贡"身份参加科举考试，就在他前途不可限量的时候，其父病危，只得离开长安回到原籍养病。他也立马从国子监退学，陪同父亲回到荥

────────

　　①　唐朝专掌祭奠的官员。

阳老家。父亲逝世后，他结庐于墓侧，守孝三年。服丧完毕后，他仍有为官的希望，但依他敦厚正直的秉性，官场并不是他的归宿，因而选择做一介农夫，在乡间隐居。

在李商隐一家扶柩返乡后，堂叔以长者身份义不容辞地担负起李商隐弟兄的教育之责，传授古文和书法，"商隐与仲弟义叟，再从弟宣岳等亲授经典，教为文章，生徒之中，叨称达者"。堂叔饱读诗书，满腹经纶，书法精益。守孝期间，李商隐在堂叔的调教下写得一手好文章。几年后，李商隐以《才论》《圣论》在洛阳声名鹊起，令人瞩目。在一班学富五车的士大夫中，有一双慧眼看中了他，这就是对李商隐有知遇之恩的令狐楚。

"及衣裳外除，旨甘是急。乃占数东甸，佣书贩舂。"三年过去，脱下孝服之后，迫切需要解决的是温饱问题。他是长子，必须负起养家糊口的责任，挣钱养活母亲和弟弟妹妹。这一年，李商隐十三岁，为了生计，一家人再度迁徙，迁到洛阳。

唐朝的洛阳城盛极一时，城内银河环绕，皇宫犹如天宫，才子佳人云集，日夜笙歌，"谁家玉笛暗飞声，散入春风满洛城"。洛阳城一派歌舞升平，却掩藏不住百姓的困苦与艰难。在繁华的街上，一位衣着简朴的少年踽踽独行，清瘦的脸上写满忧伤，愁眉深锁，来去匆匆，这位少年就是李商隐。

李商隐有个堂兄名叫李让山，是个生意人，虽不是商界巨贾，但也很富有。李让山和堂叔一样重义气，每每不忘扶持这孤儿寡母一把，他将来洛阳投奔他的李商隐一家安置在城外永丰坊一处闲置的宅院里。那里原是一位官僚的住宅，但因主人家属随迁，就成了闲房。

当时洛阳一些大户人家常常雇人去家里抄写书籍，李让山知道李商隐的书法功底好，于是就帮忙揽些抄写的活计交给李商隐，李商隐和弟弟以此挣点钱贴补家用。为了维持生计，李商隐还干起了代人舂谷的体力活。

转眼一年过去了，新春即将来临，李商隐和弟弟义叟来到李让山在城里的店铺挂牌代写春联。很多人慕名前来观看这位写对联的少年奇才，当中不乏太平军节度使①令狐楚的两个儿子令狐绪和令狐绹，还有一位则是唐代三大诗人之一的白居易。

随后又过去三年，即李商隐十六岁那年，《才论》《圣论》问世。这两部作品使他在才子云集的洛阳名声大噪，洛阳士大夫争相传诵这个十六岁少年的佳作。可惜这两篇佳作早已散佚，后人无从欣赏它们的优美。

除古文创作外，李商隐的诗作也是文采斐然。

八岁偷照镜，长眉已能画。
十岁去踏青，芙蓉作裙衩。
十二学弹筝，银甲不曾卸。
十四藏六亲，悬知犹未嫁。
十五泣春风，背面秋千下。

——李商隐《无题》

或许诗中的这个女孩就是李商隐邻家的小女儿。一日，他无意中瞥见她对镜描眉，动作小心而可爱，虽然只有八岁，但已能描出像弯月一样的长眉了。十岁时，她去踏青，阳春三月，在绿草如茵的草地上，她的脚步像风儿一样轻盈，裙裳上绣着清雅无瑕的芙蓉

---

① 地方军政长官，受职之时接受朝廷授予的旌节。"节"是唐朝的一种全权印信，有尚方宝剑之威，受有此全权印信者，便可全权调动，故称"节度使"。

花，内心恬静芬芳。十二岁时，她刻苦学艺，弹筝所用的银甲都不曾取下。豆蔻年华的十四岁说来就来了，她藏于闺阁，回避与男性亲属交往，既矜持却又隐隐希望自己能嫁与知心人。转眼到了十五岁，她用簪子把头发束了起来，不知那个待嫁的郎君是不是她心仪的男子。前途未卜之际，她忧伤烦闷，又无处说相思，更无心戏秋千，春风拂面，眼泪不觉流下来。

李商隐用白描手法将一个意味深长的故事娓娓道来，虽然看似写的是一个女孩子，有心人却可以从中读出弦外之音。诗中的暗喻用得非常巧妙，女为悦己者容，画出长眉吸引欣赏自己的人。十岁去踏青时，她在裙衩上绣芙蓉，想要遇到知心人。她知道，光有美貌是不够的，还要有才智。于是，从清晨到黄昏，她整天都在练习弹筝，银甲都不曾卸过。"十四藏六亲，悬知犹未嫁。""悬知"二字用得很妙，外界都在夸赞这个女孩才貌双全，却不知将来花落谁家，她的心上人迟迟未谋面，所以暗自垂泪。

这是李商隐的早期诗作，那时的他大概十六七岁。诗里蕴藏着耐人寻味的弦外之音，如果把故事中的"她"换成"他"，就可以破解这首小诗的谜底，一目了然地看到李商隐的真实心思。为了有一个光明的未来，他努力充实自己，但是欣赏他的人在哪里呢？

第二章

行卷一枝奇葩　潜规则不幸之大幸

命运之神不忍埋没这个才子，他生命中的贵人先后现身，先是白居易，后是令狐楚。几年后，决定他命运转机的《才论》《圣论》使他在东都洛阳一炮走红，成为一匹诗坛黑马。他在登第的天梯上努力攀爬，不料四次落第。失意之时，遇到了蕙质兰心的洛阳姑娘，可惜阴差阳错，这个爱情故事只留下一声叹息。

十年忽然　蜩宣甲化

　　唐朝科举制度中有一种特殊的习俗，称作"行卷"。当时的进士考试除了考场见功力之外，考官在阅卷时往往注重应举之人平日在社会上的文学声誉。此外，各方名人的推荐对考官的影响也很大。由于社会名流都与考官过往甚密，常常言外有意地向考官推荐自己欣赏的士子，考官心领神会，在画圈时就会特别留意那些考生。因此，进京应考的士子为了赢得社会声誉，便将自己的诗或赋写成卷轴，献给当时的社会名流，请求推荐，以增加及第的筹码。这种带有裙带关系性质的推荐虽饱受诟病，但它的积极意义在于鼓励考生自我展示，大胆直接地宣传自己的才华。

　　"安史之乱"以前，进士科录人数凤毛麟角，名落孙山者众多，登第如同登天。唐代许多诗坛名人都有"行卷"的经历，著名诗人白居易的行卷经历颇为有趣。这个在当时寂寂无闻的才子，怀揣他的诗作前去拜访文坛前辈顾况。诗作封面上"白居易"三个字惹得顾况发笑，看着这个诚惶诚恐的年轻人，顾况脱口说道："长安百物皆贵，居大不易！"意思是长安什么东西都贵得很，要在这儿立足很难啊！待开卷读到"离离原上草，一岁一枯荣。野火烧不尽，春风吹又生。远芳侵古道，晴翠接荒城。又送王孙去，萋萋满别情"时，大为感叹："有句如此，居天下亦不难。老夫前言戏之尔。"白居易及第后，对行卷产生的效应深有感触，曾写道："袖里新诗十余首，吟看句句是琼琚。如何持此将干谒，不及公卿一字书。"①

唐贞元十六年（800年），二十九岁的白居易中了进士。在官场上浮沉一生的白居易，晚年独善其身，在洛阳的履道里购得一所宅第定居下来，这房子原是散骑常侍②杨凭的住宅。当时与白居易过往甚密的诗人有刘禹锡、裴度、元稹等。白居易年长李商隐近三十岁，当李商隐在洛阳"佣书贩舂"时，白居易对这个少年才子已有耳闻，但二人真正相识是在唐大和三年（829年）二月。白居易在洛阳闲居十八年后离世，他的墓志铭《刑部尚书致仕赠尚书右仆射太原白公墓碑铭》由李商隐撰写，流传于世。

李商隐十六岁那年，他的《才论》《圣论》便跻身行卷之列，在名人士大夫中传阅，引来文坛不小的轰动。赏识他的人终于出现，先是白居易，后是令狐楚。

唐大和三年（829年）二月，李商隐带着《才论》《圣论》去拜谒白居易。这两篇早期作品显示出李商隐非凡的才华，深得白居易赏识。而那首《无题》（八岁偷照镜），深深地打动了已年近五十的白居易，他很难相信眼前这个少年才俊竟有如此令人心酸的身世。此时的李商隐如初生牛犊般跃跃欲试，他要为自己争取一个光明的前途，在藏龙卧虎的东都洛阳搏一席之地。斯时，朝中牛李两党剑

---

① 《见尹公亮新诗，偶赠绝句》。
② 官名，皇帝的侍从，入则规谏过失，相当于皇帝的顾问；出则骑马散从。

拔弩张，而白居易既非牛党也非李党，这个有资历的前辈很清楚，欲登科及第或入仕，若没有当政要人的提携，必将走投无路。他欣赏李商隐的才华，不忍埋没这个意气风发的少年才俊，于是建议李商隐前去拜谒检校礼部尚书河南尹①令狐楚。

令狐楚，唐朝宰相，文学家，于唐贞元七年（791年）与状元尹枢同榜进士及第，唐宪宗时被任命为翰林学士，唐元和十四年（819年）入朝拜相。唐宪宗去世后，令狐楚因亲吏贪赃污事受到牵连，被贬为衡州刺史。唐敬宗继位后，令狐楚东山再起，出任户部尚书、东都留守、太平军节度使、累升至检校尚书右仆射。令狐楚是中唐时期重要的政治人物，很多重大政治事件都与他密切相关。《旧唐书》记载，唐贞元十六年（800年）十月，检校工部尚书、太原尹、河东节度使郑儋在任上病卒，尸骨未寒，军中一片哗然，露出兵变端倪。果不其然，一天深夜，令狐楚遭遇一批将士的武装挟持，胁迫他起草遗表。斯时身旁盔甲环绕，白刃林立，在如狼似虎的将士围观下，令狐楚镇静自若，凭借深厚的文学功底，一气呵成写下遗表，并当众宣读，将士莫不痛哭流涕。军心大定，令狐楚一时名声大震。

令狐楚才思俊丽，深得唐德宗赏识。每次只要太原府有奏章呈来，唐德宗一眼便能认出令狐楚的手笔，反复品味，赞不绝口。令狐楚尤善四六骈文，堪称当时骈文第一高手，其骈文"隶事生动，犹得子山②遗意"，时有庾信之后的古文文宗之誉。他的骈文与韩愈的古文、杜甫的诗歌为公认的"三绝"。唐大和三年（829年）三

---

① "礼部尚书"是主管朝廷中的礼仪、祭祀、宴餐、学校、科举和外事活动的大臣。"检校"即"诏除"，就是由皇帝下诏单批，而非人事部门正式任命的"加官"。洛阳为河南尹治所，长史为尹，司马为少尹。令狐楚当时在洛阳，故为"河南尹"。

② 庾信，字子山，小字兰成，南北朝时期著名文学家。

月，令狐楚以检校兵部尚书的身份出任东都留守，分司东都洛阳。

河南府是东都洛阳直属的特别行政区，当时的河南府衙所在地就在宣化坊。当前去拜谒的李商隐站在令狐楚面前时，令狐楚眼睛一亮，慧眼识珠的他看到了一块价值连城的璞玉，顿时心生揽才之意。从此，令狐楚的文学沙龙中，出现了一个瘦比沈约、目光忧郁的少年。在群贤毕至的令狐幕府中，李商隐才气逼人，被令狐楚视为掌上明珠，厚爱非常。李商隐当时家境窘迫，令狐楚除了经常接济外，还向他悉心传授骈文技巧。四六骈文是当时官场上流行的今体文，用于奏章，要求辞藻华丽，表述准确，对用典要求甚高。在令狐楚的调教下，李商隐凭着厚实的古文基础，羽毛渐丰，很快自成一家，成为骈文写作高手。

《旧唐书·文苑传·李商隐》中提到："楚以其少俊，深礼之，令与诸子游。"从这几句话中可以看出令狐楚对李商隐的厚爱。"诸子"即令狐楚的公子令狐绪、令狐绹，这二位公子也是人中龙凤，有不输其父的政治才能。长子令狐绪以荫授官，历随、寿、汝三州刺史，有善政；次子令狐绹于唐大和四年（830 年）入仕，唐大中四年（850 年）入朝为相，父也宰相，子也宰相。

"每水槛花朝，菊亭雪夜，篇什率征于继和，杯觞曲赐其尽欢，委曲款言，绸缪顾遇。"

——李商隐《上令狐相公状一》

这段文字读来满口生香，回味无穷，那是多么值得回忆的美好时光啊！然，令狐楚去世后，李商隐身不由己地卷入牛李党争，与令狐绹一度亲密无间的关系也随之宣告终结，这是后话。

“天平之年，大刀长戟，将军樽旁，一人衣白。十年忽然，蜩宣甲化。人誉公怜，人谮公骂。公高如天，愚卑如地，脱蟺如蛇，如气之易……”

——李商隐《奠相国令狐公文》

唐代节度使幕府的巡官不属于朝廷命官，没有额定的编制，可以由府主自行聘任。李商隐因深得令狐楚赏识，被揽入幕府。从此，在令狐楚身旁，总有一白衣少年如影随形。

《旧唐书·文苑传》中说，李商隐“尤善为诔奠之辞”。在后来的诗歌创作中，他的用典习惯或许与他骈文写作的经历有关。晚唐时，李商隐、温庭筠、段成式三人的骈文都很出彩，时称“三十六体”①。

温庭筠是京兆尹府上“文化沙龙”的积极分子，这个没落贵族家庭的后裔，虽长相丑陋，但文思敏捷，精通音律，工于诗作，与李商隐齐名。晚唐时期，诗坛上产生了两名各领风骚的诗人，一位是爱情诗、朦胧诗王子李商隐，一位是花间派婉约诗人温庭筠，二人并称“温李”。

作为花间派鼻祖的温庭筠，擅长辞藻华丽而浓情精致的闺情诗。

井底点灯深烛伊，共郎长行莫围棋。
玲珑骰子安红豆，入骨相思知不知。

——温庭筠《新添声杨柳枝词二首·其二》

① 李商隐的骈文与温庭筠、段成式齐名，因为三人都排行十六，故称“三十六体”。

这首借女子口吻写的情诗，充满柔情蜜意。夜深人静之时，我点亮烛火，殷殷嘱咐：此次前去路途遥远，千万不要忘了归期。天明在即，丈夫就要远行，妻子那难分难舍之情就像精巧骰子上的红点，那是相思的红豆啊。郎呀，你知不知道我对你的眷恋真是刻骨铭心啊。

来是空言去绝踪，月斜楼上五更钟。
梦为远别啼难唤，书被催成墨未浓。
蜡照半笼金翡翠，麝熏微度绣芙蓉。
刘郎已恨蓬山远，更隔蓬山一万重！

——李商隐《无题》

你说要来却没有来，猛然醒来只见残月斜照，只听晨钟报晓，在这凄寒的夜里，小楼独居的我辗转反侧，倍感清冷。梦中你的啼哭声仿佛还在耳边，哭着催我写信给你，我赶紧挥毫疾书，那写信的墨汁还未研浓，我等不及要倾诉这深夜的相思之情。透过残月的光影，放在窗前的蜡台若隐若现，烛光轻摇，忽明忽暗。兰麝的香气熏染了被褥上刺绣的芙蓉。更声传来，现实中残月依旧，却物是人非。我像当年的刘郎，恨那蓬山路途遥远，而你还远在天边的蓬山之外。

一个是闺中情话，一个是梦中呓语。前者真实可见，一对小夫妻在深夜窃窃私语，妻子蛾眉紧蹙，噘起小嘴娇嗔即将远行的丈夫；后者亦真亦幻，魂牵梦萦的相思之情如雾里看花，朦胧缠绵。

进入令狐幕府的李商隐，卓尔不群。每当有重大活动，或出兵征讨，或胜利归来，或逢宴饮酬酢、即席赋诗时，李商隐就是令狐楚手中的一张王牌。每每渐入佳境之时，令狐楚便亮出手中的王牌。此时的李商隐在令狐楚心目中不是单纯的一介寒门白衣，而是像他的儿子一样。令狐楚如老牛护犊般护着李商隐，如果有人赞扬他，令狐楚就对此人怜爱有加；如果有人贬损他，令狐楚就会大为恼怒，严厉责骂对方。"人谮公骂"一句很值得玩味，让我们知道，少年李商隐在京兆尹府里时，就因才华出众而遭到他人嫉恨。木秀于林，风必摧之，在李商隐的一生中，他的际遇始终没有逃出"人谮"的阴影，可以说，他的一生都在"人谮"的阴影中沉浮。

唐宝历二年（826年），横海节度使（治沧州，今河北省沧州市）李全略死，其子副节度使李同捷带兵反叛。次年八月，朝廷下诏，削去李同捷一切官爵，出兵讨伐。由于朝廷腐败，各道兵马隔岸观火，讨伐进展缓慢，两年后，终于唐大和三年（829年）四月才始告平息。为了稳定收复失地的局势，素以稳重著称的令狐楚奉朝廷之命前往坐镇。

唐大和四年（830年）正月初一，是李商隐进入令狐幕府的第一个新年。这天令狐幕府热闹非凡，为庆祝战乱初弭的安定局面，令狐府上来了不少当地军政要员和社会名流，文臣武将，济济一堂。"将军樽旁，一人衣白"，坐在令狐楚身边的李商隐格外引人注目，而坐在他对面的就是名僧蔡京。蔡京原是一名和尚，在道场中与令狐楚相识，令狐楚爱惜其才，令其还俗读书，后于唐开成元年（836年）登进士第，官御史、岭南道节度使，是晚唐官宦名士之一。但不知为何他一再犯错，"谪澧州刺史，迁抚州"，被赶回了老家，后被腰斩，诛灭九族。

宴会进行至菜肴丰盛、酒酣耳热之时，令狐楚命军营的歌舞伎出场助兴。在觥筹交错的喧闹中、烛光下，一个女子长摆舞裙，款款出场。只见她明眸皓齿，一双眼睛顾盼生姿，盈盈如一泓春水，她那妩媚的模样胜似文臣武将杯中的美酒，令人陶醉。

关于这个歌伎，李商隐略知一二，她原是一名女冠①。唐朝道教兴盛，入道是时尚潮流，往往是上流社会女性的首选。而后她脱下道袍，凭借天生丽质和歌舞天赋，成了令狐幕府的歌舞伎。

夜已深沉，烛光摇曳，烛影中那个妩媚的女子仍在如痴如醉地轻歌曼舞，手持酒樽的客人醉眼迷蒙，而那个涉世未深的白衣少年也难掩心中的浓情蜜意。

> 微意何曾有一毫，空携笔砚奉龙韬。
> 自蒙半夜传衣后，不羡王祥得佩刀。
>
> ——李商隐《谢书》

西晋大孝子王祥得到他的上司徐州刺史吕虔所赠的佩刀，吕虔预言他将显赫于世，果然王祥一门成为后来的望族，其后代多登台辅。现在我身无长物，一文不名，却得到您恩重如山的礼遇，我不曾有些许报答，只是捧着空空的砚盘接受您的文韬武略。有您授给我奏章真传，即便王祥得到了吕虔那把可以助他登三公之位的佩刀，也比不过您对我的再造之恩。

十三岁时靠"佣书贩舂"讨生活的李商隐自从走进京兆府的大门，在令狐楚如父亲般的呵护和悉心调教下，"十年忽然，蜩宣甲化"，他像一只蜩蜕，脱去了壳甲，漂亮得夺人耳目。"公高如天，愚卑如地"，如今，我们仍能读出这发自肺腑的深情感叹。转眼间十年过去了，当年的抄写小工已褪去青涩，这个年轻英俊的小生踌躇满志，对科举入仕心向往之，而且志在必得。

---

① 也称"女黄冠"，即女道士。

孤雁零落　忍剪凌云一寸心

　　唐大和四年（830年），令狐楚决定资助李商隐到科举考场上一试身手。这年春天，令狐楚次子令狐绹应试及第，荣登金榜。当年冬天，得令狐楚资助，李商隐来到西京长安参加次年礼部春闱①。

　　西京长安在隋朝时被称为"大兴城"，唐朝时易名为"长安城"，是中国古代建筑规模最宏伟的都城，城内百业兴旺，宫殿参差毗邻，街道笔直宽阔，宫殿巍峨壮观，苑囿、坊市、寺观鳞次栉比。华清宫是唐代帝王游幸的别宫。在三千多年前的西周时期，华清宫就是周天子的游幸之地，因地处骊山，亦称"骊宫"。唐代诗人杜牧有诗云："长安回望绣成堆，山顶千门次第开。""绣成堆"一句足见掩映在花团锦簇中的华清宫的瑰丽景象。

　　次年应试，礼部放榜，信心满满的李商隐却名落孙山，这是李商隐向科举考场进发的第一个回合，没想到却败下阵来。考场失意

---

　　① 春闱指京城会试，唐代考试定于春夏之间，礼部试士在二月，殿试在四月，谓之春试秋贡。因为均在春季举行，故称"春闱"。

的他对自己的失利感到费解。涉世未深的李商隐低估了考场背后的"潜规则"，他忽略了一个重要环节——行卷。当其他应试士子带着自己的卷轴四处干谒名流时，他不以为意，他的自信心酿成了大意失荆州的遗憾。虽然这个打击对他是一记重锤，但他很快就镇定下来，因为很多名士也有过初试落榜的经历，比如李白、王维等。

另一个客观原因在于，唐大和四年（830年），令狐绹应试时的主考官是萧瀚，萧瀚与令狐楚在朝中关系良好，令狐楚向萧瀚推荐了自己的儿子，因此，令狐绹榜上有名实属情理之中。而这一年礼部春闱的主考官由萧瀚换成了贾𫗒，贾𫗒在朝中与令狐楚不和，李商隐的命运由此受到冲击。唐大和六年（832年），李商隐二进考场，这年二月，恰逢令狐楚调往太原，任太原尹、北都留守、河东节度使，无暇顾及。连续三年，礼部春闱的主考官都是贾𫗒，贾𫗒后来从礼部侍郎升为宰相。"为故贾相国所憎"，这是李商隐对自己考场连续失利的一声叹息。

从唐大和五年（831年）到唐大和七年（833）年，李商隐都在应试落第中彷徨。纵然胸有鹏程万里的志向，但无情的现实剪断了他的翅膀，他更忧郁了。

唐大和六年（832年）六月，令狐楚从太原入京，调任检校右仆射兼吏部尚书。也许李商隐命中注定要在科举考场上一再受挫，这时的他已两度落第，无法再保持最初的意气风发，榜上无名的打击使他沉默了。孤独而压抑的李商隐回到洛阳，先看望了母亲和弟弟，然后去荥阳堂叔的坟上祭扫。在堂叔坟前跪下时，李商隐泪如泉涌。堂叔在他身上倾注的心血现在都打水漂了，他在堂叔面前交了一张白卷，只有泪水，愧疚的泪水……路在何方？此时，令狐楚调任吏部尚书，按朝廷惯例，吏部尚书没有开辟幕府的资格，因而回到令狐大人的幕府当一名白衣巡官是不可能了。落到低谷的李商隐，现在只能回到家人身边，亲人的安慰是他最好的治愈疗方。

拜祭堂叔后，李商隐前去干谒萧澣①。

唐大和六年（832年）冬，宰相牛僧孺罢相；次年二月，李德裕入朝拜相。官场天翻地覆，牛党羽翼纷纷出阁，罢相出朝。萧澣本在朝中任给事中，但他作为牛党羽翼，故被贬为郑州刺史。萧澣是令狐楚的好友，李商隐回老家时，令狐楚手书一封，让他带去见萧澣，不言而喻，意思是让萧澣关照李商隐。从心境上看，萧澣和李商隐此时都是落魄之人，自然能找到共同语言，遂成忘年交。苍天再次给李商隐开了一扇方便之门，萧澣对李商隐的才华很是欣赏，遂将他引荐给华州刺史崔戎。说起来，崔戎还是李商隐的一位远房亲戚，论辈分，是他的表叔。崔戎聘李商隐为幕府掌书记，主要负责代草奏章。这份工作对他来说驾轻就熟，更重要的是，这个职位远离权力中心，对于不谙官场世故的李商隐来说，也很合适。

崔戎，字可大，博陵（今河北省安平县）人，名门望族之后。高伯祖崔玄，位居宰相；祖父崔婴，任鄂州（今湖北省武汉市武昌区）刺史；父崔贞固，任太原榆次尉。崔戎自幼学习刻苦，参加明经考试登科，授太子校书。裴度在太原任节度使时，特聘他为参谋，筹划府内事务。因朝廷腐败，盘踞在镇州的王承宗带兵反抗，裴度派崔戎单骑前往宣读朝廷谕旨。崔戎不辱使命，孤身进入叛乱一触即发的王承宗军营。崔戎镇定自若，晓之以理，动之以情，以一人之力挫千军万马之锐，王承宗肃然听命，感泣不已，一场即将爆发的叛乱宣告平息。

崔戎到中央朝廷担任谏议大夫时，西南地区局势堪忧，该地头目气焰嚣张，四处骚扰，百姓怨声载道。朝廷派崔戎以宣慰使身份

---

① "浣"的繁体字。

前去处理此事。崔戎到任，大刀阔斧，快刀斩乱麻，首先高调宣布朝廷政令，安抚百姓；随后招抚流亡百姓，解决生计问题；同时实地考察民情，改革赋税制度。唐大和四年（830年）五月，崔戎在呈给朝廷的奏章中，建议改革两税征收，把两税应纳的钱一分为三，三分之二缴纳铜钱，三分之一缴纳布帛杂物等，再以实物折纳钱币，切实减轻百姓负担。此外，对那些遭受过骚扰的州县，所征税钱再减总数的三分之一。过去，朝廷对农民种植的姜芋加征赋税，农民不堪重负，崔戎根据剑南两川的实际情况，果断宣布停止征收姜芋税，减轻农民负担。

崔戎为官清廉正直，多有善政，担任华州刺史时，按照惯例，刺史府要拿出一万缗①钱作为刺史个人私用，但崔戎对这笔钱分文不动。直到离任时，他嘱咐官吏们："把这笔钱登记好存放在库里，以备将来军用，我这样做是为了矫正官场的骄奢之风。"崔戎离任华州时，据《旧唐书·崔戎传》记载："将行，州人恋惜遮道，至有解靴断镫者。"崔戎启程时，州人舍不得他，百姓将道路围得水泄不通，崔戎不得不下马到路边的旅舍休息。这时有人趁机将他脚上的靴子脱下来，甚至割断了马鞍两旁的铁镫，不让他走。他只好在夜深人静之时，单人匹马悄悄离去。后来，"脱靴"成为典故流传下来，表达挽留之意。

选择在崔戎的幕府中做事，恰如一句谚语"良禽择木而栖"。李商隐在华州度过了一段短暂而安逸的时光，二人常常促膝长谈，知无不言，没有任何顾忌。但他始终还有一个念念不忘的心结，那就是进士及第，厚道的崔戎很理解他，特地安排他在环境幽静的南山温习，以备来年再战科场。

---

① 缗即穿铜钱的绳子。一串钱，又称一贯钱，一缗钱值一两银子。

唐大和八年（834年）五月，崔戎调任衮海节度使，领衮、海、沂、密四州，治所在衮州，李商隐也随崔戎到了衮州。到达衮州时，为了欢迎新刺史，府衙旧僚摆了一桌丰盛的接风酒席。席间，一道鲜嫩油亮的烧嫩笋勾起了李商隐的万千心事，触景生情，几乎泪下。

嫩箨香苞初出林，於陵论价重如金。
皇都陆海应无数，忍剪凌云一寸心。

——李商隐《初食笋呈座中》

烧嫩笋是衮州的一道招牌菜，当地官吏很乐意向初来此地的人介绍这道乡土风味。这种叫般肠竹的嫩笋生长在与衮州毗邻的淄州，那儿的密林中到处都是它的身影。一场春雨过后，林中但见白嫩的笋芽破土而出，这个时节的嫩笋在於陵①地界的价格贵如金。京都长安的美味佳肴难以尽数，怎么忍心剪断这天造地设的笋芽，摧残这刚刚破土、凌云生长的"寸心"？

李商隐此时正值壮志凌云的年华，看着寸长的嫩笋成为食客美味，坐在席间的李商隐不禁心生悲慨，科举失意的痛楚袭上心头：自己何曾不是一颗刚冒头的笋子，嫩笋一寸，不失凌云之志，却被残酷的现实无情剪断了。

好在如今的他身处崔戎幕府中，在崔戎的鼓励和帮助下，可以重新振作，从低谷反弹。然而，事与愿违，好事往往历经磨难。来到衮州的崔戎，到任伊始便马不停蹄地到处奔波，考察民情，连断几桩宿案。夜以继日的操劳使崔戎的身体逐渐不支，病魔扳倒了这位多有善政的良官。唐大和八年（834年）六月，刚到任一

---

① 古地名，主要在今山东省淄博市周村区及邹平东南。於，读作 wū。

月有余的崔戎溘然长逝。李商隐失去了良师益友，他的处境无异于雪上加霜。

崔戎去世次年，李商隐第四次参加科考，再次落第。他几乎要绝望了，科举考场就像茫茫大海，没有尽头，他一次又一次地被砍断缆绳，无法驶出港湾。现在的他就像一片落叶，零落不知归处。他非常怀念追随崔戎的日子，那是一段多么温馨的时光啊，可是天意难测，"不如意事常八九，可与语人无二三"①。失意的李商隐落寞地回到郑州。当年初秋，为了吊唁崔戎，他重返长安。

滞雨长安夜，残灯独客愁。

故乡云水地，归梦不宜秋。

——李商隐《滞雨》

夜雨连绵不断，无奈滞留长安；一盏残灯下，黯然独坐，愁绪涌上客子心头。我对故乡心存向往，那是大美云水之地；只怕归乡之梦，与这个清秋不相适宜。

因为下雨而滞留长安的李商隐，在一盏灯油将尽的孤灯陪伴下，长夜难眠，黎明在他的期盼中迟迟没有现身，他在愁肠百结中思念家乡，乡愁愈浓，愁绪愈深，怎一个孤单了得。他在这淫雨霏霏的夜里，想着碧水萦回的故乡，心存期望，希望雨过天晴后，京城之内、天子身旁，总有宜留长安的那一天。

唐大和九年（835 年），遂州刺史萧瀚再遭降级，贬为遂州司

---

① 出自南宋诗人方岳的《别子才司令》。

马。这年深秋，李商隐正在荥阳。一日黄昏，他不觉间来到夕阳楼①，拾级而上，登上顶层，极目远眺，晚霞瑰丽，而沉浸在晚霞中的荥阳城，繁花凋零，柳色深绿。此时，耳边传来一声雁鸣，抬头望去，一只孤雁在秋色正浓的天空中渐行渐远。

花明柳暗绕天愁，上尽重城更上楼。
欲问孤鸿向何处，不知身世自悠悠。

——李商隐《夕阳楼》

在这秋风落叶的傍晚，他想起了崔戎，想起了萧瀚……孤雁零落，抚今追昔，那只远飞的孤雁正是李商隐心境的真实写照。他像一只落单的鸟儿，在孤寂的天空中，哀鸣盘旋，不知哪里才是栖息的地方。后来，李商隐再次拜访萧瀚，萧瀚不胜唏嘘地说起他从传抄本中读到的这首诗。屡战屡败的遭遇使李商隐失去了耐心，"鸾皇期一举，燕雀不相饶"②，对在科举考场上阻挠他的小人深恶痛绝。看着李商隐如此沮丧，萧瀚鼓励他，年轻人屡试不中乃是常事，不必如此颓废，并言倘若哪天他能时来运转，一定助李商隐一臂之力。但萧瀚的好意终未实现，不久，他在遂州司马的任上去世。

为了生存，李商隐奔波于洛阳与荥阳之间，一边求生计，一边温习功课，寻求机会。一日，奔波了整日的李商隐来到一个叫骆氏亭的驿站。在驿内稍事休息后，他独步走出驿站，眼前陌生的风景使他分外想念崔戎和他的两个儿子崔雍和崔衮，想起与他们相处的

---

① 始建于北魏时的夕阳楼，为旧时郑州名胜，中国唐宋八大名楼之一，与黄鹤楼、鹳雀楼、岳阳楼等齐名。
② 出自李商隐《送从翁从东川弘农尚书幕》。

快意时光和那种世间不可多得的温情友善。他想起在长安路过崔戎故宅门前的情景，只见门庭冷落，无限凄凉涌上心头。

竹坞无尘水槛清，相思迢递隔重城。
秋阴不散霜飞晚，留得枯荷听雨声。
——李商隐《宿骆氏亭寄怀崔雍崔衮》

　　骆氏亭内曲径通幽，亭外竹丛静谧无尘，竹丛掩映的亭榭分外幽静。无奈荥阳、长安两地路途迢迢，怀旧之情宛如天空中飘浮的片片云絮。秋日阴云连绵不散，霜期姗姗来迟，不知不觉间，秋雨淅淅沥沥地下了起来，点点滴滴洒落在池塘中的枯荷上，一阵错落有致的雨点声使他品味到独特的美，那是在寂寥的环境中刻骨的思念之情。当晚，他辗转难眠，窗外雨打残荷的声音在他的脑海中幻化成一幅鲜明的图画，那画中有他思念的朋友。

　　当然，此时的他绝对想不到，等待他的不是科举考场的得失，而是一场命运的博弈以及一个关于爱情的传奇故事。

邂逅柳枝　失之柳枝

这段令人叹惋的爱情缘起于李商隐的堂兄李让山。在一个春意正浓的傍晚，李让山放马归来，此时夕阳正红，彩霞满天。他走到一处柳树成荫的宅前，只见门前花团锦簇，戏蝶流连，不禁诗兴大发，信口吟诵起李商隐的一首咏春诗：

风光冉冉东西陌，几日娇魂寻不得。

蜜房羽客类芳心，冶叶倡条遍相识。

暖蔼辉迟桃树西，高鬟立共桃鬟齐。

雄龙雌凤杳何许，絮乱丝繁天亦迷。

醉起微阳若初曙，映帘梦断闻残语。

愁将铁网罥珊瑚，海阔天翻迷处所。

衣带无情有宽窄，春烟自碧秋霜白。

研丹擘石天不知，愿得天牢锁冤魄。

夹罗委箧单绡起，香肌冷衬琤琤佩。

今日东风自不胜，化作幽光入西海。

——李商隐《燕台四首·春》

春风掠过漫山遍野，东边的小路，西边的小巷，每个角落都沐浴在温暖的春光中，光影在云彩中冉冉流动。在这个惬意的春天，我在寻找一个"娇魂"，我像那采花的蜜蜂般一心寻找一颗芳心。我穿过柔软的枝条和美丽的叶片，众里寻她千百度，却不见她的踪影。温暖的阳光照在西边的桃树上，我仿佛看到了那个姑娘，她梳着高高的环髻，亭亭玉立。我的眼花了，心乱了，那树上的花朵仿佛是那姑娘发髻上插的花朵一样，她真的就在那里吗？我还是没有找到她。世上最美妙的事情莫过于男女长相厮守，雄龙、雌凤相伴齐飞，可是眼下雄龙找不到雌凤，雌凤也找不到雄龙，只有柳絮飞扬，天色也迷乱了。于是，迷乱中的我喝醉了，直到日头西斜，才从醉梦中醒来。微弱的光影照在西窗上，那一瞬间，恍若晨昏颠倒，我以为那是破晓的晨光，光影使我意乱情迷。朦胧的光影在窗帘之间游移，我仿佛听见有人在跟我轻语，可是忽然人不见了，却言犹在耳，那是她在梦中和我说话的声音。

梦醒了，我曾幻想变作一只蜜蜂到处寻找她，却始终没有找到。我要像那些在海上采珊瑚的人，将一张铁网下到海底，把那珊瑚从海底拔起来。可是我该把网撒在哪里呢？天高海阔，哪儿才是我撒网的地方呢？真是愁煞人啊！失落和惆怅使我消瘦，衣带都是无情之物，不会因为我的伤心而隐藏衣带渐宽的真相。春天过去了，秋天来了，满眼葱绿、絮雾弥漫的春天是可爱的，白露为霜的秋天即便凄凉也是美丽的。我年复一年、日复一日地等待，而春天碧绿自绿，秋天秋霜自白，哪管我的感情呢。但我执意要追寻下去，心意像丹砂一样。我把那丹砂磨成了粉，就像擘一块石头，把我的一切都打

037

碎了，全然奉献出来，可谁理解我呢？愿上天让我有一个安顿之所，锁住这含冤之魂。

春天带着我的痛苦走了，夏天抛弃了春天的夹层罗衣，穿上了单衣。天气炎热，她的肌肤却冰凉，身上的玉佩随着她走动的脚步叮当作响。那吹拂的春风仿佛成了一缕幽暗的光束，沉入西边的深海里。

吟毕，李让山还在余音袅袅的回味中时，只听得耳畔传来一位少女的轻声询问："何人写得如此美妙的诗句？"李让山回过神来，才发现刚才紧闭的宅院大门不知何时已经打开，柳荫下站着街坊里人尽皆知的柳枝姑娘。

柳枝，洛中里娘也。父饶好贾，风波死湖上。其母不念他儿子，独念柳枝。生十七年，涂装绾髻，未尝竟，已复起去，吹叶嚼蕊，调丝擫管，作天海风涛之曲，幽忆怨断之音。居其旁，与其家接故往来者，闻十年尚相与，疑其醉眠梦物断不娉。

——李商隐《柳枝五首·序》

洛阳女子柳枝，生于商人家庭，父亲外出经商遭遇湖上风浪，溺水身亡。母亲对家里的儿子不怎么上心，唯独宠溺女儿柳枝，所以她的成长没有受到多少闺阁束缚，而是任由天性发展。父亲的离世似乎没有对柳枝产生消极影响，她仍然是那个天真烂漫的少女。她有着极高的文艺天赋，经常还没有梳理好发髻，便一溜烟跑出去摆弄她喜欢的乐器。她喜欢把一片叶子含在嘴里，或者拿一片花瓣放在嘴里咀嚼。不管丝乐、弦乐或管乐，她都喜欢，奏出的乐声就像一阵山声声入耳，又像海涛跌宕起伏。街坊邻居无法理解她异于常人的举动，认为她是在睡梦中与鬼神纠缠。转眼到了出阁的年龄，这个腮若桃李、明眸皓齿的亭亭少女却没有人来说媒聘娶。

柳枝姑娘从李让山口中得知，这首令她沉醉的诗歌的作者就是住在李让山家的那个英俊少年李商隐。哪个少女不怀春？这首诗就像一粒石子扔进了碧波荡漾的春池。柳枝飞快地扯断身上的衣带，纤纤手指上下翻飞，转眼打了个漂亮的同心结，递给李让山。"结让山为赠叔乞诗"，叮嘱李让山把裙带转交给李商隐，请他在裙带上写一首诗。

当晚，李让山把这件事情说与李商隐，李商隐怦然心动，很想见见这个与众不同的姑娘。第二天，李商隐"比马出其巷"，来到柳枝家宅门前。只见迎面的窗扇下露出一张少女的脸庞，李商隐的心里掀起了波澜。柳枝手持团扇半遮住脸，羞答答地问道："若叔是？"你就是那个少年吗？眼前这个清秀英俊的少年正痴痴地望着她，她也慌乱起来，忙说："后三日，邻当去溅裙水上，以博山香待，与郎俱过。"三天后，我要去河边浣洗罗裙，到时候，我会点燃博山炉，与你相会。

柳枝说的"以博山香待，与郎俱过"这句话，李商隐当然明白。"博山香"代指香艳事，有典故为证。南朝萧齐年间，一个守寡的太后爱上了女巫的儿子杨旻，然纸包不住火，东窗事发。于是，带有戏谑意味的童谣在宫外流传："杨婆儿，共戏来所欢！"因为幼童吐字不清，"杨婆儿"误传为"杨叛儿"，于是民歌《杨叛儿》应运而生："欢作沉水香，侬作博山炉。"沉水香乃名贵香料，博山炉亦价格不菲，是用以熏香的炉子，将沉水香料填入炉中，香味撩人沉醉。柳枝口中的"以博山香待，与郎俱过"，实在是很超前的爱情表白，好在唐朝是相对开放的朝代，这种大胆的爱情表白在常人眼中并不算大逆不道。李商隐将手抄的《燕台诗》赠送给柳枝，并谢过她的同心结，柳枝嫣然一笑，算是回礼。

可是三天后，李商隐爽约了，理由是"会所友有偕当诣京师者，戏盗余卧装以先，不果留"。这真是一个让人啼笑皆非的事，与他同住的朋友，本来约好一同前往长安，不料那人却偷拿了李商隐的行李，留下一张纸条，先走了。

绪启：余奉父命，与弟同赴京师应举。前日到洛，弟回家省亲。预定信宿而行。今晨仆派人造潭府相请，回报弟暂出未归。时日紧迫，不宜再留，仆带川资行李先行，留一马于馆中。弟可骑马后行，今晚于双桥驿（今河南渑池）投宿，某跛足以待，共进晚餐。机不可失，时不与我，切莫误考期之期。

恕吾不谢先行。谨启。

从简短的字条中可以看出，李商隐当时寄住在李让山家里，同住的朋友见他久久不归，内心焦急。在李商隐眼中，约会重要；在朋友眼中，赴考重要。因此，为了能同行到洛阳赴考，友人留下一匹马，让李商隐骑马随后赶来，并在双桥驿"跛足以待，共进晚餐"。李商隐的拜谒文书和入京住宿的行李都被友人带走了，他一时慌了神，急忙追去，当然也就无法等到那个浪漫的约会了。

李商隐的不辞而别对柳枝来说意味着什么呢？这三天对柳枝而言也许就像千万年那样漫长，怎么熬过那三天的等待，除了她本人，没有人知道。李商隐急赴京城，这一走，他和柳枝的邂逅就如电光一闪结束了。

转眼到了冬季。一天，下起了鹅毛大雪，李商隐伫立窗前，远远望见一个人踏雪走来，走近一看，原来是堂兄李让山。"雪中让山至，且曰：'为东诸侯娶去矣。'"这是李商隐与李让山分别一年后，李让山带给他的有关柳枝的消息，柳枝已被东面的一个诸侯娶了去。

柳枝是商人的女儿，社会地位很低，这位东诸侯将柳枝娶去无非是纳为妾，更有可能是送去充当官府或军营的艺伎，大凡这种出身的女子都逃不脱这样的命运。

这个消息震撼了李商隐的心，他的心就像窗外的积雪般凉透了。这是一次残酷的捉弄，他脸上的笑容还没有绽开，痛苦的眼泪就接踵而来。春节过后，李商隐送李让山回洛阳，一路上两人说不尽柳枝，聊不完那些令人感慨的时光，不觉间走到了一个叫戏水亭的地方。送君千里终有一别，两人相别于戏水亭上。临别时，李商隐拿出一组五言绝句交给李让山，嘱咐他回到洛阳后，拿去题写在柳枝的故宅门前，作为她罗带乞诗的答谢。

花房与蜜脾，蜂雄蛱蝶雌。
同时不同类，那复更相思。

本是丁香树，春条结始生。
玉作弹棋局，中心亦不平。

嘉瓜引蔓长，碧玉冰寒浆。
东陵虽五色，不忍值牙香。

柳枝井上蟠，莲叶浦中干。
锦鳞与绣羽，水陆有伤残。

画屏绣步障，物物自成双。
如何湖上望，只是见鸳鸯。

——李商隐《柳枝五首》

李商隐写诗擅用典故，许多地方深奥难懂，但这组诗却写得清新唯美，披露出的心路历程既忧伤又耐人寻味。诗中采用植物意象，可见诗人用心良苦，"花房""蜜脾""丁香""嘉瓜""柳枝""莲叶""鸳鸯"等，一唱三叹，吟诵失去她的忧伤。

根据诗序可知，柳枝为商人之女，而李商隐为官宦之后，二人的身份地位悬殊，纵然千里有缘来相会，也注定是擦肩而过。他用护卫鲜花的花房和蜜蜂酿蜜的蜂巢，寓意他和柳枝不同的出身背景。雌蝶栖息在花房中，雄蜂居住在蜜脾里，这两种不同的物种哪能相互思念，暗喻二人身处不同的社会阶层的无奈。他把柳枝比喻为含苞的丁香，在春风吹拂中含苞引蕊，枝条缠绕结出丁香籽。可惜那丁香籽像中间突起的玉制棋盘一样，落入达官贵人手中成为玩物，叫人心中不能平静。

李商隐笔下的柳枝，纯美而馥郁。他把柳枝比作嘉瓜，好瓜长出的藤蔓很长，就像碧玉嘉瓜浸在冰凉的水中，隐喻碧玉破瓜时，他却失去了她。嘉瓜被东陵侯取去，尽管五彩夺目，我却不忍心去品尝。柳树枝条盘踞在井上，莲叶枯萎地立在小浦边，无论是水中的彩色小鱼还是锦绣飞鸟，都受到了摧残。无论在画屏中或是锦绣的步障上，花草虫鱼都成双成对。眺望湖上，别无他物，唯见鸳鸯结伴游水。物物皆是成双成对，为何自己如此孤单？

李商隐，这位命运多舛的诗人家境贫寒、科举考场失意，他的才情却令他邂逅了一段令人扼腕的情感。这次擦肩而过，浪漫而凄美。洛阳姑娘柳枝像一颗美丽的流星，倏地划过夜空，还来不及待李商隐细看，便渐渐淡去，隐入天幕，只给人间留下一段令人回味、动人心弦的爱情故事。

第三章

天荒地变心虽折，若比伤春意未多

哀鸿遍野的"甘露之变"使身处官场之外的李商隐也无法独善其身。这时，"举送礼课试，与明经同"的道学大门为他敞开了另一条入仕扬名的捷径。此后，命运之神再次眷顾了他，在恩师的帮助下一朝及第。但接着，曲江边上一个浪头打过来，生命中的另一个旋涡将他卷入了首鼠两端的尴尬境地。

甘露之变　腥风血雨长安城

　　唐宝历二年（826 年）腊月初八，唐敬宗李湛被宦官刘克明等人杀害，弑君之贼伪造遗旨，欲迎唐宪宗之子绛王李悟入宫登基。两天后，宦官王守澄、梁守谦指挥禁军入宫杀死刘克明和绛王李悟，拥立李昂为帝，是为唐文宗，改年号"大和"。李昂原名李涵，是唐穆宗李恒嫡次子，唐敬宗李湛之弟，唐武宗李炎之兄，母为贞献皇后萧氏。李昂恭俭儒雅，听政之暇，好博览群书，常言："若不甲夜视事，乙夜观书，何以为人君？"

　　宦官专权一直以来都是唐朝宫廷之大害，凡宫廷政变大都是宦官们的杰作。这些人最初只是皇室家奴，大都出身卑贱或被处以宫刑，因受皇恩而逐渐尾大不掉，屡屡在宫廷政变中充当重要角色。唐朝中后期，逐渐形成的宦官集团飞扬跋扈，"迫胁天子，下视宰相，陵暴朝士如草芥"①，连皇帝的拥立和生死都受制于宦官，唐宪

_____

　　①　出自《资治通鉴·唐纪》。

宗到唐昭宗期间登基的九位皇帝中，宦官拥立七位，杀害两位。

唐文宗李昂忌惮阉党，宦官害死了他的祖父唐宪宗和兄长唐敬宗，唐文宗耿耿于怀，每欲除之，无奈手握禁军大权的是宦官王守澄。王守澄经历宪、穆、敬、文四朝，三度参与皇帝废立，在朝中独揽大权长达十五年之久。王守澄的助手郑注为虎作伥，在王守澄手握重权期间，从中牵线，收受官员贿赂，卖官鬻爵，其宅邸终年门庭若市。郑注原本不是朝内官员，唐大和八年（834年），唐文宗患病，王守澄将郑注引荐进宫为唐文宗治病，郑注以高明的药术治好了皇帝，从此备受皇帝信任。

年轻气盛的唐文宗面对王守澄、郑注等人的独断专权，不甘于受其摆布，决心要拔掉这根扎在他心中的刺。于是，他利用朝中宦官之间的裂隙，以毒攻毒，提拔与王守澄有隙的宦官仇士良担任左禁军中尉，分化其权。

仇士良，唐朝左监门卫将军仇文晟之子，唐顺宗时净身入东宫，侍候太子李纯。仇士良擅长玩弄权术，史称"挟帝有术"，专权二十余年，欺上压下，贪婪残暴，先后杀二王、一妃、四宰相。唐宪宗李纯登基后，升迁内给事，历任内外五坊使，所到之处，要官吏供饷，其凶暴程度甚于盗寇。

郑注有一朋友名李训，据《旧唐书·李训传》记载，李训"形貌魁梧，神情洒落，辞敏智捷，善揣人意"。李训的叔父李逢吉在唐敬宗宝历初年任宰相，人品低劣，"天与奸回，妒贤伤善"，是贤相裴度的死对头。后来，因李逢吉谋害裴度之事败露，李训等人皆遭流放，之后由于大赦，再回长安。

通达郑注推荐，李训以他的能言善辩深得唐文宗信任。李训封相后，任命王守澄为左右禁军观军容使，名义上是禁军最高职位，实则没有任何实权，就这样不动声色地虢夺了王守澄的兵权。唐大和九年（835年）十月，宦官李好古奉唐文宗之命前往王守澄宅邸，奉上一杯毒酒，将他秘密鸩杀。王守澄死后一个月，爆发了置长安城于腥风血雨中的"甘露之变"。

十一月，文武大臣正在紫宸殿内早朝，左金吾卫将军韩约上殿启奏："左金吾厅后石榴树上，夜间天降甘露。"宫禁内天降甘露乃祥瑞之兆。李训等人趁机建议唐文宗亲自前往观看，唐文宗心领神会，前至含元殿，命宰相、中书、门下省一干官员先行观看。官员们回来，奏称夜降石榴树上的甘露恐非真甘露。唐文宗乃命仇士良带领宦官再去察看。这其实是唐文宗与李训等人为剪除宦官而密谋设计的天罗地网，借观赏甘露为名，将仇士良等人诱至左金吾院中一举歼灭。

当仇士良和大批宦官来到左金吾院时，迎面与韩约相遇，只见韩约面色苍白，汗流不止。仇士良觉得奇怪，问道："将军因何如此紧张？"韩约语无伦次，无法回答。正巧一阵风吹过，掀起了左金吾院的幕帐一角，仇士良一眼看见幕帐后面埋伏的兵士，便拔腿逃出左金吾大厅，直奔含元殿。宦官将唐文宗架上软舆，前来救驾的李训攀舆呼喊："臣奏事未竟，陛下不可入宫。"但被宦官一掌击倒在地。李训从靴子里抽出匕首要刺杀仇士良，未果。唐文宗的软舆被抬进宣政门，阁门瞬间关闭。

李训眼看大事不好，赶忙换上官吏的绿色官服，易装骑马而逃。仇士良等人命左、右禁军副使刘泰伦、魏仲卿等各率禁兵五百人冲出紫宸殿，持刀露刃遍城搜捕贼党，各司官吏和士卒以及城里的商人、工匠、百姓被杀，"流血千门，僵尸万计"。京城恶少也趁火打劫，报复杀人，剽掠商人和百姓财物，一时哀鸿遍野。宰相舒元舆便装单骑逃出城，被禁军追擒；七十余岁的宰相王涯被捕入狱，戴上脚镣手铐，屈打成招；李训被擒斩杀。当王涯、贾餗、郭行馀、王璠四宰相被问斩时，仇士良令百官临观。李训等人的家人也惨遭杀害，连婴孩也不能幸免。

"甘露之变"时，李商隐不在长安，未能亲眼看见血洗长安的惨状。唐开成元年（836年）初，李商隐获知"甘露之变"并未影响当年的进士科试，于是赶回长安。走在长安大街上，走过禁军把守的巍峨宫殿和熟悉的里坊小巷，他强烈感受到百姓的惶恐不安，所到之处无不笼罩着劫后余生的阴影。这一时期，李商隐写下了他一生中最重要的几首诗。

> 九服归元化，三灵叶睿图。如何本初辈，自取屈牦诛。
> 有甚当车泣，因劳下殿趋。何成奏云物，直是灭崔苻。
> 证逮符书密，辞连性命俱。竟缘尊汉相，不早辨胡雏。
> 鬼箓分朝部，军烽照上都。敢云堪恸哭，未免怨洪炉。
>
> ——李商隐《有感①·其一》

> 丹陛犹敷奏，彤庭欻战争。临危对卢植，始悔用庞萌。
> 御仗收前殿，兵徒剧背城。苍黄五色棒，掩遏一阳生。
> 古有清君侧，今非乏老成。素心虽未易，此举太无名。
> 谁瞑衔冤目，宁吞欲绝声。近闻开寿宴，不废用咸英。
>
> ——李商隐《有感·其二》

君主以德化使四境归向，皇帝深远的智谋上应日、月、星辰。李训、郑注等谋划失策，咎由自取，落入叛逆之流而被杀。李训意图除灭仇士良，这比斥退宦官的做法更凌厉，故天子被仇士良挟持。

---

① 又名《乙卯年有感丙辰年诗成二诗纪甘露之变》。

047

这计策哪里是奏报天降祥瑞，分明是将大臣与盗贼同罪诛灭。宦官为了逮捕知情人，接二连三地下发捕人文书。皇帝竟被李训虚假的表象蒙蔽，尊之为宰相，而不能及早鉴察像胡人石勒一样的奸恶之辈。朝廷百官多半上了鬼名册，禁军把京城烧得火光冲天。京城哪里承受得起官员和百姓的悲恸哭声，民众未免怨天地不仁，不分忠奸。

群臣正在殿前的丹陛上奏报时，宫廷发生了战斗。到了万分危急的时刻，才知道卢植在朝廷的直谏难能可贵，悔恨误用了庞萌那样的奸臣。宦官将皇帝劫回宫内，并令禁军与李训部下背水一战。仓皇举事遗患无穷，像曹操那样举起五色棒镇压宦官，反倒适得其反。古代有除去君主身边奸臣的事，现在朝廷也不乏老成持重的人。虽然李训、郑注起事的动机无可厚非，但这一举动未免太不值得。那些衔冤负屈而死的大臣，谁能瞑目？活着的人悲愤欲绝，谁又能压抑忍辱，三缄其口。近闻皇帝在开宴祝寿，席间奏响的雅乐依然是咸英①，这是王涯主持核定的乐曲，怎么能不令人悲伤？

清人沈德潜在《唐诗别裁》中云："前一首恨李训、郑注之浅谋，后一首咎文宗之误任非人也。"

上述两首诗中，"九服"，指京畿以外的九等地区，每五百里为一服，后泛指藩属。"本初"，袁绍的字。汉少帝②光熹元年（189年），大将军何进与袁绍密谋诛宦，不料事情泄露，何进被宦官张让、段珪所杀。袁绍关闭北宫门，搜捕宦官，不论长幼，格杀勿论。"本初辈"喻指李训、郑注。"屈牦"，即刘屈氂，西汉征和二年

---

① 尧乐《咸》与帝喾乐《六英》的并称，也泛指古乐。
② 东汉皇帝刘辩，东汉光熹元年（189年）四月十三至东汉昭宁元年（189年）九月初一在位。因其在位不满一年，一般不把他看作汉朝正统的皇帝。汉献帝即位后，诏除光熹、昭宁年号。

（公元前91年）的丞相，汉武帝庶兄中山靖王之子。西汉征和三年（公元前90年），宦民郭穰告发他有反叛之心，说他指使巫者诅咒汉武帝，并串通将军李广利，欲立昌邑王为太子，刘屈氂被处以腰斩。"屈氂诛"，指因为被宦官告发而以谋反罪被诛。"尊汉相"，汉相指汉成帝时的丞相王商。《汉书·王商传》描写王商"为人多质有威重，长八尺余，身体鸿大，容貌甚过绝人"。《旧唐书·李训传》中提到李训"容貌魁梧，神情洒落，辞敏智捷，善揣人意"。此处以王商之貌比拟李训。"辨胡雏"，典故出自《晋书·石勒传》。前赵的君主奴人石勒，到洛阳来贩铁丝网，靠着上东门大声呼喊。王衍见他行为与常人殊异，回头对左右的人说："刚才那个胡人小孩，我听他的声音感觉他有不同的志向，恐怕将来会成为国家的祸患。"于是派人快马去搜捕，可惜石勒当时已经离开。后来石勒成为"五胡乱华"时前赵的君主。此处喻指郑注，史称郑注"挟邪市权"。"鬼箓"，登记死人的名册。"洪炉"，指天地。《庄子·大宗师》有言："今一以天地为大炉，以造化为大冶。"

"丹陛"，宫殿前的台阶，因涂抹朱红而称为"丹陛"。"卢植"，东汉末年人。据《后汉书·卢植传》载，何进诛宦失败被反杀后，宦官挟持少帝外逃，卢植持剑追杀宦官，救回少帝。后董卓入京，议废立之事，群臣置喙莫敢言，独卢植发表不同意见。此处喻指令狐楚。"五色棒"，棍棒上涂有五种颜色，故有此称谓，后用以比喻严刑峻法。"掩遏"，阻止之意。"一阳生"，指冬至日。"甘露之变"发生在农历十一月二十一日，正当冬至，古人谓这天阳气初动，故叫"一阳生"。"老成"指阅历多、练达世事的人，此处指颇有声望的老臣令狐楚、裴度。"清君侧"，除去君王身边的奸臣。

"甘露之变"后，朝中大权几乎全部落入宦官之手。汉开成元年（836年），昭义军节度使刘从谏两次上表，力辩王涯等人无辜被杀，痛斥宦官擅权，表示要起兵征讨，"修饰封疆，训练士卒，内为陛下心腹，外为陛下藩垣。如奸臣难制，誓以死清君侧"。赤胆忠心，有力震慑了为非作歹的奸臣，宦官一时偃旗息鼓，气焰有所收敛。但朝廷内暗流涌动，险象环生，依然存在严重弊端，有感于此，李商隐写下了这首诗，题作《重有感》，意思是又有所感触。

> 玉帐牙旗得上游，安危须共主君忧。
> 窦融表已来关右，陶侃军宜次石头。
> 岂有蛟龙愁失水，更无鹰隼与高秋。
> 昼号夜哭兼幽显，早晚星关雪涕收。
>
> ——李商隐《重有感》

主将营帐的大旗占尽先机，盘踞在上游的有利地形上。国家正处于危急关头，理当与君主同舟共济。窦融从关右上奏出兵的奏折，陶侃的军队也逼近了石头城。哪有蛟龙为失水而忧愁，更没有凶猛的鹰隼不能搏击苍凉的秋空。朝廷上下哭号一片，从早到晚不绝于耳，以至于人神都陷入悲痛。何时才能收复被宦官把持的宫廷，使举国上下破涕为笑呢？

"玉帐"，指征战时主将的营帐。"牙旗"，用象牙装饰的大旗，此处指军中旌旗。"得上游"，由于昭义镇与长安毗邻，有军事上的近利条件，故曰"得上游"。东汉初年，汉光武帝准备西征军阀隗嚣，窦融得知后，立马整顿军马，上疏请示出师伐嚣日期，愿为朝廷效力。"关右"，函谷关以西的地区，此处指凉州。陶侃，东晋将领。东晋时，安集将军苏峻叛乱，京都建康（今江苏省南京市）告急。任荆州刺史的陶侃被讨苏诸道推为盟主，率兵直抵石头城①下，斩苏峻。"鹰隼"，一种善于搏击的猛禽，此处喻指忠于君主的猛将。"幽显"，阴间为幽，阳间为显，此处指阴间的鬼和阳间的人。"星关"，北极星，此处喻指朝廷。"雪"，拭去，擦干眼泪之意。

细读《重有感》可以看出，李商隐不光对刘谏抱以期待，也在对王茂元隔空喊话，激励他出兵。王茂元此时坐镇泾原，泾水发源于宁夏六盘山东麓，沿江而下在长安附近的高陵县汇入渭水。陶侃坐镇的地方居石头城上游，就地势和水势而言，王茂元的驻地也正居京师之"上游"。《玉溪生诗笺注》曰："茂元在泾原，故曰'得上游'也。"当然李商隐和王茂元都未想到，几年后，两人却因一场姻缘成了一家人。

"甘露之变"后，许多诗人纷纷写诗表达对时局的态度。以太子宾客身份闲居东都洛阳的白居易，听闻在长安的几位故旧的全族上了法场，不免有几分后怕、几分惊悸，还有几分庆幸，庆幸自己逃离了京城的政治旋涡。此时赋闲的裴度，也以闲适度日打发时光，"饱食缓行新睡觉，一瓯新茗侍儿煎"②。而李商隐这一介文弱书生，却在国难当头之际站出来振臂一呼，在诗中表达了对时局的关切和忧患，强烈抨击了宦官专权的现实。史家评价李商隐的《重有感》为"沉郁悲壮，得老杜之神髓"③。这三首诗表达了李商隐鲜明的政治立场，"忠愤如见，可配少陵"，是其一生中最重要的作品。

---

① 南京旧称，今江苏省南京市石头城。
② 出自裴度《凉风亭睡觉》。
③ 出自高步瀛编录的诗词集《唐宋诗举要》。

情殇玉阳山　相见时难别亦难

"甘露之变"给晚唐时局蒙上了一层阴影，京师长安的血腥气息弥漫到东都洛阳，朝廷上下人心惶惶，大唐江山似有摇摇欲坠、朝不保夕之险。人们急欲寻找一隅安全的容身之所，对城里人来说，生活在乡下更让人踏实。于是，李商隐在母亲的建议下，带领全家迁往毗邻洛阳的济源。这次迁徙，使李商隐有了一段刻骨铭心的经历。

位于黄河以北的济源因是济水发源地而得名，济源也是愚公移山故事的发源地。济源以北隔着巍峨的太行山，西面则是高耸入云的王屋山。玉阳山是王屋山的支脉，号称"道家仙山"。玉阳山峰峦叠嶂，景色旖旎，东西对峙的两座山峰上各有一座道观，东玉阳山叫灵都观，西玉阳山叫清都观。诗人白居易、元稹、贺知章等人都曾在玉阳山上留下足迹。李商隐全家迁居济源后，经友人引荐，来到玉阳山灵都观研习道教。

热心于科举的李商隐为什么忽然对道教产生兴趣？这与当时的

社会背景有关。《通典·选举三》中载："至（开元）二十九年①，始于京师置崇玄馆，诸州置道学，生徒有差，谓之道举。举送、课试，与明经同。"这项规定为道学大开方便之门，在诗赋、经书之外，学好道学一样可以参加科举考试，地位与明经等同。唐高祖李渊崇尚老子李耳，追认老子为李姓始祖，如此一来，由"太上老君"老子始创的道教学派在唐朝便有了发展条件。很多唐代文人纷纷入山研习道教，一方面为了陶冶性情，另一方面这还是一条出仕扬名的捷径。

数次落第的李商隐对入道也抱有很高的热情，一来是迎合时代潮流，二来是个人兴趣使然，他一直对道家玄学很是痴迷。此外，还有一条大家心照不宣的理由，那就是玉阳山上女冠如云。

唐朝女冠有两种背景，一种是名副其实的道观真人来此清修，另一种则是贵族出身的女子。中唐以后，皇室公主厌烦了宫廷明争暗斗的险恶环境，便选择出家，落得清静。大凡出家的公主，皇帝都宠爱有加，托这些公主的福，道观也可以从皇室得到大笔经费。其中，玉阳山道观最为富丽堂皇，香火也最旺盛，为十大洞天之首，观门上的"灵都观"三字为唐玄宗亲笔书写。"璇台玉榭，宝象珍龛"，道观的修建极尽奢华，恍若宫殿，因为这里乃是唐睿宗第九女昌隆公主的修道之所。昌隆公主本是唐睿宗的掌上明珠，美貌聪慧。在宫廷里长大的她对祖母武则天和姑母太平公主干政的情形印象深刻，虽然同为皇家公主，她却不喜欢过问政事，所以选择在豆蔻年华入道为女冠。唐玄宗李隆基很欣赏她的选择，因此在盛唐时期她的名气很大。唐朝著名诗人李白曾在王屋山访道问仙，得到昌隆公主的青睐，公主因爱慕其才华，便向哥哥唐玄宗力荐李白，李白得

① 开元二十九年，即公元 741 年。

以白衣奉诏进京。

除了皇室公主以外，还有一些妇女也选择出家，其中有一些原是宫女，因为公主出家，她们以公主侍女的身份来到道观。这些宫女大都才貌俱佳，受过专业训练，能歌善舞，精通诗文的也大有人在。道教盛行引领了世人修仙求道的潮流，而女冠与士子发生爱情的故事也屡见不鲜。这一现象为中晚唐时期的诗歌创作提供了新的素材，描写女冠题材的诗歌大量涌现，名人逸事层出不穷，温庭筠和鱼玄机、刘长卿和李季兰……在灵都观研习道教的李商隐，在此邂逅了侍奉公主的宫女宋华阳，这次相遇对李商隐的生活产生了重大影响。

沿着济源城一路往西行三十里后，但见一条小河清澈见底，蜿蜒伸展的河流中是一色的沙石河床，在阳光的反射下泛着晶莹润泽的光芒，它有一个名副其实的名字：玉溪河。玉溪河两岸杂木丛生，高低错落，散杂在林中的桃树是早春时节一道特别的风景，肆意绽放的大片桃花让人大有误入桃花源的错觉。离玉溪河约三四里地的山上，一座道观若隐若现，即灵都观。红黄屋顶的道观里住着几十名道姑，还有一位公主和陪侍她的宫女。而山腰的清虚观里住的则是道士，相比灵都观，清虚观的建筑谈不上华丽，但环境幽雅。正殿后的寮房就是道士们居住的地方，这里遍种各种花草和药材，一年四季清香袭人，仿佛弃绝了尘世烟火的圣地。然而，这里大多数人的道袍下仍然跳动着一颗凡心未泯的心，尤其是那些中青年道士。他们来此的目的不外乎两条，一则是为了寻找一处清静之地攻习举业，二则是冲着灵都观里的女冠而来。每当朔日或一些节日，灵都观都要在殿中举行声势浩大的法会，凡夫俗子都被允许在这一天进入会场。刘举子是玉阳山的道士，李商隐曾跟着他去过几次灵都观。

一次，李商隐上山研习道教，无意中有了生命中的一次奇遇。

就在七夕晚上，李商隐在灯火通明的殿中遇到了女冠宋华阳。只听得几声清亮的钟声响起，在香烟缭绕恍若仙境的正殿中，出现了一位衣着华贵、举止矜持的公主，这就是唐穆宗李恒的女儿安康公主，只见她轻移莲步，从昌隆公主的大幅彩绘墙壁左侧款款登坛。当场最引人注目的并不是体态丰腴的公主，而是陪在公主左右的两个仕女装束的女冠。两个女冠宛如含苞待放的花朵，鲜艳明媚，体态苗条，娉娉婷婷。这二位宋姓女子是随公主入道的宫女，皆绝色佳人。李商隐的目光久久停留在那两个道姑身上。左边那位女子在念经时不经意间抬起眼睛朝会场迅速一瞥，浓密的睫毛下一双眸子明亮动人。

当天晚上，李商隐辗转反侧，他的心被彻底震撼了。似梦非梦的一夜过去，第二天清晨，李商隐写下了一夜梦回尘世的感受。

十八年来堕世间，瑶池归梦碧桃闲。
如何汉殿穿针夜，又向窗中觑阿环？

——李商隐《曼倩辞》

这哪是求仙问道之人的言辞，分明是六根未净。东方朔，字曼倩，西汉时期著名文学家。李商隐在诗里以曼倩自喻，含义显而易见。史上关于东方朔最风流的记载是"岁更其妇"。这个被汉武帝恩宠的郎官，以不同寻常的诙谐机智使汉武帝心花怒放，他也因此在皇帝面前十分任性。皇帝赐给他食物，他酒足饭饱后把肉揣在怀里打包拿走。皇帝见他衣服脏了便赐给他绸绢，他把这些绸绢以及其他赐予的财物全部用于娶长安城里年轻漂亮的女子。娶来的女子只能给他当一年夫人便遭抛弃，然后东方朔再娶，故时人谓其"岁更其妇"。李商隐以曼倩自喻是不是要岁更其妇不得而知，但可以看出他对这位年轻女子的占有欲。他把心仪的宋华阳比喻为"阿环",这是神仙上元夫人的小字,曾于七月七日随西王母降于武帝宫中。《西京杂记》谓:"汉彩女常以七月七日穿七孔针于开襟楼。"道观中男女各住一处,除非做法事,平时互不相扰,"如何汉殿穿针夜"一句写尽他对七月七日乞巧节法事的盼望。李商隐对宋华阳一见钟情,却没有得到预期的回复。为了心中幻想的美丽,为了实现心中的愿望,他写下这首诗排遣相思之苦。

绛节飘摇空国来,中元朝拜上清回。

羊权虽得金条脱,温峤终虚玉镜台。

曾省惊眠闻雨过,不知迷路为花开。

有娀未抵瀛洲远,青雀如何鸩鸟媒。

——李商隐《中元作》

写这首诗时,正值农历七月十五,是道教的中元节,也是道教超度孤魂野鬼的日子。首联简要交代参加法会的情景。颔联用了两则饶有趣味的典故,前者女追男,后者男哄女。晋简文帝时,黄门郎①羊欣之祖羊权潜心修道,道教仙女绿萼华爱上了羊权,夜里偷偷到其家中,赠予羊权金条玉脱等信物。后一故事更富有戏剧性。温峤的妻子去世了,他的堂姑刘氏有一女儿聪明貌美,堂姑委托温峤帮忙物色一个女婿,但温峤看中了堂姑的女儿,私下有意娶来,便虚以他人名义赠送一只玉镜台作为聘礼。新婚之夜,新娘拨开团扇笑道:"我固疑是老奴,果如所卜。"早就猜到是你,果然不出所料!

---

① 又称黄门侍郎,秦代初置,是皇帝近侍之臣,可传达诏令,汉代后沿用此官职。秦汉时,宫门皆黄色,故称"黄门"。黄门侍郎因最初在黄门内供职而得名。

"曾省惊眠闻雨过"是说宋玉曾向楚襄王讲过一个巫山神女的故事。先王①曾在此地游玩,休息时朦胧中见一美丽女子飘然而至,曰:"妾巫山之女,为高唐之客,闻君游高唐,愿荐枕席。"先王大喜过望,立即宠幸那女子,缠绵悱恻。翌日女子临别前赠言道,如果还想来找她,就来巫山之南、高丘之北、阳台之下,"旦为朝云,暮为行雨"。后来,"巫山云雨"作为形容男欢女爱的典故流传下来。"不知迷路为花开"包含的典故绚丽如花,形容不期而遇的玉人和男子。汉明帝时,会稽郡剡县刘晨和阮肇相约到天台山采药,遇到两位仙女,被邀至家中并招为婿,食胡麻饭,睡前行夫妻之礼。末尾两句无限惆怅:有娀是一个遥远的国度,无法抵达,为求有娀美女尚不可得,到仙人所居的瀛洲更是遥不可及。屈原曾在《离骚》中对鸩鸟为媒抱以幻想,却不能实现,作为西王母信使的神鸟"青雀"有没有做媒的办法呢?

伊人在水一方,犹如人仙殊途,自己得不到仙女的金条玉脱,也拿不出有魔法魅力的玉镜台,只能在梦中与情人幽会,希望神鸟青雀助一臂之力。李商隐将自己对爱情的幻想写进诗里,借以排遣。

碧城十二曲阑干,犀辟尘埃玉辟寒。

阆苑有书多附鹤,女床无树不栖鸾。

星沉海底当窗见,雨过河源隔座看。

若是晓珠明又定,一生长对水晶盘。

——李商隐《碧城三首·其一》

你住在那碧霞城中十二楼,楼中阑干曲折蜿蜒。一尘不染的犀

---

① 这里指楚怀王。

角簪插在你华贵高雅的头上，温润的玉佩玲珑剔透，戴在身上亦可驱寒。阆苑的仙子们以仙鹤为信使，传送书信。多情女床山上，凤鸾栖息于树上。抬头凝望星空，天际邈邈星沉大海，不由得心底泛起阵阵寒意。雨云从银河飘过，我们隔河相望。啊，你这颗晶莹的露珠，如果能像珍珠那样保持永久的晶莹润泽，那我一生与你不分离，你是那永驻我心的水晶盘。

"碧城"在道教中是无始天尊之居所，后来引申为仙人、道隐、女冠的居处。碧霞为城，曲栏围护，云蒸霞蔚，此乃天上仙宫之奇景。"阆苑""女床"皆与入道女冠相关，"阆苑"原指仙人居处，这里指道观，《太平广记·神仙五十二卷·殷天祥》中记载，"此花在人间已逾百年，非久即归阆苑去。""书"即情书，古代诗文中的"鸾凤"泛指男女情事。"星沉海底"即长夜即将破晓，晨曦顷刻喷薄而出。"当窗见"，因为仙女的居所在天上，星沉雨过，她们当窗可见，隔座能看，近在眼前。"雨过河源"兼用了两个典故，汉代张骞为寻河源，划着木筏直追到天河，与牛郎织女相遇。"雨"，取"云雨"之意。隔座看雨，天已破晓，幽会结束了。"水晶盘"指月亮。如果明亮的太阳永远不落，那天色将永无幽暗之时，仙女们只能一生清冷地独守空房，无法重复甜蜜的幽会了。反之，如果幽暗不晓，便可长夜欢娱没有止境。

> 重帏深下莫愁堂，卧后清宵细细长。
> 神女生涯原是梦，小姑居处本无郎。
> 风波不信菱枝弱，月露谁教桂叶香。
> 直道相思了无益，未妨惆怅是清狂。
>
> ——李商隐《无题》

帷幕深垂遮掩了寂寥的闺房，孤衾难耐，相思无边，凄清长夜何其漫长。巫山神女遇楚王，只是一场春梦；小姑住在清溪，独处无郎。菱枝本就柔弱，风波偏要摧残；就像那蕴含芬芳的桂叶，却少了月露滋润不能飘香。即使相思了无益处，情到深处，惆怅刻骨铭心，痴情无边。

　　才子遇佳人，该来的自然会来，李商隐和宋华阳相恋的这根线终于穿起来了。一次法事过后，二人从大殿侧门闪身拐入一条甬路，进入大殿后面的月亮门，门后便是一条曲径通幽的小路。在这个僻静的处所，丁香花那甜丝丝的味道沁人心脾，丁香花树如影影绰绰的天然屏风，蛐蛐声在四周此起彼伏。这里就是道姑与情人约会的场所，众人皆知这个秘而不宣的事实，但都不说破。情欲是人的本性，即便被清规戒律禁锢，情爱欲望依然蕴藏着无限能量，一旦顺时触动，就会像火山爆发一样不可遏制地倾泻出来。李商隐和宋华阳是何时、怎样冲破禁忌的，没有史料记载，但二人的玉阳山之恋却被载入了史册。在一次热烈幽会之后，李商隐写下回忆。

对影闻声已可怜，玉池荷叶正田田。
不逢萧史休回首，莫见洪崖又拍肩。
紫凤放娇衔楚佩，赤鳞狂舞拨湘弦。
鄂君怅望舟中夜，绣被焚香独自眠。

——李商隐《碧城三首·其二》

　　你的倩影以及那莺啼般的声音多么可爱啊。你就像出水芙蓉，田田荷叶碧绿鲜嫩。我的情侣弄玉啊，不逢萧史你别赐情他处。你是庄重高贵的，莫要遇见了洪涯，又轻佻地与其他男人相好。你像紫凤热情奔放，撒娇地口衔佩玉；我像赤龙奔腾疯狂，狂野地拨动你的琴弦。如今，我就是形单影只的鄂君，寂寞地在船上仰望夜空，孤独地面对薰香和绣被。

"玉池"当指玉阳山下的玉溪。"萧史"出自《列仙传》，"萧史者，善吹箫，能致孔雀白鹤于庭。穆公有女字弄玉，好之，公遂以女妻焉，日教弄玉作凤鸣"。夫唱妇随，真是个美好的神话。"萧史"在此处喻指正在玉阳山修道的男主人公。"洪崖"指仙人，喻指道侣。这句描写了男女幽会后的一个小插曲，男方不放心，叮嘱女方只应该和他幽会，可千万别见异思迁。"紫凤"是传说中的神鸟，喻指所恋女冠宋华阳。"楚佩"乃定情之物。"赤鳞"是一种鳞片赤色的鱼，古称"淫鱼"，《淮南子·说山训》曾提到"瓠巴鼓瑟，而淫鱼出听"。赤龙狂舞，撩拨湘弦，龙喻指男性，湘弦喻指女冠。"鄂君"乃暗喻男主人公，《说苑·善说》中记载："鄂君子皙之泛舟新波之中也……越人拥楫而歌……曰：'今夕何夕兮，搴舟中流，今日何日兮，得与王子同舟，蒙羞被好兮，不訾诟耻。心几顽而不绝兮，知得王子。山有木兮木有枝，心悦君兮君不知。'于是鄂君子皙乃揄修袂，行而拥之，举绣被而覆之。"楚王母弟鄂君子皙在河中泛舟游玩，划船的越女心生爱慕，抱着双桨用越语唱了一首歌，大意是"今晚是怎样的夜晚啊，我们漫游河中。今天是什么日子啊，我与王子泛舟，承蒙王子看得起我，不因为我的身份是舟子而对我出言不逊。心绪纷乱不止啊，得知他是王子。山上有树木啊树木有枝，心中喜欢你啊你却不知"。鄂君子皙听不懂越语，叫人译成楚语，歌谣中那深沉真挚的感情打动了他。于是，鄂君子皙高兴地挥着长袖上前，抱住她，给她盖上绣花被，愿与之同床共枕。热烈的幽会后是冷清的孤寂，绣被虽在，而恋人不至，唯有在舟中焚香，孤影冷衾独自相思。

李商隐和宋华阳频繁地幽会，每次幽会都让他与宋华阳走向深渊。

> 七夕来时先有期，洞房帘箔至今垂。
>
> 玉轮顾兔初生魄，铁网珊瑚未有枝。
>
> 检与神方教驻景，收将凤纸写相思。
>
> 《武皇内传》分明在，莫道人间总不知。
>
> ——李商隐《碧城三首·其三》

我们的幽会都预定日期，犹如牛郎织女七夕相见。女冠的洞房幔帘低垂，窥不透的洞房幽深神秘。一轮明净的圆月，玉兔的倩影清晰可见。沉到海里的铁网意欲将珊瑚一网打起，可珊瑚碎了，连珊瑚枝也不见了踪影。女人生育容易显老，不生育方可驻颜。把以前的情书收起来藏好，别闹得人尽皆知。武帝与西王母的人神之恋堪称神迹，即使那么神秘的事，还是被写进了史书而大白于天下，闹得天下人都知道了。

明月里的玉兔模样比喻妇女子宫里的变化，隐喻女方有了身孕。"铁网珊瑚"亦指珊瑚网，沉于水底取珊瑚。古书有云："珊瑚似玉，红润，生海底盘石上。海人先作铁网沉水底，贯中而生，绞网出之。"这里巧妙地运用典故暗喻妇女怀孕及打胎。珊瑚枝，本是妙不可言的生儿育女之意象，如今珊瑚枝没了，无踪可寻，"未有枝"喻胎儿流产。"神方"原指保健、美容、长生不老之药方，但这里应该是指打胎之方，不让女性生儿育女。女冠生育严重违反教规，故"检与神方"，不得不出此下策，打掉胎儿。"凤纸"即金凤纸，为帝王所用，道家青词亦用之。

在这道观禁地，偷食禁果必要付出代价。李商隐和宋华阳二人幽会两个月之后，宋华阳意外受孕，事情败露。安康公主以怀柔手段解决了此事，宋华阳被遣送回宫，不久又在永崇里华阳观出家，而李商隐则被逐出道观。

相见时难别亦难，东风无力百花残。
春蚕到死丝方尽，蜡炬成灰泪始干。
晓镜但愁云鬓改，夜吟应觉月光寒。
蓬莱此去无多路，青鸟殷勤为探看。

——李商隐《无题》

相聚不易，而离别更加难分难舍。暮春时节，一夜东风令百花零落。春蚕到死才把丝儿吐尽；红烛燃尽，满腔热泪方才干涸。清晨对镜，生怕浓密的黑发改变了颜色，青春容颜不再。夜色深沉，对月自吟总觉冷光侵人。她就住在离我不远的蓬莱仙境，却可望而不可即，没有路可到达。希望有一个像青鸟那样的使者，帮我看望我的心上人。

这首表示爱情忠贞不渝的诗歌，历来广为传唱。根据首联推断，二人分手似在暮春时节。一个"难"字落笔别具匠心，把别离之情写得情深绵邈，语言摇曳多姿。颔联以春蚕、红烛作比，精妙绝伦，缠绵悱恻中蕴含坚贞不渝。颈联写晓妆对镜、良夜苦吟，莫不体现抚鬓伤怀、月光披寒的苦情，百转千回，既朦胧婉曲又深情无限。尾联饱含的希望有如神话一般，幻想有信使传达佳期有约的喜讯，可谓别有意致，绝境逢生。清代学者梅成栋在《精选七律耐吟集》中评："镂心刻骨之词，千秋情语，无出其右。"

后来，李商隐在长安偶遇宋华阳姊妹。刻骨铭心的情人突然出现在眼前，却因二人身份之故，无法尽诉相思，虽近在咫尺，却难比登天。因此，他写下了这首七言绝句抒发内心的伤痛。

偷桃窃药事难兼，十二城中锁彩蟾。

应共三英同夜赏，玉楼仍是水精帘。

——李商隐《月夜重寄宋华阳姊妹》

王母种桃三千年一结，东方朔曾三次偷取蟠桃；西王母处有不死的灵药，嫦娥窃食后飞升成仙。仙、凡两界委实难兼啊。神话传说中的彩蟾被幽禁在高楼深阁中，不能轻易相见。在这月色皎洁的夜晚，若我们三人①在山水亭角间共赏明月，该是多么美好啊，只是月下幽会和道教修炼自古不能两全。我只能抬头凝望那华阳观玉楼，看那水晶帘明亮透明。月夜相思最引人惆怅，眼前的美景和心上的美人相互交错，幻觉美轮美奂，可一个"锁"字写尽了现实的残酷。仙、凡两界，可望而不可即，美事难成，怎一个"锁"字了得。清代诗人冯浩在《玉溪生诗集笺注》中评曰："'偷桃'是男，'窃药'是女。昔同赏月，今则相离。"

---

① 此处的三人应指李商隐与宋华阳姐妹。

愿得勾芒索青女　不教容易损年华

　　"甘露之变"后，仇士良把持了朝政，开始对朝廷要员进行洗牌，党同伐异。同时，在全国遴选美女，充实唐文宗的后宫，消磨唐文宗的棱角，使其渐渐打消剪除宦官的决心。据《旧唐书·令狐楚传》记载："十一月，李训兆乱，京师大扰。训乱之夜，文宗召右仆射郑覃与（令狐）楚宿于禁中，商量制敕，上皆欲用其为宰相。"可见"甘露之变"后，李商隐的恩师令狐楚是处理善后事宜的大臣之一。由于他同情王涯等人，"叙其罪状浮泛"，在向朝廷内外宣告平定叛党的制书中，陈述王涯、贾𫗧的谋反事实疏于表象而没有切中要害，后来又密奏唐文宗说："王涯谋反一事，未必可信。"惹得宦官"仇士良等不悦"，导致处处受到排挤，未能拜相。因此，令狐楚也是仇士良一党的清洗对象。唐开成元年（836年）四月，吏部尚书令狐楚被贬为兴元尹，充山南西道节度使，治所在今陕西省汉中市。令狐楚从繁华京城被贬到蛮荒之地，离开长安时，犹如被剪掉双翼的老鹰，他急需左膀右臂，但他的儿子都有要务在身，不能随他赴任。这时，他脑海中的最佳人选就是李商隐。

当李商隐接到令狐楚邀他入兴元幕府的函信时，正处在与宋华阳的热恋中，这封邀请信与他和宋华阳的恋情相比分量相对要轻，他哪里舍得放下佳人去入令狐楚的幕府呢？在令狐楚急需人手时，李商隐虚与委蛇绕过了随令狐楚赴任的话题，回信陈诉他正在为次年到京师参加科考做准备。当然，李商隐第二年确实到了京师，被逐出玉阳山后他回到了长安，怀揣落寞的心在长安大街上游荡。此次回长安，一来是为了参加该年度的科考，二来是为那颗破碎的心找到停靠的港湾。

一条清澈明净的河流自东南迤逦而来，流过长安城，这条穿城而过的河流就是长安城内秀美的曲江，因其水流曲折往复而得名。作为唐代长安最负盛名的河流，曲江在"安史之乱"后一度荒凉。唐文宗常思盛唐时期京都的繁华，意欲恢复其歌舞升平的景象。唐大和九年（835 年）二月，唐文宗命禁军修治曲江；十月，赐百官宴于曲江。"甘露之变"后，十二月下令罢修。唐开成元年（836年）上巳节，唐文宗在曲江亭设宴赏赐百官，独令狐楚一人缺席，称病不去，理由是新近诛杀了一批大臣，不宜赏赐欢宴。

> 望断平时翠辇过，空闻子夜鬼悲歌。
> 金舆不返倾城色，玉殿犹分下苑波。
> 死忆华亭闻唳鹤，老忧王室泣铜驼。
> 天荒地变心虽折，若比伤春意未多。
>
> ——李商隐《曲江》

望不见帝王的翠辇像往日那样经过，夜半只听见冤鬼悲壮地哭号。先前乘坐金舆陪同皇帝游赏的宫妃们一去不返，再也看不到她们倾国倾城的容貌，寂静中的曲江在玉殿下不舍昼夜地流淌。死到临头才感慨平生误入仕途，因为王室悲惨的命运，老臣与那门前的铜驼一起哭泣。天荒地变，人心摧折，但比起伤春的哀恸，这点伤时感乱不算什么。

"铜驼"出自《晋书·索靖传》，"靖有先识远量，知天下将乱，指洛阳宫门铜驼，叹曰：'会见汝在荆棘中耳！'"。索靖是西晋人，"博经史，兼通内纬"，才艺过人。名门出身的索靖看问题眼光长远，且细致入微。西晋政治腐败，官僚争相夸富，索靖从这些社会现象中看出晋朝将很快走向灭亡。他预见天下大乱，但又无力回天，内心异常郁闷。一天，他指着洛阳宫外的铜驼，叹息道："我将会看到你们倒卧在荆棘中！"果然不幸言中，晋元康元年（291年），西晋发生了"八王之乱"。铜驼本是设置在宫门外象征帝王威严的雕像，后来人们用"铜驼荆棘"形容山河破碎、世族没落或人事衰败。"华亭鹤唳"出自另一典故。陆机是西晋一代名士，成都王司马颖爱其才，重用他。后在讨伐长沙王司马乂时，因缺少作战经验而兵败。有人诬陷他和长沙王有私，成都王遂下令抓捕陆机，陆机临刑前叹曰："欲闻华亭鹤唳，可复得乎？"时年四十有三，"士卒痛之，莫不流涕"。当日，昏天黑地，"大风折木，平地尺雪"。陆机生前常与弟游于华亭别墅，后人以"华亭鹤唳"为悔入仕途之典。此处引用"华亭鹤唳"暗喻"甘露之变"中大批朝臣惨遭杀戮的残酷事实，渲染出曲江的荒芜景象和诗人的感慨，突出沧桑之感。"铜驼荆棘"和"华亭鹤唳"两个典故用得精妙，抒写了对唐王朝国运将倾的忧虑。

"甘露之变"并未影响每年一度的春闱，但这次应试李商隐依然名落孙山，铩羽而归。

佳期不定春期赊，春物夭阏兴咨嗟。

愿得勾芒索青女，不教容易损年华。

——李商隐《赠勾芒神》

　　春天本是男女约会的好日子，可是约会的日期还没确定，春天的到来还很遥远。春天的景物早早夭亡，让人唏嘘叹息。情愿结交木神，让她去求霜雪神，莫教万物轻易折损了啊。"佳期"在古代指男女幽会之日期。《周礼·地官司徒》规定："仲春之月，令会男女。于是时也，奔者不禁。""勾芒"一语出自《礼记·月令》，"孟春之月……其神勾芒"。勾芒者，木初生之时，勾屈而有芒角，生木之官也，是主春立功之臣，所以勾芒也叫木神，主管树木生长。"青女"指神话传说中的霜雪女神，《淮南子·天文训》记载："至秋三月，地气不藏，及收其杀，百虫蛰伏，静居闭户，青女乃出，以降霜雪。"李商隐的弦外之音是乞求神灵保佑，希望考官像勾芒神维护春天树木常青那样爱惜人才。

　　此次春闱的主考官是崔郾。崔郾，字广略，举进士，曾任集贤殿校书郎、监察御史、刑部员外郎。"资仪伟秀，人望而慕之，然不可狎也……下不敢欺。每拟吏，亲挟格，褒黜必当。"[①] 崔郾忠于职守，在吏部任职时，对官员考察严格，注重选拔人才；在虢州为官时，凡下属官吏有轻慢父母不赡养者，一律零容忍。

　　这是李商隐第四次参加科考，但他依然没获得考官青睐。屡试不中的李商隐几近一蹶不振，比起以往"不求衣袖文章，谒人求知"的清高姿态，现在的他已如坐针毡。这首看似惜春的小诗，实则是他对自己怀才不遇的一腔愤慨和无奈，透露出希望主考官能圈定他

---

　　① 选录自《新唐书·列传第八十八》。

的迫切愿望。屡次落榜的他心灰意冷，在离开长安前，甚至提不起精神到令狐绹府上做礼节性的告辞。尽管如此，令狐绹在知情后仍主动上门，对他言语抚慰，鼓励他重整旗鼓，明年再战考场。第二天，令狐绹派仆人给李商隐送来一笔钱款和一封书信，李商隐给令狐绹回信一封。

子直①足下，行日已定，昨幸得少展写。足下去后，怃然不怡。今早垂致葛衣，书辞委曲，恻恻无已。自昔非有故旧援拔，卒然于稠人中相望，见其表得所以类君子者，一日相从，百年见肺肝。尔来足下仕益达，仆困不动，固不能有常合而有常离。足下观人与物，共此天地耳，错行杂居，蚩蚩哉！不幸天能恣物之生，而不能与物慨然量其欲。牙齿者恨不得翅羽，角者又恨不得牙齿，此意人与物略同耳。有所趋，故不能无争；有所争，故不能不于同中而有各异耳。足下观此世，其同异如何哉？

儿冠出门，父翁不知其枉正；女笄上车，夫人不保其贞污。此于亲亲不能无异，势也。亲者尚尔，则不亲者恶望其无隙哉！故近世交道几丧欲尽。足下与仆于天独何禀，当此世生而不同此世。每一会面，一分散，至于慨然相执手，矍然相戚，泫然相泣者，岂于此世有他事哉！惜此世之人，率不能如吾之所乐，而又甚惧吾之徒子立寡处。而与此世者蹄尾纷然，蛆吾之白，摈置讥诽，袭出不意，使后日有希吾者。且惩吾困而不能坚其守，乃舍吾而之他耳。足下知与此世者居，常绐于其党何语哉？必曰："吾恶市道！"呜呼，此辈真手搔鼻齇而喉哕人之灼痕为癞者，市道何肯如此辈耶！

今一大贾坐滞货中，人人往须之。甲得若干，曰其赢若干；丙

---

① 令狐绹，字子直。

曰吾索之。乙得若干，曰其赢若干；戊曰吾索之。既与之，则欲其蕃，不愿其亡失口舌。拜父母，出妻子，伏腊相见有贽，男女嫁娶有问，不幸丧死，有致馈，葬有临送吊哭。是何长者大人哉！他日甲乙俱入之不欺，则又愈得其所欲矣。回环出入如此，是终身欲其蕃不愿其亡失口舌，拜父母益严，出妻子益敬，伏腊相见贽益厚，男女嫁娶问益丰，不幸丧死，馈赠临送吊哭情益悲，是又何长者大人哉！唯是于信誓有大欺漫，然后骂而绝之，击而逐之，讫身而勿与通也。故一市人率少于大贾而不信者，此岂可与此世交者等耶！今日赤肝脑相怜，明日众相唾辱，皆自其时之与势耳。时之不在，势之移去，虽百仁义我，百忠信我，我尚不顾矣，岂不顾矣而又唾之，足下果谓市道何如哉！

今人娶妇入门，母姑必祝之曰："善相宜"；前祝曰"蕃息"。后日生女子，贮之幽房密寝，四邻不得识，兄弟以时见，欲其好不顾性命，即一日可嫁去，是宜择何如男子者属之耶？今山东大姓家，非能违摘天性而不如此。至其羔鹜在门，有不问贤不肖健病，而但论财货，恣求取为事。当其为女子时，谁不恨？及为母妇，则亦然。彼父子男女，天性岂有大于此者耶？今尚如此，况他舍外人，燕生越养而相望相救，抵死不相贩卖哉！细而绎之，真令人不爱此世而欲狂走远飏耳。果不知足下与仆之守，是耶非耶？

首阳之二子，岂蕲盟津之八百？吾又何悔焉！千百年下，生人之权，不在富贵而在直笔者。得有此人，足下与仆当有所用意，其他复何云云。但当誓不羞市道而又不为忘其素恨之母妇耳。商隐再拜。

——李商隐《别令狐拾遗书》①

---

① 详见《全唐文·卷七百七十六》。

这封书信是李商隐散文创作中的精品，用情真挚，对当时社会的批判很深刻，篇中很多句子可圈可点。信中称令狐绹为"足下"有十次之多，说明二人不是一般的朋友关系，"今早垂致葛衣，书辞委曲，恻恻无已"，可见李商隐在此次对话中推心置腹的态度。写这篇散文时，令狐绹任左拾遗，故谓之"别令狐拾遗书"。

开卷谈到了他们之间非同寻常的友谊，"一日相从，百年见肺肝"，可谓肝胆相照。事实上，李商隐和令狐一家比朋友关系还要复杂。面对肝胆相照的朋友，李商隐将一肚子的牢骚像竹筒倒豆子一样全部倾泻出来。屡试不举的打击已经让他失去了耐心，他所经历的成长环境造就了他的思想，二十五岁的李商隐对社会和人性的认识已经相当深刻。人与人之间，有天下人都经历过但又不忍面对的事实——"因不能有常合而有常离"。相遇相知、同舟共济和抵足而眠等美好的感情，都转瞬即逝。这就是世界既温柔又无情的一面，每个人都无从抱怨。

人的欲望是无穷的，但社会资源是有限的，与人的欲望不成正比。"不幸天能恣物之生，而不能与物慨然量其欲"。以天意无穷对物藏有限，必然发生无情的争斗。这样的社会环境导致人际关系的复杂，即使父母子女之间，也很难沟通了解。至于"近世交道"的人与人的交往，更是不堪一击，这里李商隐把矛头指向令狐绹所在的文人圈子。那个圈子里大多是假面人，表面道貌岸然，实则个个虚伪，与他们口口声声鄙视的市侩之道相比，他们的所作所为更加下流卑鄙。在李商隐的观念中，"市道"无非是一种有付出有赢利的交易，真正的市道以诚信为主，双方信守契约。可怕的是，"此世交者""今日赤肝脑相怜，明日众相唾辱，皆自其时之与势耳"。他们像变色龙一样，以利益取舍亲疏关系，随时可以翻脸，信义与友情轻得比纸还要薄。

李商隐在信中还谈到另一个普遍现象。他以生活中的女人为例，女人在幼年时，备受家人宠爱，到了谈婚论嫁时，对只讲门第钱财的包办婚姻深恶痛绝。然而，等到她们成为母亲后，对女儿采用的仍是从前经历的老一套，代代如此，在这老旧的轨道上往复循环。

李商隐并非是反对封建婚姻制度的叛逆者，此处他意在揭示人性丑恶的一面。当自己经历了诸多苦难，处境得到改善后，却回过头去压迫后来者。从少女到婆婆，从白丁到官员，无不如此。他在信中向令狐绹传达一个心意，无论如何，摸着良心发誓，绝对不羞于"妇道"，即便自己的身份地位变了，也不会变成"母妇"去压迫后来者。行文至此，李商隐似乎忘了他与令狐绹在身份地位上的巨大悬殊，一人高官厚禄，一人褐衣……他把令狐绹作为自身阵营的一分子，吾与汝，都是反对世俗社会的！

可以看出，李商隐在写作过程中心潮起伏，字里行间处处有愤世嫉俗的言辞。"细而绎之，真令人不爱此世，而欲狂走远飏耳。"社会对他的不公使他厌世，想学古代隐士遁世。"首阳之二士，岂蕲盟津之八百？吾又何悔焉！"意思是自己很想学习伯夷和叔齐去过隐居的生活，拿出不食周粟的气节。这里暗喻他不肯向现实低头，就像古代八百诸侯随周反商，即使世人都随波逐流、趋炎附势，自己也要保住气节，不同流合污。这两句鲜明地表示出李商隐与世俗水火不容的态度。

这是李商隐在意气驱使之下写的一封书信，带着文人清高孤傲、愤世嫉俗的姿态。文末，他底气十足地说："千百年下，生人之权，不在富贵，而在直笔者。"直笔者，史官也，指那些手握铁笔记录历史的人。李商隐对现实极端痛恨，但相信历史是公正的，这是他在跌入低谷时始终坚守的希望。

这封信是否说服了令狐绹，不得而知。李商隐对社会现状的不满对令狐绹来说或许无关痛痒，因为令狐绹本身就是官场的受益者，不可能对李商隐受到的不公正待遇感同身受，但他同情李商隐，理解并宽容那些过激言论。在下一次科考时，令狐绹终于施以援手，帮助李商隐进士及第。

金榜题名　玉管葭灰细细吹

　　唐开成二年（837年），李商隐再次进京应试。这一次他如履薄冰，放下以往的桀骜不驯，向世俗低头。他为了争取达官贵人的推荐，在路过华州时，给时任华州防御史崔龟从写了一封信。

　　崔龟从，字玄告，清河人，唐朝政治家、历史学家。祖崔璜，父崔诚，官职卑微。唐元和十二年（817年），进士及第。唐大和初年迁太常博士。崔龟从长于礼学，对历代沿革尤为精通，监修《续唐历》。他在官场上风生水起，后来当了相国。崔龟从是牛党人物，在任太子少保时退休回洛阳，唐大中七年（853年）去世。

　　前四次科考，李商隐都坚持不走行卷，倔强与骄傲让他一次次落第，直到碰得头破血流，才痛定思痛，试图转圜。崔龟从在朝中故旧关系甚多，如他能帮忙，李商隐中举的希望会大大增加。这一年，崔龟从从中书舍人调任华州防御史兼御史中丞。

　　中丞阁下：愚生二十五年矣。五年诵经书，七年弄笔砚。始闻

长老言，学道必求古，为文必有师法。常惛惛不快。退自思曰："夫所谓道，岂古所谓周公、孔子者独能耶？盖愚与周、孔俱身之耳。"以是有行道不系今古，直挥笔为文，不能攘取经史、讳忌时世。百经万书，异品殊流，又岂能意分出其下哉！凡为进士者五年，始为故贾相国所憎，明年病不试，又明年复为今崔宣州所不取。居五年间，未曾衣袖文章谒人求知，必待其恐不得识其面，恐不得读其书，然后乃出。呜呼！愚之道可谓强矣，可谓穷矣，宁济其魂魄，安养其气志，成其强，拂其穷，惟阁下可望。辄尽以旧所为发露左右。恐其意犹未宣泄，故复有是说。某再拜。

——李商隐《上崔华州书》[1]

这封信并未像预期的那样对崔龟从起作用，问题出在哪儿呢？在李商隐的行卷上。这封信字里行间流露出李商隐自命不凡的清高。"五年读经书，七年弄笔砚，始闻长老言，学道必求古，为文必有师法"，这段自述多少带有自我吹嘘的意味，读来难免令人产生言过其实的不适感。此外，李商隐还虚报年龄，当时本已二十七岁，却说自己二十五岁，这些都给崔龟从留下不好的印象。

虽然李商隐试图向社会现实妥协，但他的才气与倔强让他不自觉地向权威挑战："夫所谓道，岂古所谓周公、孔子者独能邪？盖愚与周孔俱身之耳。"难道说只有周公、孔子这些人才能体会到道的精髓吗？不，道是相通的，我与周公、孔子有着同样的躯体，他们可以体会到，我也能够做到。难道写文章非要墨守成规，不能跳出经书的桎梏而有所独创吗？这些激烈的言语或者说是有气魄，或者说是藐视圣人周公、孔子，李商隐作为一介儒生，羽毛还未丰满就如

---

[1] 详见《全唐文·卷七百七十六》。

此狂妄。清代冯浩评此篇为"势横力健，不减昌黎。"要知道，崔龟从本身就是历史学家及学术权威，精通礼学，讲究遵古师法，视圣人经典为依归，而李商隐不必以孔为师的论调恰与崔龟从相悖。

李商隐接下来的话锋更犀利，"凡为进士者五年。始为故贾相国所憎，明年病不试，又明年复为今崔宣州所不取。居五年间，未曾衣袖文章，谒人求知"。李商隐诉说自己几次赴京应试不举，都是因为考官作梗，并明确点出贾餗和崔郸。贾餗是在"甘露之变"中被冤杀的宰相，崔郸则在唐文宗、唐武宗年间担任宰相。李商隐言辞中的怨恨及满腔牢骚显而易见，宣称自己五年来未曾做过行卷的事，这些话势必对他毫无裨益。据说崔龟从收到这封信后并未关注李商隐，李商隐本寄希望于被赏识，孰料事与愿违，最后的三个字"某再拜"读来让人于心不忍。这封信就像石子丢进河里，连水花都没有溅起就沉入了河底。好在这封信并未对李商隐产生负面影响，可见崔龟从并未在李商隐身上投入精力。

这年初春，长安一连几天大雪纷飞，地上积雪几丈厚，各地赶来应试的士子在春寒料峭中忙得不亦乐乎，崇仁坊和亲仁坊的客馆早已住满了来京赶考的生员。李商隐那件粗布冬衣已穿了十余年，破旧不堪，寒酸至极。考试前，窘迫的李商隐给令狐绹写了一封信，言及自己经济上的拮据和科举屡试不中的百般艰难。"尔来足下仕益达，仆困不动"，你的处境越来越好，我却还在原地踏步。令狐绹看了信后心里微微生出芥蒂，早先建议李商隐前往幕府谋事，他不肯听从，今日举步维艰却空发一通抱怨。远在汉中的令狐楚得知李商隐处境艰难后便写信给儿子，告诉他前几次科试，令狐一家没有为李商隐引荐，致使他空负才情而总未及第，未免心中负疚，这次一定要助他一臂之力。令狐绹按照父亲的嘱咐，给李商隐送了一笔钱解决燃眉之急。"蕴袍十载，方见於改为；大雪丈余，免虞于偃卧"①，北宋陈师道衣衫单薄不足以御寒，又不愿低眉顺眼找连襟赵挺之借棉衣，导致去参加重要活动时冻病，随后因病身亡。令狐绹支援的这笔钱确实是雪中送炭，李商隐用这笔钱购置了新衣，终于体面地参加了应试。添置了新衣的李商隐还可以在大雪寒天随意出门活动，免受蜷缩在家的苦楚。

就在这一年，李商隐进士及第。在此过程中，起积极作用的不是他寄予厚望的崔龟从，而是令狐绹。中举之后，他仕途的不幸也悄无声息地开始了。所谓成也萧何，败也萧何，李商隐金榜题名离不开令狐绹的鼎力相助，他后来的人生际遇也与令狐绹有千丝万缕的联系。

令狐楚在唐宪宗时担任过宰相，据《资治通鉴》载，令狐绹能够在唐大中四年（850 年）入朝拜相，很重要的一个原因是令狐楚对唐宪宗的忠诚。一次散朝后，唐宣宗和宰相说起往事，唐宣宗问了一番话，这番话对令狐绹入朝拜相起了决定性作用。唐宣宗问宰相："元和末年，父皇出灵时，忽然天降大雨，文官武将们都跑到一旁去躲雨，独有一位白发苍苍的老臣守在灵前，恭恭敬敬一动不动，俨然一尊雕塑般庄严。这事给我留下深刻印象，每每想起，仍心生感动。但我当时年幼，不知那位老臣是谁。"宰相回答说："那位老臣是山陵使令狐楚。"唐宣宗感念于此，升任令狐绹为相。唐宣宗的作风比较强势，但令狐绹在他身边却能左右逢源，处理好各种微妙的关系。令狐绹之所以能在宰相的位置上安稳地度过十年，也与他生性懦弱有关，《旧唐书》说他性格胆小迟缓，这恰恰可以与作风强硬的唐宣宗刚柔相济。

① 详见《金唐文·卷七百七十四·上令狐相公传·四》。

令狐家族在朝中算不上大族，令狐绹想使令狐家族繁盛起来，所以凡是本家族的人，都引荐到朝廷做官。如果皇族中有未得到官的，想要参加应试，他也要给这个人改姓令狐。这一次的主考官是高锴，任礼部侍郎兼知贡举，与令狐绹同朝为官，只是部门不同，虽不算亲朋，但关系良好。开考前的一天早朝后，在紫宸殿门外二人相遇，高锴问令狐绹："八郎之交谁最善？"令狐绹"直进曰：'李商隐者。'三道而退，亦不为荐托之辞，故夏口与及第。"① 当高锴要他举荐人才时，令狐绹不失时机地报出李商隐的名字，而且连说三遍。高锴很清楚李商隐与令狐家的渊源，况且令狐绹又是一颗政界新星，前途不可限量，高锴当然会采纳令狐绹的提名。"夏口"即高锴，此次科考之后，高锴出任鄂岳观察使，去了夏口，故李商隐用"夏口"指高锴。

唐代科举考场作弊之风盛行，最具代表性的就是干谒和行卷，考前如有达官贵人推荐，榜上题名往往十拿九稳。如果少了这一步，考生即便才高八斗也只能名落孙山。与李商隐合称"温李"的温庭筠，一生不第。《全唐诗话》谓温庭筠"才思艳丽，工于小赋，每入试，押官韵作赋，凡八叉手而八韵成"，时人遂称之为"温八叉"。"多为邻铺假手，率日救数人"，这个插曲说的是温庭筠在一次考场上的精彩表现，温庭筠写完自己的卷子后，对左右考生施以"援手"。如此才思敏捷的温庭筠却终身没有登上金榜，这不仅是因为没有显贵的引荐，还与他恃才狂放的性格有关。

由于令狐绹举荐，李商隐终于榜上有名，考取了进士。金榜题名之时，李商隐第一时间向恩师令狐楚报告喜讯："今月二十四日，礼部放榜，某侥幸成名，不胜感庆。……自卵而翼，皆出于生成；

---

① 详见《金唐文·卷七百七十六·与陶进士书》。

碎首糜躯，莫知其报效！"①

　　五年辛酸赴考，一朝及第，这功名来得实属不易。这次登科对几次应试失败的李商隐来说，如同久旱逢甘露，由内而外地感到欣喜。一天，他来到曲江边上，三月的曲江，草长莺飞，戏蝶流连。

　　玉管葭灰细细吹，流莺上下燕参差。
　　日西千绕池边树，忆把枯条撼雪时。

——李商隐《池边》

　　节候到了，葭灰飞动。在这春日黄昏里，身边的流莺和燕子上下翻飞，池边春树繁茂，令人不由得想起寒冬时节的衰飒枯枝与斯人在凛冽的风雪袭击下苦苦支撑的情景。

　　葭是初生的芦苇，葭莩是芦苇秆内壁的一层薄膜，"葭灰"也叫葭莩之灰。古人烧苇膜成灰，置于与气候节令对应的十二律管内，藏至密室，用以占气候节令。当某一律管中的葭灰自动飞出，表示相应的节候已到。

　　这段时间，李商隐忙得团团转，叙同年②、拜座师、曲江宴、参加雁塔题名等一些必不可少的活动。三月二十七日，李商隐即将启程东归，回济源家中去向老母亲报喜。同时，他也不忘给令狐楚去信一封，一来告知近日即将启程回济源之事；二来告知令狐楚，约在中秋前后便可处理好家事，到时定会前往汉中当面致谢。信中有"北堂之恋方深，东阁之知未谢，夙宵感激，去住彷徨"③之语。

---

① 详见《全唐文·卷七百七十四·上令狐相公状·五》。
② 指同年科考登第的举子。
③ 详见《全唐文·卷七百七十四·上令狐相公状·六》。

"北堂之恋"指侍母,"东阁之知"指令狐楚的知遇之恩,二者都恩重如山,不免左右彷徨。此时令狐楚驻节兴元(今陕西省汉中市),担任山南西道节度使。如今,年老体弱的令狐楚身边很缺人手,曾多次邀李商隐前往,帮助处理文书等事。现在他进士及第,终于跃入龙门,待省亲之后大可心无旁骛地到汉中去做事。

本次春闱共有四十名士子登第,很多人与李商隐有过书信往来和诗歌唱和,其中韩瞻后来还与李商隐成为连襟。李商隐离开长安之前,许多同年前来为他设宴饯行。酒酣耳热之际,大家互相勉励,相约今后在仕途上相互提携。李商隐离会后,立即启程前往济源省母,行至灞上,作诗一首回寄同科未及话别诸友。

> 芳桂当年各一枝,行期未分压春期。
> 江鱼朔雁长相忆,秦树嵩云自不知。
> 下苑经过劳想像,东门送饯又差池。
> 灞陵柳色无离恨,莫枉长条赠所思!
>
> ——李商隐《及第东归次灞上却寄同年》

我们正当妙龄,幸运地各折一枝芳桂。"芳桂"即桂花,古代称登科为"折桂"。这一典故出自《晋书·列传第二十二·郤诜》:"臣举贤良对策为天下第一,犹桂林之一枝,昆山之片玉。"李商隐在诗中发出感叹:不曾想,我们分手就在暮春时节,我们一在北地,一去南方,远隔秦树嵩云,难再会面,唯有长相忆念,今后各自的景况恐难知悉。曾相约在曲江池边游宴,却未如愿,今后只能通过想象去回味了。东门饯别阴差阳错,同年未悉数同聚。及第东归,此刻我行至灞桥之上,杨柳青青无离恨,不需要折柳枝相赠了!

李商隐赶回济源时已是四月初,一家人喜出望外,其乐融融,这是自父亲过世以后一家人最欢乐的时光。一晃端午节快到了，李商隐接到令狐楚从兴元派人送来的信，信中言辞恳切，请他到兴元幕府去佐助军政事务，此时的令狐楚垂垂老矣，急需年轻干练的帮手。李商隐思前想后，决定暂时不去，于是回信，委婉地陈述不能立即前去的理由，即想在家里孝敬老母亲一段时间。

几天后，李商隐独自沿着玉溪河走进了玉阳山，重游这片天地，不由得感慨万千。玉阳山的灵都观前门可罗雀，这里曾是他和宋华阳幽会的地方，如今物是人非。清幽的林间深处，溪流潺潺，清晰可闻，有雀鸟时不时地落在青石板上，啄食掉在地上的虫子。一切看上去都是那么熟悉却又恍若隔世般陌生。

> 松篁台殿蕙香帏，龙护瑶窗凤掩扉。
>
> 无质易迷三里雾，不寒长著五铢衣。
>
> 人间定有崔罗什，天上应无刘武威。
>
> 寄问钗头双白燕，每朝珠馆几时归。

——李商隐《圣女祠》

你的居所是那么幽静而芳香氤氲，台殿在青松翠竹的掩映下显得格外清净，虚掩的帷帐镂刻着蕙草兰花。用玉装饰的精致门窗紧闭，不容外人窥探。在一片浓雾中，你的情影若隐若现，常年穿着轻如羽纱、透明无质的五铢衣，恍若置身于朦胧的三里雾中令人不见其真容。人间有我这样的才俊做你的如意郎君，即便是天上恐怕也找不到与你匹配的彦杰达人。试问圣女头钗上的一双白燕，圣女何时从天上返回呢？

"三里雾"典出《后汉书·列传第二十六·张楷》。张楷"性好道术，能作五里雾"。东汉人张楷对道学颇有研究，常有弟子上百人，他能在五里范围内弥漫云雾，故人们将学道称为"学雾"。"五铢衣"则是传说中仙女穿的衣服，轻而薄。"崔罗什"典出《酉阳杂俎·冥迹》。清河人崔罗什夜过长白山夫人墓时，遇见一青衣婢女，引崔罗什去见一女郎。此女郎自称是汉末吴质之女，两人"叙温凉""论汉魏大事"。崔罗什临走时留下玘瑁簪，女郎则以玉环相赠。崔罗什上马走了数十步远，回头一看，却是一座大坟。"刘武威"出自神话故事。汉武威太守刘子南，跟随道士尹公学仙道奇术，身佩萤火丸便能隐形，即便箭矢如雨，敌人离他数尺之外便摔倒在地。后用"武威"或"刘武威"代称仙道奇术。

李商隐在这首诗中寄托了深沉的怀旧之情，与宋华阳的那段恋情在他心上留下了永远的伤痛。玉阳山短暂的欢娱如南柯一梦，如今只能在绵长的相思里回味不再来的爱情。

转眼到了六月，李商隐告别母亲和弟弟妹妹，回到荥阳坛山祖茔祭祖。他在坟前虔诚地跪下，将自己中举的消息告诉九泉之下的先人。他又到李逸叔叔家中小住几天，之后依依惜别，回到洛阳。

李商隐在洛阳看望了堂兄李让山，聊起往事，不胜唏嘘。他们谈起嫁入侯门的柳枝，不知现在过得怎么样。李商隐心中泛起的不是当年偶遇柳枝的激情，而是挥之不去的悲伤，不为他自己，而是为柳枝。他完全明白嫁给东诸侯的柳枝如今是何境遇，失去了爱情和人身自由的柳枝不是充入后房，就是沦为歌伎。在当时的社会环境下，商人和歌伎都是社会最底层的人。同样的事情与李商隐齐名的杜牧也遇到过。杜牧早在江西幕府时就与歌伎张好好相识，但张好好受到沈传师赏识并被带往宣城，后来，沈传师的弟弟将张好好纳为妾。唐大和七年（833 年），沈传师任吏部侍郎；五年后，杜牧来到洛阳，发现张好好"婷婷为当垆"，早已被薄情的丈夫抛弃，流落到洛阳东城的一家酒店卖酒。

从洛阳回济源，途经河阳，走在大街上的李商隐突然听到一阵喧哗，闻声望去，只见前有打着肃静牌的差役，后面是一顶八抬大轿和仪仗队，这个威风凛凛的来者正是左金吾卫将军、新任河阳节度使李执方。一日，李商隐来到李将军门下，递上名刺求见。这是所有新科进士首先要做的一件事，从而疏通人脉关系、结交权贵，为日后加官晋爵铺平道路。

曲江水边多丽人　镜槛芙蓉入

　　从端午到中秋的几个月内，李商隐都在京城积极社交，拜访名人权贵，参加曲江宴会。这期间，又一场轰轰烈烈的爱情故事开始了。

　　曲江两岸鸟语花香，嘉木郁郁葱葱，水面上红蕖绿萍，风情万种。每年二月二日中和节①与三月三日上巳节②，长安人倾城出动拥到曲江边，曲江两岸随处可见五彩帐篷、翠绿帷幕，高贵华丽的车马摩肩接踵。就在这人头攒动中，有一位貌美如花的女子进入李商隐的视线，令他心旌摇曳。只见她头梳百花式反绾髻，乌黑的发髻

　　①　中国民间传统节日。中和节主要兴盛于唐代，习俗有进书献种上新服、节日宴会、赐尺赐衣等。唐贞元八年（792年），博学宏词科曾以"中了节诏赐公卿尺"作为科举考试的试题。献生子，人们用青色口袋装上各种各样的粮食、瓜果和种子互相赠送。
　　②　中国民间传统节日。人们结伴去水边沐浴，俗称"祓禊"，后来又增加了祭祀宴饮、曲水流觞、郊外踏青等内容。

上插着一支金雀碧玉簪，神似罗敷①，貌比西施。这位佳丽就是王茂元的小女儿王晏媄。

王茂元，濮州濮阳县（今河南省濮阳市）人，将门之后，鄜坊节度使王栖曜之子。王茂元自幼好学，随父征战，参加过平叛"安史之乱"，以勇猛著称。唐德宗时，上书自荐，授试校书郎，累迁至岭南节度使，后为监领忠武军节度使，转为河阳节度使。吕元膺任东都留守时，王茂元任防御判官。当时留在洛阳的平卢军聚集在邸宅密谋叛乱，吕元膺率领防御兵将叛军的宅邸团团围住，但士兵怯战，畏缩不前。王茂元挥刀斩了一名士兵示众，激励众人发动进攻，围歼叛军。王茂元出任岭南节度使时，招抚南蛮地区的民众，颇有政治才干。

《旧唐书·列传第一百二十·王茂元》记载："南中多异货，茂元积聚家财钜万计。李训之败，中官利其财，掎摭其事，言茂元因王涯、郑注见用。茂元惧，罄家财以赂两军，以是授忠武军节度、陈许观察使。"由此可见，南蛮地区多有奇珍异货，王茂元任岭南节度使时，借机敛财。返京之后，王茂元和郑注等人打得火热。"甘露之变"后，他的家财引得宦官觊觎，于是给他网罗罪名，要查证他与郑注、王涯的关系。王茂元因害怕急忙献出巨额家财，名义上是犒劳在"甘露之变"中有功的禁军，实则贿赂宦官，由此他才侥幸逃脱一死。在杀风正炽时，王茂元散财行贿，躲过了屠刀。为了逃避灭族之灾，他疏散家中人丁，"家财给予公用，子弟子散于行间"。他将两个如花似玉的女儿藏于长安的昭国坊。后来，这两个女儿一个下嫁李商隐，一个下嫁韩瞻。

---

① 汉乐府民歌《陌上桑》中的一位农家女，以采桑为生，忠于爱情，热爱生活，是古邯郸美女的代表。

据《长安志》记载，昭国坊在朱雀街东第三坊，其中有夏绥宥节度使李褒宅。昭国坊李家南园的主人是李晟之孙，宅第里住着一位任千牛卫将军的李十将军，王茂元的妻弟李执方当时也住在昭国坊。王茂元将两个及笄的女儿藏进昭国坊可谓两全其美之举，一来躲避灾祸，二来待字闺中。

王茂元很欣赏李商隐的才华，招他为女婿，但实际情况并没有这么简单。结婚前，李商隐对王氏女有过非常艰难而狂热的追求。为了追求王茂元的小女儿，李商隐与昭国坊的李十将军过往甚密，常在一起赋诗饮酒。一次，李商隐和李十将军同游曲江，在李十将军携带的女眷中，就有那位天生丽质的王氏女。一同前去的其他人都带了女眷，锦棚之内名媛云集，花团锦簇。游玩归来，李商隐写下《镜槛》一首。

镜槛芙蓉入，香台翡翠过。拨弦惊火凤，交扇拂天鹅。
隐忍阳城笑，喧传郢市歌。仙眉琼作叶，佛髻钿为螺。
五里无因雾，三秋只见河。月中供药剩，海上得绡多。
玉集胡沙割，犀留圣水磨。斜门穿戏蝶，小阁锁飞蛾。
骑襜侵鄂卷，车帷约幰铍。传书两行雁；取酒一封驼。
桥迥凉风压，沟横夕照和。待乌燕太子，驻马魏东阿。
想象铺芳褥，依稀解醉罗。散时帘隔露，卧后幕生波。
梯稳从攀桂，弓调任射莎。岂能抛断梦，听鼓事朝珂。

——李商隐《镜槛》

你是一朵清香袭人的荷花，从锦棚外翩然而入，头钗上缀满翡翠，身轻如燕从芳香台走过。琴弦轻轻拨弄，《火凤》那曲悠扬的琴声惊起四座；轻舒双臂，洁白如雪的羽扇开合自如，犹如翩跹起舞的天鹅。浅露的笑靥迷人无数，莺音令人屏住声息，旋即四座应和。你那仙女一样的青黛弯眉，清香扑鼻如琼叶；盘在你头顶上的乌发高髻，旋屈如螺，贴着花钿。隔着轻纱薄幔向外望去，朦胧如五里迷雾，我与你如隔着无情的三秋银河那么遥远。你艳若桃李的容颜，可是服用了月中玉兔捣的仙药？你的霓裳羽衣一定是用南海鲛人织的绡罗做成的。你佩戴的美玉吊坠，是用胡人的解玉沙切割雕刻而成；你佩戴的犀角饰品，曾被浸在洁净的圣水中磨洗。瞬间，你们像一群戏舞的飞蝶，振动双翅从斜门翩然而去，留下孤单的我在这空旷的锦棚中，如同一只被小阁锁住的飞蛾。你的马英姿雄健，马蹄急驰，卷起飞溅的泥土沾满鞍鞯；你的车辇华美高贵，弧形的波浪在帷幔的边沿随风飘荡。高飞的大雁啊，请把我心灵的书简传递；日行三百里的封驼啊，快为我取来美酒，我要高声吟哦。路上桥水萦回，一路追寻，飒飒凉风扑面，沟横路断，穷途末路，我还能到哪里去追寻。用燕太子盼望乌头白①的耐心等待暮鸦归巢，像东阿王曹植驻马洛水，盼与宓妃约会。恍惚中，仿佛有一双玉手为我抖开了暗香袭人的被褥，醉眼微睁，朦胧中看到了满身绫罗的美人宽衣解带。难舍难分的时刻到了，夜露已浸湿门外的帘幕，躺卧在床，窗外帏幔随风飘拂，卷起心田阵阵涟漪。让那些有青云之志的人去为蟾宫折桂而拼搏吧，为科举登第而寒窗苦读吧。而我，岂能让这美好的梦境戛然而止，让那鼓声充斥在耳，身穿朝服，为那功名利禄劳神费力？

　　过去他为了功名不惜一切代价，如今为了心仪的姑娘，甚至轻

---

　　① 出自《史记·刺客列传》。战国末年，燕国太子丹在秦国当人质，与秦王政发生冲突并被囚禁，太子丹请求放他归国。秦王说："乌头白，马生角，乃许耳。"后世用"乌头白"比喻不可能实现的事。

视功名。自从看到王氏女，李商隐像着了魔一样爱上了她，整日相思，衣带渐宽。有一次，李商隐不顾自己正在病中，一大早就跑到昭国坊去见李十将军。事逢不巧，当日李十将军早早地便"挈家游曲江"去了。病中造访却扑了个空的李商隐好不扫兴。

十顷平波溢岸清，病来惟梦此中行。
相如未是真消渴，犹放沱江过锦城。
——李商隐《病中早访招国李十将军遇挈家游曲江》

曲江池十顷清波的水面与岸齐平，病中的我常梦到自己在宽阔的池中穿行。当年司马相如并非是真消渴，要不然，他如何会让沱江的水流过锦城！

诗中提到的司马相如患有消渴症，《史记·司马相如列传》记载，相如口吃而善著书，常有消渴疾。司马相如在临邛首富卓王孙家中做客，卓王孙的女儿卓文君新寡，司马相如知道她通音律，于是弹奏一曲《凤求凰》引起她的注意。藏在帘后聆听的卓文君怦然心动，遂让婢女从中搭桥，于一个夜晚同司马相如私奔到成都。李商隐在诗中说司马相如未必是真消渴，不然怎么会让沱江的水流过锦城呢？言外之意，李商隐自己才是真消渴，渴得连沱江的水都可以喝干，根本不会有水流到锦城去。诗中所说的"渴"并非真的口渴，而是喻指爱情的煎熬。李商隐在诗中毫不掩饰地表达了对此次曲江之游中的某位女子的渴慕，而在另一首诗中，他更是大胆地表白了。

家近红蕖曲水滨，全家罗袜起秋尘。
莫将越客千丝网，网得西施别赠人。
——李商隐《寄成都高苗二从事》

你家就在红荷缀满的曲水之畔，全家到曲池游玩，溅起一片细微如尘的水雾。如果你们像越国人那样，朝水面抛出千丝细网，网得了像西施那样美貌的女子，请千万不要赠给别人。"罗袜"出自曹植的《洛神赋》，"凌波微步，罗袜生尘"，形容洛神女在水面行走时体态的轻盈之美。在唐代，民间流传西施从水中打捞起一个娃娃的故事，李商隐借这个故事公开表态，如果你们网得了像西施那样的美女，千万不要把她给别人，一定要给我。李商隐迫切想得到王氏女的言辞十分露骨，那种唯恐失之交臂的担忧非常人所及。

日下繁香不自持，月中流艳与谁期？
迎忧急鼓疏钟断，分隔休灯灭烛时。
张盖欲判江滟滟，回头更望柳丝丝。
从来此地黄昏散，未信河梁是别离。

——李商隐《曲池》

夕阳已经落山，浓郁的馨香犹在，沉醉其间的我无法自持。月色皎洁，清丽如水的月光一泻而下，我还在期待谁？鼓声急促，钟声悠扬，声声催人，肝肠寸断。本应是休灯灭烛的浓情蜜意之时，无情的离别却降临了。船篷鼓起，挥手道别时，望着江水波光激滟，柔肠百转千回；船儿渐行渐远，回望岸边，垂柳依依，迎风摇曳。多情自古伤离别，黄昏时的曲江从来都是分手之地。但我心有不甘，不相信今日的分手就是终身的离别。

一首《曲池》写得炽热缠绵，曲江之游的聚会通常在黄昏时散去，这在李商隐笔下成了一唱三叹的悲壮别离。此次曲江游，李商隐面临与王氏女不得不分手的现实，从李商隐当时的处境来看，两

人的恋情阻力很大。韩瞻和李商隐同时追求王氏二女，唐开成二年
（837年），礼部放榜，李商隐和韩瞻同科登第。韩瞻及第而婚，享
受着金榜题名时、洞房花烛夜的人生乐事。相比之下，李商隐则被
冷落一旁，及第不与婚，叫李商隐好不沮丧。

　　一片琼英价动天，连城十二昔虚传。
　　良工巧费真为累，楮叶成来不直钱。

——李商隐《一片》

　　相传，一块质地纯净的美玉，价值昂贵，高可动天。现在看来，
价值连城只是虚传罢了。优秀的玉工费尽心机将一块美玉雕刻成足
以乱真的楮叶，结果不值钱，真是自讨苦吃。

　　"琼英"指美玉，《诗经·齐风·著》中提到"俟我于堂乎而，
充耳以黄乎而，尚之以琼英乎而"。古代男子的冠帽上有一装饰品，
即充耳，冠帽两侧各系一根丝线连接一颗绒球，下面再挂一块美玉，
随着身体的晃动，坠在帽檐下的美玉叮当作响，就像女子的耳环一
样颇有情趣。李商隐在诗中把科举考试成功的自己比喻为一块美玉，
"昆山片玉"代表他进士及第。楮树是一种落叶乔木，可作药用。
《列子说符》记载："乱之楮叶中而不可别也。"说的是宋国有一个
人用美玉作为原料，历时三年，为他的国君雕刻楮叶，当他把这片
雕刻而成的楮叶放在真正的楮叶中时，人们竟分不出真假，就凭巧
匠这一招，在宋国受到了很高的礼遇。而我李商隐就像那个技艺超
群的良工历时三年雕成的楮叶一样，费尽心机考取了进士，不料却
是一钱不值的废物。

　　事实上，这不过是李商隐的自嘲罢了，在王茂元眼中他仍是俊
杰才子。李商隐为王茂元撰写的《为濮阳公上杨相公状》《为濮阳公

上华州陈相公状》都充分展现了卓越的才华，深得王茂元赏识。李商隐选中王茂元的女儿，一来为王氏女的美貌所倾倒，还有一个重要原因是与他的仕途有关。新科进士多出身寒门，中举之后还要经过吏部考核才能释褐当官，因此这些新科进士从经济到人脉关系都需要权贵支持。同时，每年新科进士放榜后，如果公卿豪贵家中有待嫁女子，他们便要在新科进士中物色佳婿人选。五代人王定保在《唐摭言·散序》中提到，"曲江之宴，行市罗列，长安几于半空。公卿家率以其日拣选东床，车马阗塞，莫可殚述"。选婿场面堪称盛况空前。

韩瞻新婚之后没有住所，暂住王茂元处。李商隐引用萧史和弄玉的故事，将韩瞻夫妇的住处称为"萧洞"。

　　帘外辛夷定已开，开时莫放艳阳回。
　　年华若到经风雨，便是胡僧话劫灰。

　　龙山晴雪凤楼霞，洞里迷人有几家。
　　我为伤春心自醉，不劳君劝石榴花。
　　　　　　——李商隐《寄恼韩同年时韩住萧洞二首》

帘外的白玉兰已在春光中怒放，鲜花盛开时切莫让暖阳被遮蔽。眼前的美好时光值得加倍珍惜，千万不要等到老后，再去和胡僧谈论人间百态、世事沧桑，聊昆明池上代表大难临头的黑灰。

龙山瑞雪在温暖的阳光下，将霞光布满了君之新房。迷人的萧洞里女仙不止一个，却只有君在良辰美景的萧洞里欢度春宵，完全不怜惜我孤单的感受。伤春已叫我不能自已，就不劳君劝我喝石榴酒排解这嫉妒的苦闷了。

"辛夷"指玉兰花，早春时绽放。据《神农本草经》描述："辛夷花，正二月间开，初发如笔头，北人呼为木笔。其花最早，南人呼为迎春。按唐人名为玉蕊，又曰玉兰。""洞里迷人"引自《幽明录》。东汉永平五年（62年），剡县（今浙江省嵊州市新昌县）药农刘晨、阮肇入天台山采药，却迷路了，走投无路之时，幸遇两位仙女搭救。仙女将他们邀至洞中结为伉俪，谁知洞中半年，人间已过七世。"有几家"是说萧洞里不止一个仙女，暗喻二仙女为王氏姐妹，并将韩瞻和自己比作刘晨和阮肇。"石榴花"出自《南史·麦貊传上·扶南国》："顿逊国有酒树似安石榴，采其花汁停瓮中，数日成酒。"

原诗题下有自注"时韩住萧洞"五字。"萧洞"出自《列仙传》，萧史善吹箫，秦穆公将女儿弄玉嫁给萧史，并给新婚夫妇在秦都附近筑秦台作为他们的新房。萧史每天都在秦台上教弄玉吹箫模拟凤凰的鸣叫声，终于引来了凤凰，二人遂成仙，双双随凤凰飞升而去。"萧洞"本意是萧史的洞房，此处喻韩瞻的洞房花烛夜。标题中一个"恼"字淋漓尽致地表现出才子思美人的苦恼。韩瞻先他一步成婚，芙蓉帐暖度春宵，而李商隐却求偶未得，心中烦闷，遂写下这两首诗抒发情怀。清代冯浩评其曰："首作言美色易衰，过时了无佳趣，反衬新婚之美。……次章伤春，叹己之未得佳偶。"[1]

---

[1] 详见冯浩《玉溪生诗集笺注》。

送公而归 一世蒿蓬

　　一晃九月到了，一叶知秋，梧桐树落下了第一片树叶。这年秋天，令狐楚的病日渐沉重，面对令狐恩公的声声催唤，李商隐应允"至中秋方遂专注"，中秋节后他就可以专心致志前往汉中任职，然而这个应允并未实现，李商隐仍忙于各样烦琐事务，没能前往。当然他并不是一朝中举就背信弃义，而是眼下实难脱身，老母在堂，弟弟义叟正在寒窗苦读，准备应考，需要他在学业上扶持，眼下家人的生计也维系于他一身。此外，他还有一桩人生大事需要解决，那就是以新科进士的身份，抓紧时机在京城物色配偶，请托说媒。当然他不知道令狐楚此时已重病在身，更没有料到前去兴元的计划会一拖再拖，竟成了日后他与令狐绚之间无法消弭的裂痕。

　　唐开成二年（837年）冬，从汉中传来一封加急信，带来令狐楚病危的消息，要李商隐火速赶往兴元府。李商隐接信后即刻从长安启程，星夜兼程往西去。从长安到汉中，道阻且长，已进入隆冬季节的北方，寒风呼啸。汉中平原荒凉得瘆人，右边是巍峨的秦岭，左边是连绵起伏的米仓山，中间夹着蜿蜒的汉水，沿途悬崖峭壁，行路之难，难于上青天。李商隐跋山涉水，心急如焚，这一路的艰辛都浓缩在《奠相国令狐公文》中的八个字："绝崖飞梁，山行一千。"

李商隐赶到兴元府后发现，令狐楚的子侄几乎都到了，个个神色凝重，不时交头接耳地说着什么。令狐绹将李商隐领到令狐楚床前，只见令狐楚气若游丝、形容枯槁、生命垂危。李商隐的到来使这个垂危的老人有了短暂的清醒，他示意李商隐近前来。在他断断续续的口授下，李商隐代笔写下奏章《为彭阳公兴元请寻医表》，请求皇帝恩准他回京治病。文中"岂不愿竭蝼蚁之微生，尽桑榆之暮景？麋敢言病，罔或告劳"几句话，道尽一个老臣在生命尽头时，仍怀着最后为朝廷尽绵薄之力的意愿。可是他已无能为力，死神一天天逼近，即使皇帝恩准他回长安治病，他也不可能承受长途跋涉的艰苦。李商隐陪伴他度过了最后的时光。一天，令狐楚听家仆告之，"大星陨地，雅当正室，洞照一庭"，预感到时日将尽。在他生命的最后三天内，仍咏诗不改常态。病情危重时，令狐绹端来的汤药，他滴水不沾，说："寿命长短皆已天定，命中早有定数，何须这些汤药。"大限将至的前一天，他将李商隐唤到床前，说："我的气息魂魄已尽，才情文思一并衰竭，但心中思念未了，想强撑起来写成文字奏禀皇上，又恐语无伦次，不能一一尽述。"于是，让李商隐代笔写下了《遗表》。

《遗表》主要表达了两个主题，首先是对皇恩浩荡的感恩戴德，其次是述其生平，为史官留下执笔的思路。其中，让令狐楚耿耿于怀的是"甘露之变"后的时政，"自前年夏秋以来，贬谴者至多，诛戮者不少"，故"伏望普加鸿造，稍霁皇威。殁者昭雪以云雷，存者沾濡以雨露，使五稼嘉熟，兆人乐康"。这份《遗表》使执笔的李商隐泪流满面，令狐楚对皇帝赤胆忠心、忠义可鉴，弥留之际仍不忘为"甘露之变"中被冤杀的众多臣子上谏，请求唐文宗翻案，为那些臣子平反昭雪。

随后，他交代儿子令狐绪、令狐绹说："吾生无益于人，勿请谥。葬日，勿请鼓吹，唯以布车一乘，余勿加饰。铭志但志宗门，秉笔者无择高位。"① 这就是他留给儿子的遗言，说自己平生对世人没有什么贡献，死后不要请赠谥号。殡葬那天，不要请吹鼓手来奏乐，只需用一乘布帐丧车，而且丧车也不要装饰。墓志铭号记宗族，碑文的撰写者也不必非要请高官。

是年十一月二十一日夜，兴元尹、山南西道节度使令狐楚终于燃尽了生命最后一星火光，在寒冷的夜里倏地熄灭了。逝世当晚，正如仆人所言，有大星殒落在屋舍之上，星光把庭院照得如同白昼。令狐楚与家人永诀，阖然长逝。悲痛欲绝的李商隐饱含深情地写下这篇奠文。

　　呜呼！昔梦飞尘，从公车轮；今梦山阿，送公哀歌。古有从死，今无奈何！天平之年，大刀长戟。将军樽旁，一人衣白。十年忽然，蜩宣甲化。人誉公怜，人谮公骂。公高如天，愚卑如地，脱韠如蛇，如气之易。愚调京下，公病梁山。绝崖飞梁，山行一千。草奏天子，镌辞墓门。临绝丁宁，托尔而存。公此去耶？禁不时归。凤栖原上，新旧衮衣。有泉者路，有夜者台。昔之去者，宜其在哉！圣有夫子，廉有伯夷，浮魂沉魄，公其与之。故山峨峨，玉溪在中。送公而归，一世蒿蓬。呜呼哀哉！

——李商隐《奠相国令狐公文》

---

① 详见《旧唐书·列传第一百二十二》。

他的儿子们遵从其遗愿，丧事从俭。几天后，朝廷派来的使者到达，唐文宗下诏："生为名臣，殁有理命。终始之分，可谓两全。"即便令狐楚有遗言，不请谥号，但唐文宗只同意丧事从俭，可不用殡葬仪仗，但赠谥乃国家大典，必须遵守常行典章，因此"卤簿宜停，易名须准旧例"，册封赠官为司空，谥号"文"。日后，其子令狐绹官居显贵。

年底，令狐楚诸子千里扶丧回长安落葬，李商隐遵侄子之礼随行。十二月的隆冬季节，汉中平原肃杀至极，愈发风寒雪冷。一路山水迢迢，与来时的十万火急不同，回程一路从容慢行，所到之处皆是一片凄凉景象。昔日，杜甫从长安前往奉先探望妻儿，沿途一路凋敝零落，引得这位伟大的诗人写出杰出的现实主义作品《自京赴奉先县咏怀五百字》，其中千古名句"朱门酒肉臭，路有冻死骨"，至今读来仍发人深省。而今，进入李商隐视野的悲怆景象，使同样悲天悯人的他，写出了长篇政治史诗《行次西郊作一百韵》。

蛇年建丑月，我自梁还秦。南下大散关，北济渭之滨。草木半舒坼，不类冰雪晨。又若夏苦热，焦卷无芳津。高田长槲枥，下田长荆榛。农具弃道旁，饥牛死空墩。依依过村落，十室无一存。存者皆面啼，无衣可迎宾。始若畏人问，及门还具陈。右辅田畴薄，斯民常苦贫。伊昔称乐土，所赖牧伯仁。官清若冰玉，吏善如六亲。生儿不远征，生女事四邻。浊酒盈瓦缶，烂谷堆荆囷。健儿庇旁妇，衰翁舐童孙。况自贞观后，命官多儒臣。例以贤牧伯，征入司陶钧。降及开元中，奸邪挠经纶。晋公忌此事，多录边将勋。因令猛毅辈，杂牧升平民。中原遂多故，除授非至尊。或出幸臣辈，或由帝戚恩。中原困屠解，奴隶厌肥豚。皇子弃不乳，椒房抱羌浑。重赐竭中国，强兵临北边。控弦二十万，长臂皆如猿。皇都三千里，来往同雕鸢。五里一换马，十里一开筵。指顾动白日，暖热回苍旻。公卿辱嘲叱，唾弃如粪丸。大朝会万方，天子正临轩。采旗转初旭，玉座当祥烟。金障既特设，珠帘亦高褰。捋须塞不顾，坐在御榻前。忤者死艰屦，附之升顶巅。华侈矜递炫，豪俊相并吞。因失生惠养，渐见征求频。夷冠西①北来，挥霍如天翻。是时正忘战，重兵多在边。列城绕长河，平明插旗幡。但闻虏骑入，不见汉兵屯。大妇抱儿哭，小妇攀车轓。生小太平年，不识夜闭门。少壮尽点行，疲老守空村。生分作死誓，挥泪连秋云。廷臣例獐怯，诸军如羸奔。为贼扫上阳，捉人送潼关。玉辇望南斗，未知何日旋。诚知开辟久，遘此云雷屯。送者问鼎大，存者要高官。抢攘互间谍，孰辨枭与鸾。千马无返辔，万车无还辕。城空鼠雀死，人去豺狼喧。南资竭吴越，西费失河源。因今左藏库，摧毁惟空垣。如人当一身，有左无右边。筋体半痿痹，肘腋生臊膻。列圣蒙此耻，含怀不能宣。谋臣拱手立，相戒无敢先。万国困杼轴，内库无金钱。健儿立霜雪，腹歉衣裳单。馈饷多过时，高估铜与铅。山东望河北，爨烟犹相连。朝廷不暇给，辛苦无半年。行人樵行资，居者税屋椽。中间遂作梗，狼藉用戈鋋。临门送节制，以锡通天班。破者以族灭，存者尚迁延。礼数异君父，羁縻如羌零。直求输赤诚，所望大体全。巍巍政事堂，宰相厌八珍。敢问下执事，今谁掌其权。疮疽几十载，不敢扶其根。国蹙赋更重，人稀役弥繁。近年牛医儿，城社更扳援。盲目把大旆，处此京西藩。乐祸忘怨敌，树党多狂狷。生为人所惮，死非人所怜。快刀断其头，列若猪牛悬。凤翔三百里，兵马如黄巾。夜半军牒来，屯兵万五千。乡里骇供亿，老少相扳牵。儿孙生未孩，弃之无惨颜。不复议所适，但欲死山间。

---

① 按清代姚培谦《李义山诗集笺注》说明，"西"为衍字，当作"东"。

尔来又三岁，甘泽不及春。盗贼亭午起，问谁多穷民。节使杀亭吏，捕之恐无因。怨尺不相见，旱久多黄尘。官健腰佩弓，自言为官巡。常恐值荒迥，此辈还射人。愧客问本末，愿客无因循。郿坞抵陈仓，此地忌黄昏。我听此言罢，冤愤如相焚。昔闻举一会，群盗为之奔。又闻理与乱，在人不在天。我愿为此事，君前剖心肝。叩头出鲜血，滂沱污紫宸。九重黯已隔，涕泗空沾唇。使典作尚书，厮养为将军。慎勿道此言，此言未忍闻。

——李商隐《行次西郊作一百韵》

　　丁巳年冬十二月，我从梁州启程返回西秦。自南越过大散关，向北渡过渭水之滨。草木多半在晨露中舒展，不像冬天早晨冰封雪盖的景象，却似盛夏烈日炎炎时被骄阳炙烤的枯枝。槲树、栎树在高地杂陈其间，低田到处杂木丛生。路上随处可见丢弃的农具，饿死的耕牛倒在田间。我走进村落，无限惆怅，但见十室十空，侥幸活着的人都以背相对，掩面哭泣，衣不蔽体，无法接待客人。右辅之地土地贫瘠，百姓常年苦不堪言。从前这方土地号称乐土，靠的是广施仁政，长官两袖清风、廉洁自律，小吏和善待民如自家子嗣。家有儿子不用远征，家有女儿就嫁给近邻。自家酿的酒醇香四溢，盛满大小瓦缶。陈年谷米把仓廪堆满。健壮男人可以收房纳妾，年迈老翁有孙儿绕膝，黄发垂髫其乐融融。贞观之后，朝廷任命的长官多是文臣儒生，把治理州郡有功绩的长官调任宰相治国安邦。到开元年间，奸臣当权，李林甫乱政，忌害贤臣，胡人趁机坐大，中原从此陷入灾难。皇帝成为傀儡，官吏的任命都由得宠的近侍把持。中原百姓惨遭屠戮，命如草芥，奴才走狗吃腻了肥豚。皇太子遭诬陷被赐死，贵妃竟收养胡人。

　　为了封赏倾尽国家财力，胡人兵强马壮控制北方边关。二十万士卒个个擅长拉弓，长臂善射，身手矫健如猿。安禄山的驻地离京城三千里，来往朝发夕至如同鹰鸢。每隔五里路更换一匹马，每隔十里路大摆一次盛宴。他举手投足、眨眼之间便可叫白日变天，喜怒之间足以把乾坤扭转。朝中大臣被欺凌辱骂，弃置一旁卑贱如泥。朝中举行盛大集会，各地长官云集，天子亲自临轩接见臣属，朝阳艳丽彩旗飘飘，缭绕的祥烟正对御座。特别设立的金鸡屏障是专属安禄山的，他特意将坐榻前的珠帘高高掀起，抚摸着胡须一脸傲慢，公然坐在御榻前面。敢于批判反对他的人顷刻之间死在他的脚下，阿谀奉承之流从此官运亨通。奚族叛军从东北撕开决口，行动迅猛刹那间翻天覆地。朝中此时早已把战事遗忘，重兵驻守西北边关。黄河沿岸的每座城邑，一夜之间插满叛军的旗幡。耳闻敌骑长驱直入，却不见兵士保家卫国。大妇抱着孩子痛哭流涕，小妇拼命攀着车厢逃难。曾经生活在太平年月的百姓，路不拾遗，夜不闭户。如今，少壮男子被抓去当了壮丁，老弱病残独守空村。生离时发出死别的盟誓，泪水涟涟愁云满天。朝臣个个胆小如鼠，众将争先恐后地像獐子般逃散。降臣奉迎新贵，帮贼子洗劫上阳宫殿，还乱抓壮丁助贼威风，防守潼关。百姓遥望南斗思念天子，不知何年何月高奏平叛凯歌班师回朝。

　　叛逆的藩镇得陇望蜀，意图篡夺政权，没有叛乱的将领也趁火打劫，要挟朝廷索要高官厚禄。朝廷之中互相倾轧乱哄哄一片，孰是猫头鹰孰是凤鸢，谁能分得清？内战惨烈，生灵涂炭，连城中的鼠雀都难逃一死，人死城空，豺狼嗥叫。东南吴越已被榨干了资财，西边富庶的河源又落入他人之手，向皇家纳贡的库藏已是无水之源，库房空空如也，只剩下几堵空垣。就好比人本应该有完整的身躯，而今有左边的肢体却没有右边的；全身筋膜已有一半萎缩麻痹，肘部腋下散发出阵阵狐臭臊膻之气。历代皇帝都蒙受过这般难堪的耻辱，只是藏在心里难以对外言说。现在举国上下百业凋敝，朝廷国库空虚，拿不出一文钱。士兵站在冰天雪地里，腹中饥饿，衣裳单薄。军饷拖欠，过时才发，此时物价飞涨，铜钱贬值。从华山以东至黄河以北，好歹还能看见炊烟。而戍边将士却得不到朝廷供给，百姓辛劳一年得不到半年温饱。藩镇趁机作乱，搅得全国鸡犬不宁干戈相见。朝廷委曲求和，把符节制书送上门去，赐予他们最高官衔。被镇压的军阀已遭灭族之灾，未讨平的藩镇隔岸观望。早已丧失朝廷礼数、君臣大义，笼络藩镇无异于对待羌零。低眉顺眼地求他们拿出一点赤诚，只希望能保住君臣体统，保全大局。

我斗胆向阁下发问，相权现今落入谁手？国家几十年创伤溃烂，却无人敢拔起那祸根。国土日渐缩小，赋税日渐加重，人口越发稀少，徭役越加烦苛。近年来，那个医牛的小儿郑注，与君侧宦官沆瀣一气。朝堂有眼无珠让他执掌军中大旗，做了京城西藩。他将祸患视为乐事，将宿敌忘在九霄云外，他栽培的党羽更是变本加厉的暴躁狂狷。虽然他生时人人惧之、退避三舍，死后却被人视为尘土。快霍霍磨刀，砍下他那头颅，像猪羊一样高悬于市。

自凤翔至长安三百余里，禁军兵马如狼似虎，半夜来了调兵军令，有一万五千禁军驻扎于此。庞大的军需使乡民胆战心惊，他们扶老携幼连夜四处奔逃。初生的小婴儿还未抚育养大，扔掉也不顾惜，家人脸上没有悲容，更不计较哪儿是落脚之处，只求山间有一块葬身之地。此后又过了三年，整个春天都没有降下滋润万物的春雨。强盗在大白天公然横行乡里，问根由他们却都是穷人出身。节度使滥杀乡吏，要捉拿盗贼，但恐怕道不出真实原委。近在咫尺也看不到对面，只因久旱无雨，天地间弥漫着黄沙尘土。官兵腰佩弓箭，自称替公家履行公务。最怕在荒僻地方与这些公人相遇，他们杀人越货从不手软，从郿坞到陈仓一带，最忌傍晚出行。

耳闻古时晋国起用士会，盗贼一听闻风而逃。又闻国家一治一乱，皆取决于人而不要抱怨天。我愿实践这些耳闻所见的事情，在天子面前剖心沥肝，哪怕叩头鲜血染面，染遍那君臣进出的宫殿。无奈禁门九重昏暗如隔山，悲喜涕泪徒然沾唇。小吏转眼间成了尚书，奴仆摇身一变竟成了将军。这些话千万莫再言说，我已不忍听闻。

全诗弥漫着悲壮的家国情怀，这是李商隐政治史诗中最重要的作品，此时离唐王朝覆灭尚有近七十年的时间，李商隐却已洞见唐王朝的深重危机。清代何焯在《义门读书记》中评价："此等杰作，可称'史诗'，当与少陵《北征》并传。"《行次西郊作一百韵》中大有杜甫"国破山河在，城春草木深"的悲壮情怀，李商隐从民不聊生的社会现实中看到唐王朝江河日下的趋势。即使是一介文弱书生，他也愿意为国家献上自己的赤胆忠心，"我愿为此事，君前剖心肝。叩头出鲜血，滂沱污紫宸"。但残酷的现实却将他的理想与志向击得粉碎，"九重黯已隔，涕泗空沾唇"。

扶丧队伍翻越秦岭，过了大散关，行至陈仓（今陕西省宝鸡市东）的秦冈山上，又一个使李商隐触景生情之处展现在眼前。前方的枯树丛中，隐约可见一座道观，这就是当地著名的圣女祠。

所谓圣女祠，并没有金袍加身的荣耀，而是一座简陋的道观，它的出现非常偶然。当地村民有一天发现山体悬崖侧壁上有一块巨大的石头，上赤下白，与众不同，远看恍若一尊雕像。人们走近细细辨之，才发现这块石头俨然一位身披白裙的仙姑，天然神秀，栩栩如生。信奉天命的百姓不禁肃然起敬，向她顶礼膜拜。这件事一传十、十传百，后人干脆依山建了这座道观，名曰"圣女祠"。

李商隐对此其实早有耳闻，但百闻不如一见，今日亲见才发现这座道观并没有想象的那样庄严神圣、富丽堂皇，只是那尊圣女像在细细端详之下，倒有几分端庄肃穆、生动逼真之感，他不禁感叹大自然的鬼斧神工。感叹之余，玉阳山的点点滴滴再次浮现，眼前的道观与玉阳山的道观合而为一，那个熟悉的女冠向他嫣然一笑后便如一阵清风消逝无踪。宋华阳，别来无恙否？一晃几年过去了，你还好吗？

杳蔼逢仙迹，苍茫滞客途。何年归碧落，此路向皇都。
消息期青雀，逢迎异紫姑。肠回楚国梦，心断汉宫巫。
从骑裁寒竹，行车荫白榆。星娥一去后，月姊更来无。
寡鹄迷苍壑，羁凰怨翠梧。惟应碧桃下，方朔是狂夫。

——李商隐《圣女祠》

坐落在幽暗深远的山间，圣女祠被缥缈的云气环绕，在这苍茫寒冬里，我们滞留途中。沿着这条通往天都的路，何年才能到达京城？望眼欲穿地等待青鸟送信来，却不能像逢迎紫姑一样定时相见。云雨之梦肝肠寸断，在祠祀宫伤心欲绝。从骑一日千里，星夜行车。织女星去了后，嫦娥还会来吗？黄鹄在苍壑迷茫，七年不双；羁凰哀怨翠梧，夜半悲鸣。只有方朔那狂夫很潇洒，独自在碧桃树下偷仙桃。

"仙迹"指圣女祠。"汉宫"在这里指祠祀宫，是汉高祖刘邦在长安设置的祠礼宫，内有多名巫女，此处暗喻思念的女子。"裁寒竹"指马快。"白榆"出自汉乐府《陇西行》，"天上何所有，历历种白榆"，指星夜行车。"寡鹄"和"羁凰"皆喻女性，"羁凰"即孤雌。《瑞应图》认为，雄曰凤，雌曰凰。"方朔"源自《东方朔传》，东方朔天性幽默，能言善辩，相传为岁星化身，有偷仙桃、骑不景驹、献风声等传说。后世评价这首诗虽名为"圣女祠"，实则为玉阳关女冠而作。他在护送令狐楚灵柩的途中，由于恩公去世、失去依托而心生悲戚之感。

扶柩归京的一行人到达长安时已是年底，待令狐楚安葬之事完成后，令狐绹兄弟在家守丧，李商隐则留在长安另谋出路。令狐楚去世时，令狐绪为太学博士，令狐绹为右补阙，都没有资格开府置幕，李商隐一时没有可去之处。这时，在泾州任节度使的王茂元给李商隐寄来一封邀请信，请他到泾原幕府任职掌书记。于是，李商隐动身前往泾州，入王茂元幕府。

第四章

年年春不定　虚信岁前梅

　　进士及第并不等于穿上了官袍，谋婚王茂元给李商隐埋下了万复不劫的隐患。他身负背叛恩师的骂名，在官场沉浮，夹在两党之间战战兢兢，如履薄冰。在党争的博弈中，他没有选择生活的自由，牛李两党的生死搏斗彻底毁了一介寒士的前程，唯一可慰藉的是夫妻相敬如宾，琴瑟相合。

误陷朋党之争　情何以堪

唐开成三年（838 年）春，李商隐及第满一年，按例要参加博学宏词科试，孰料，他却遭遇了一道跨不过去的坎儿。

在唐代，进士及第只意味着读书人拿到了一张进入官场的门票，但具体的官职安排还要通过吏部考试这一关。假如这一关过不了，就只能在官场外围徘徊，就其身份而言，仍是一介布衣。读书人还要过关斩将通过"释褐试"，才能脱下粗布褐衣换上青衫。吏部考试曾经难倒了数名唐代知名才子，如"唐宋八大家"之首的韩愈，他在进士及第后曾三次参与"释褐试"，均落败，无奈身着褐衣在官场外徘徊了十年之久。

李商隐考的是吏部博学宏词科，如能顺利通过，录取后上报中书省批复，才可能成为朝官。这年的两位考官一位是周墀，一位是李回。周墀，字德升，曾任华州刺史、洪州刺史、兵部侍郎；李回，字昭度，曾任御史中丞、中书侍郎、剑南西川节度使等职。二位考官与李商隐都有交集，李商隐曾在与同年新科进士们参与的士大夫交游酬唱活动中结识了一些官员，其中就有周墀和李回。

唐朝的释褐试有四条标准：身、言、书、判。具体来说，即"身，体貌丰伟""言，言词辨正""书，楷法遒美""判，文理优长"。这四条对李商隐来说都不在话下，过关绰绰有余，加上周墀和李回也很欣赏李商隐的才华，于是李商隐顺利通过了考试。吏部将录取名单上报中书省，只等中书省批复李商隐便可脱下褐衣换上官袍了。谁料，这时出了一个意外，致使本来一片大好的形势陡转而下。一位手握权柄的官员在中书省的复审名单中，将目光定在李商隐的名字上，轻蔑地说了一句："此人不堪!"一支豪笔从李商隐的名字上划过，而具体原因，李商隐恐怕也无从知晓。

令狐绹也紧密关注着复审结果，当初他助李商隐进士及第，然而李商隐能否穿上官袍，他也没有把握。不知何故，他似乎觉得李商隐这次释褐授官有点悬，现在他心里已没有当初迫切地想鼎力相助的愿望。

令狐一家对李商隐可谓恩重如山，早年父亲令狐楚慧眼识珠，一手栽培，对李商隐以知己相待，甚至连令狐家的幕僚和亲友对李商隐都是礼遇有加，不敢轻慢。在令狐绹看来，李商隐应该知恩图报，可他却在父亲请他入幕时，一再推辞不就，直到父亲病危才匆匆赶去一见。当然这些都有情可原，毕竟他要忙于应考，无法分身。可现在，他竟在父亲尸骨未寒之时，临阵倒戈，投向李党阵营，甚至还试图娶李党人物王茂元的女儿!

唐元和三年（808 年）制科考试时，考生牛僧孺、李宗闵、皇甫湜在策论中"皆指陈时政之失，无所避"，从而被录取。宰相李吉甫遭到抨击，难以容忍，乃"泣诉于上"，指出考试中有作弊现象，导致牛僧孺、李宗闵长期得不到升迁，主考官也被贬。

唐长庆元年（821 年），李吉甫之子、翰林学士李德裕揭发李宗闵在科举中有作弊之嫌，李宗闵被贬。不久，牛僧孺出任宰相，与李宗闵联手排挤李德裕，形成以牛僧孺、李宗闵为首的"牛党"和以李德裕为首的"李党"，两党互相倾轧，势不两立。李党领袖李德裕和郑覃都是宰相之子，出身高贵，皆以门荫入仕，主张"朝廷显贵，须是公卿子弟"，理由是："自幼漂染，不教而自成"。而牛党领袖牛僧孺、李宗闵等人多是进士登第，反对士族子弟垄断仕途。两党轮流执政，互相攻讦，致使摇摇欲坠的大唐江山更加风雨飘摇。唐武宗即位后，李德裕入朝为相，执政五年，功绩显赫。唐武宗与李德裕君臣相知，成为晚唐绝唱。唐会昌六年（846年），唐宣宗即位，牛党人物白敏中拜相。唐宣宗因忌惮李德裕位高权重，将其贬为崖州司户。后来，李德裕病死任上，凡与他亲善的朝廷大员纷纷出朝。唐大中元年（847年），牛僧孺病逝，两党纷争才告结束。牛李两党的朋党之争长达四十年之久，根深蒂固，为此唐宣宗感叹："去河北贼易，去朝廷朋党难。"

就在释褐试之前某一日，新任宰辅杨嗣复与令狐绹叙谈，提及刚去世不久的令狐楚，杨嗣复表示很欣赏令狐楚贤良忠正、惜才爱民的品格。说到惜才，最有代表意义的就是李商隐，令狐绹忿忿然向杨嗣复述说了李商隐如何受恩于令狐家，又如何背信弃义投靠了对头王茂元。

杨嗣复，字继之，虢州弘农（今河南省灵宝市）人，户部尚书杨于陵之子，牛党中人。杨嗣复曾在户部任官职，因父亲杨于陵是户部侍郎而要求避嫌，皇帝下诏说，官相同，职位不同，没有嫌疑。杨嗣复曾主持过两期"朝考"，秉直公正，先后选拔了六十八人，这些人后来多数成长为国家栋梁之材。唐大和七年（833年），李宗闵第一次罢相，杨嗣复受到牵连，被遣放剑南东川任节度使。唐开成三年（838年）初，杨嗣复被召回朝廷，升任宰相。

杨嗣复升任宰相后在中书省掌权，当吏部送来释褐试录取名册时，他一句"此人不堪"便将李商隐淘汰出局。至此，李商隐可谓成也令狐绹，败也令狐绹。如果没有令狐绹向高锴引荐，李商隐恐怕难以进士及第；如果不是令狐绹在杨嗣复面前诉说了李商隐诸多不是，恐怕杨嗣复也不会轻易干预一个进士的前程。

　　李商隐是否背信弃义，史学家则另有一番评价。李商隐最初受恩于令狐家，但令狐楚提携李商隐是为牛党网罗出身寒微的幕府人才，李商隐连年落第后，不是选择跟随令狐楚进京，而是远走华州投靠表叔崔戎。此后，李商隐与令狐父子虽然表面依旧，实则行迹渐离。李商隐对令狐楚有感恩戴德之心，但在为令狐楚撰写的几封状文中，出现了"下情"一类的言辞，明显是下属对上司说话的语气。"昔马融立学，不闻荐彼门人；孔光当权，讵肯言其弟子?"①"自依门馆，行将十年；久负稊媒，方沾一第"② 读之令人不胜感慨。在这些看似感激的话语中，暗藏着李商隐独自伤感的悲戚。李商隐很清楚自己名义上是令狐楚的弟子，实际上却是依人傍主的下僚，这当中有一层看不见却不可逾越的屏障，他们的关系并非鱼水交融、亲密无间。李商隐在《别令狐拾遗书》中对令狐绹抱有很高的期望，然而就在当年，他还写下一首《小园独酌》，可以看出他埋藏在心底的失望。

　　柳带谁能结，花房未肯开。

　　空余双蝶舞，竟绝一人来。

　　半展龙须席，轻斟玛瑙杯。

---

①　详见《全唐文·卷七百七十四·上令狐相公状·五》。
②　详见《全唐文·卷七百七十四·上令狐相公状·六》。

年年春不定，虚信岁前梅。

——李商隐《小园独酌》

春天姗姗来迟，小园的柳条还未抽出新芽，花蕾也含苞待放。只有两只蝴蝶在翩翩起舞，却没有一个人来到这空荡荡的小园。我独坐园中，半展开龙须席，轻轻斟满玛瑙杯，在小园独酌。年年的春天都不会如约而至，报春的梅花也失信了。

"结"，意指官袍上的腰带。唐代男子穿的官袍，腰间必有一条系带，休闲在家时，可以松开，散开的腰带就像枝条垂挂下来，故李商隐问"柳带谁能结"，这里是希望有意中人出现，弥补那一半空虚。"未肯开"暗指朝内无人助力，自己这朵花一直开不了，暗喻落第。"龙须"，一种颈细的草，"龙须席"是用龙须草编织而成的席子。"半展"则意味深长，喻指自己纵是席上之龙，可惜只是"半展"，无法腾飞。"玛瑙杯"是一种用玛瑙材质做成的酒杯。虽然苦闷失落，但心里仍希望有人施以援手，不妨"轻斟玛瑙杯"，借酒消愁。"年年春不定，虚信岁梅前"，这句在史学家眼里蕴含了一层抱怨，流露出李商隐对令狐父子的失望之情。清代姚培谦评其为"此有所期而不遂之词"。

令狐绹于唐大中四年（850年）拜相，以门荫入仕的令狐绹素有"遗贤"之恶名。据《北梦琐言》载，"宣宗时，相国令狐绹最受恩遇而怙权，尤忌胜己"。李商隐在令狐家出入多年，与令狐绹的渊源很深，应该对其嫉贤妒能的本性有很深的了解，"绹之继父，深险尤甚"[1]。对李商隐背牛就李的举动，清代朱鹤龄这样评价："义山之就王、郑，未必非择木之智、涣丘之公。"

---

① 详见清代朱鹤龄著《李义山诗集注》。

李商隐被除名一事正中令狐绹下怀。之前李商隐中举，靠的是令狐绹引荐；现在投靠李党，欲靠李党的力量释褐授官，令狐绹便杀鸡儆猴，警告李商隐。这个结果对李商隐来说是个沉重的打击，但他并未被击垮，从他留下的书信《与陶进士书》中可见他当时的心境。

"前年乃为吏部上之中书，归自惊笑，又复懊恨周、李二学士以大德加我。夫所谓博学宏词者，岂容易哉！天地之灾变尽解矣，人事之兴废尽究矣，皇王之道尽识矣，圣贤之文尽知矣，而又下及虫豸草木鬼神精魅，一物以上莫不开会，此其可以当博学宏词者耶？恐犹未也。设他日或朝廷或持权衡大臣宰相，问一事，诘一物，小若毛甲，而时脱有尽不能知者，则号博学宏词者当有罪矣。私自恐惧，忧若囚械。后幸有中书长者曰：'此人不堪。'抹去之，乃大快乐，曰：'此乐不能知东西左右，亦不畏矣。'"

——李商隐《与陶进士书》节选

这封书信展现了李商隐情绪的大起大落。当李商隐得知自己通过了吏部考试，录取名册已被送往中书省时，"归自惊笑"，转而又懊恼，埋怨周、李二人录取了他。这种五味杂陈的心情正体现了李商隐的担忧。他认为要达到博学宏词的标准很难，乃于天文地理、人世盛衰、君王治国之道。不但要通达知悉古代圣贤的文章，甚至连鬼神虫豸等天地间各种事物都要熟知，否则待到某天皇帝、大臣们询问到某一方面的知识时竟哑口无言，那不是罪过吗？因此，当知道他的名字上报到中书省后，他就像犯了错误被囚禁那样惶恐不安。幸好后来有一位中书长者说"此人不堪"，抹去了他的名字，才感觉如释重负，因为再也不用害怕面对一问三不知的尴尬了。

这封书信表达的情绪是很复杂的，表面看他巴不得被刷下来，然而在这自嘲的背后却隐藏着很深的悲凉，只是在表现形式上，采用了一种以守为攻的策略，不让对方看到他未被录取的狼狈，而是笑对挫折，从气势上与对手抗衡。况且，他心里还有明日太阳照样升起的希望，就算今年被刷下来了，明年还有机会。当然，作为一介寒士，他根本没有想到结识王茂元并娶其女已经让他陷入了残酷的朋党之争。一般情况下，吏部录取后上报铨叙拟官只是程序问题，中书省很少干涉，李商隐被剔除，完全是牛党人士作祟。

李商隐结识王茂元并非通过干谒，而是出于偶然。与李商隐意气相投的好友、先他一步成为王茂元女婿的韩瞻与李商隐同年及第，经他介绍，李商隐认识了王茂元。在新科进士宴游曲江的盛会中，王茂元很赏识李商隐的才华，并对他关爱有加，李商隐为此很感动，也愿意为他代笔撰写状文，其实这些都是官场中人际交往的正常现象。关于朝内朋党之争，李商隐也有所耳闻，但他毕竟是个局外人，并不了解其中盘根错节的关系，也未曾想过要投靠哪一派。但在令狐绹看来却不尽然，他认为李商隐必须搞清楚朋党之争的潜规则：非黑即白，明确自己究竟站在哪一边。我令狐家对你有恩，你就应该是牛党中人，你与李党人士的交往必须亲疏有别，要有意识地疏远李党人士，不料你却越靠越近，竟然娶王茂元的女儿！事实上，王茂元也并非不折不扣的李党人物，他与牛党、李党都有交集。王茂元乃左龙武卫大将军、丹延节度观察使王栖曜之子，但他不是门荫入仕，他自幼随父作战，以勇猛善战闻名，他在朝廷的权位是靠自身努力得来的。虽然他受到李党党魁李德裕的器重，曾被大力提拔，但这与靠党派的裙带关系上位有很大的区别。

李商隐及第前的社交圈子仅限于令狐家这一党人士，及第后，社交圈子扩大了，结识的人物扩展到朝中其他官员，有牛党的也有李党的。李商隐虽是一个出色的诗人，但不是一个优秀的政客，不具备政客的敏感性，察觉不到这其中的微妙关系。

　　后来，李商隐知道了那个将他除名的人是谁，也知道了这与令狐绹有关，顿感无比凄凉。这一记暗算直中命门，想不到居然是令狐绹，他明白自己和令狐绹之间就此结怨。走到这一步，他已很难改变局面，至少在短时间内他不会得到令狐绹的原谅。

新知遭薄俗　旧好隔良缘

　　去长安应试博学宏词科意外落选的李商隐失落地回到泾州，途经一家驿站暂住下来，驿站后院有一丛盛开的牡丹。恰遇苦雨天气，刚刚绽放的牡丹在一阵狂风疾雨中落红委地，粉色的花瓣躺在冰冷的地上。

> 下苑他年未可追，西州今日忽相期。
> 水亭暮雨寒犹在，罗荐春香暖不知。
> 舞蝶殷勤收落蕊，佳人惆怅卧遥帷。
> 章台街里芳菲伴，且问宫腰损几枝？
> 　　　　　　——李商隐《回中牡丹为雨所败·其一》

> 浪笑榴花不及春，先期零落更愁人。
> 玉盘迸泪伤心数，锦瑟惊弦破梦频。
> 万里重阴非旧圃，一年生意属流尘。

前溪舞罢君回顾，并觉今朝粉态新。

——李商隐《回中牡丹为雨所败·其二》

栽培在曲江苑圃的牡丹富贵艳丽，然而那繁华的景象俱往矣，不料今日忽于此西州风雨中重现。暮雨风寒环绕在水亭，虽然丝罗裙子在春天里散发温暖的香味，却让人感觉不到。蝴蝶在花丛中飞舞，殷勤地采收落花之粉，然而，遭狂雨摧残的牡丹犹如忧郁的美人躺卧在远处的帷幕中，意兴阑珊。长安章台街里万紫千红，还有其他花朵相依相伴，弱弱地问一句，如楚宫女细腰般的牡丹，在风雨过后又有几枝折损了呢？

劝君莫笑石榴花迟开而赶不上芳春，开在早春的牡丹过早零落才叫愁煞人。它那富贵的花冠如洁白的玉盘，急雨打花，玉盘之上泪珠飞溅。风雨无情像锦瑟急促的节奏，繁弦声声破梦。阴云密布的万里长空，早已不复当年旧圃的繁花似锦，一年生意已付流尘。在前溪舞歇歌残后，回眸一望，犹感今朝风雨牡丹粉态娇容新艳。

李商隐在这两首诗中借落花喻往岁进士及第、曲江宴游之盛况已不可追，今日寄居于泾州，实乃沦落也。风雨摧残牡丹暗喻自己沦落天涯，今日在西州水亭暮雨中想起了当年置身曲江苑圃的罗荐春香之暖，恍若隔世。

泾州，古称回中，属典型的黄土丘陵地带，沟壑纵横。六盘山东麓脚下有一条潺潺流动的泾水河，如同一匹白练流经泾州，汇入汭河。安定郡的设置自汉代起，唐大历三年（768 年）设泾原节度使，泾原节度使的治所就设置在此。

李商隐回到泾原时，已是暮春时节。姹紫嫣红，落英缤纷，燕子翻飞，早春的轻寒悄然褪去，春风吹拂，杨柳婆娑，可这无边的春色并没有使李商隐郁结的内心得以舒展。

迢递高城百尺楼，绿杨枝外尽汀洲。

贾生年少虚垂涕，王粲春来更远游。

永忆江湖归白发，欲回天地入扁舟。

不知腐鼠成滋味，猜意鹓①雏竟未休。

——李商隐《安定城楼》

从连绵延续的百尺高楼放眼望去，在那绿杨林外一片水中沙洲尽收眼底。年少有为的贾谊徒然落泪，王粲在春天里再度远游。功成名就才能归隐江湖，散发弄扁舟。腐臭的死鼠是鸱鹰的美味，竟小肚鸡肠去猜忌鹓雏的心志。

泾州城东有"美女湫"，指的就是这片绿洲。"贾生"指西汉人贾谊，《汉书·贾谊传》："颇通诸子百家之书，文帝召以为博士。"贾谊至太中大夫时，"数上书陈政事，多所欲匡建"。因为贾谊的建议不能切合汉文帝的治国方针，故汉文帝不予采纳，贾谊空怀报国之志，呕血而亡，年仅三十三岁。此时李商隐的心境与贾谊上书不得采纳同样抑郁。因贾谊的《治安策》有"臣窃惟事势，可为痛哭者一"之语，故谓之"虚垂泪"。王粲是东汉末年人，"建安七子"之一，年轻时曾入荆州依附刘表，但未受到重用。李商隐现赴泾州，入王茂元幕，故以王粲暗喻自己眼下寄人篱下的处境。"雏"，古代传说中的一种像凤凰的鸟，《庄子·秋水》提到"南方有鸟，其名为鹓雏"。这篇寓言是说，惠子生怕庄子对他取而代之，于是百般防范，庄子前去见惠子，坦率地告诉他，鹓雏从来不会羡慕鸱鹰眼中

---

① 清代姚培谦在《李义山诗集笺注》中用作"鸳"，而在其他情况下多用"鹓雏"。

的美味腐鼠，意思是庄子根本不稀罕惠子的相位，因此劝惠子莫以小人之心度君子之腹。李商隐借此表明自己胸怀高远的抱负，绝非汲汲于官位利禄之流，并调侃奚落那些抓住权位不放的谗佞之徒。有学者认为，李商隐博学宏词科试失败，完全是牛党一派的打击，这首诗有的放矢，矛头直指打压他的官场人士。

这年，王茂元加官晋爵，朝廷下诏在王茂元原有官爵之上加"检校兵部尚书"衔。唐朝官场有一个惯例，叫作"让官"，当朝廷封给官员某个官位时，官员应推辞一番，上表辞让或推荐别的人选，高风亮节地表示一番谦逊和忠直。这种情况下，朝廷往往会坚持原议，并且加以表扬勉励。"检校"只是虚衔，并非实任，但王元茂还是遵从传统习惯做了一番恳辞，这份辞让表章由李商隐执笔。

这篇《为尚书濮阳公泾原让加兵部尚书表》，辞藻华丽典雅，娓娓道来。先说兵部尚书位高权重，自己资历浅，不能胜任。其中穿插回叙自己的官宦历程，自入仕为校书郎至当下的泾原节度使，在不亢不卑之中，言辞处处颂恩谦逊。文中特别突出"葱岭犹膻，雪山未复"，言边疆形势不容乐观，表现出强烈的忧国情怀，同时进一步强调自己在这种情况下不宜加官晋爵。最后，以铿锵有力的姿态表示："苟臣重凭庙略，粗振兵威，少能断臂扼吭，下城徇地，此而进律，庸敢自媒？俟陶侃之书勋，方加羽葆；待班超之立绩，始议鼓鼙。"表明自己愿为国效忠，收复失地，安定边疆；待殊勋建立，朝廷再予褒奖为时不晚。文章将王茂元对朝廷的赤胆忠心和谦让实干的态度表现得鲜明、诚恳，王茂元一边读一边击节赞叹："这么多年来，头一次看到这样文采出众的文章！"

王茂元当即签署，抄清照发，遣快马飞送朝廷。果然不出所料，朝廷坚持原议，不但没收回成命，还派宦官把敕书、手诏以及官告（委任状）飞马送到泾州。

这一切都在王茂元的预料之中，泾州府内大摆宴席，设宴招待并厚礼赠送使者，让其回京复命，同时带回的还有给朝廷的《回状》和给当朝宰相们的答谢函。这类文章虽然都是讲同一件事，但语气用词必须因人而异，推陈出新，变化出彩。这对作者的文字功夫是个考验，但李商隐功底深厚，游刃有余。

写给那几位宰相的信措辞如履薄冰，城府很深的王茂元非常了解朋党之争的复杂性。时值牛李党争的白热化阶段，"甘露之变"前，李训、郑注用非常规手段排除异己。"甘露之变"后，正月初五，宰相李石上朝途中，遭遇贼人射击，负轻伤，左右一哄而散，李石的坐骑受惊急驰回到宅第。强盗紧追而来，幸而只是马尾被斩断，李石得以脱险。唐文宗闻讯大惊，命禁军遣兵防卫，全城搜捕贼人，无果。宰相李石不堪宦官的威胁，自动出朝，宁愿到荆南去当节度使，但李石其实是个立场中立的宰相。唐文宗为公平起见，起用两党人物，朝中四个宰相，两个牛党（杨嗣复、李珏）、两个李党（郑覃、陈夷行），每逢上朝议事，两党针锋相对，闹得不可开交，令唐文宗束手无策。

王茂元不得不小心谨慎地处理好各方关系，将自己游离于两派之外，与双方都保持一定的距离，免得引火上身。当他接到朝廷送达的加检校兵部尚书头衔时，便及时给四相各致一封状表达谢意。当杨、李、陈三人由准相转正位时，他也各致一封贺函，不偏左右。后来，牛党魁首牛僧孺更上一层楼，由东都留守进京为尚书左仆射，王茂元特上书状表示祝贺。王茂元政治嗅觉灵敏，左右逢源，上下礼数打点周全，所以跟牛李两党的头面人物关系相对平稳。

李商隐作为王茂元的掌书记，奉命为王茂元代笔，这看似简单的文字工作，实则并不轻松。他在写状文时必须像王茂元一样如履薄冰，言语上不能有分毫差池。李商隐很用心，他的公文写作就事论事，干净清楚，不掺杂个人意见，从李商隐写的文书中根本无法分析他到底倾向于牛党还是李党。

李商隐的心里并不轻松，朋党倾轧之苦郁结于心，好在还有好友韩瞻可作为倾诉对象，除了韩瞻以外，他与幕府的其他同僚只是泛泛之交。一天，李商隐独自来到泾原幕府外的一片田野上，满眼春色繁茂迷人，内心却愁肠百结。

日日春光斗日光，山城斜路杏花香。

几时心绪浑无事，得及游丝百尺长。

——李商隐《日日》

艳阳春日天天和时光争晖，如白驹过隙飞快流逝，那蔓延山路的杏花散发着芳香。何时才能没有愁烦乱如麻的心绪，使我能够得到像百尺游丝一样的春思呢？

这首小诗看似写景，实则暗藏了李商隐幽微而复杂的人生体验。人们常把春、秋喻为人生的少年和老年之景，随着时间和景色的变化，人生瞬息迥异。"山城斜路"巧妙地将实景与暗喻叠合在一起，杏花蔓延在斜路上，芳香弥漫，表面上看这斜路是实景，实则暗喻自己正走在这条弯曲而坎坷的路上。在这山城斜路上，空中百尺"游丝"自由浮动，自己整天被尘世俗事搅得无可奈何，反倒不如这无声的游丝自由，什么时候才能像游丝那样"浑无事"呢？这里的双关语用得很精妙，无形的心理情绪同有形的空中"游丝"浑然一体。

在朋党之争的大环境下，人们往往身不由己，李商隐可以守本分不去掺和那些纠缠的党争之事，然树欲静而风不止。李商隐离开长安赴泾原入幕的消息虽然当时只有韩瞻一人知晓，但很快就被他人注意到了，他深得王茂元赏识的点点滴滴也被人拿来大做文章。有关李商隐的动静频频传到令狐绹耳中，使他很不愉快。对李商隐来说，这是个危险信号，意味着他与令狐绹的关系正一步步滑向深渊。

> 凄凉宝剑篇，羁泊欲穷年。
> 黄叶仍风雨，青楼自管弦。
> 新知遭薄俗，旧好隔良缘。
> 心断新丰酒，销愁斗几千。
>
> ——李商隐《风雨》

我虽心怀匡国之志，也有充满豪情的《宝剑篇》，但怀才不遇，只能在无穷尽的羁旅中虚度大好年华。黄叶已经枯萎，仍然躲不过风雨摧残。在豪门望族精美的高楼里，富人们在急管繁弦的伴奏下轻歌曼舞。与新朋的交往在浅薄世俗的眼光中遭到非议，旧友却远隔层层阻碍渐行渐远，无缘再叙。如何才能断绝心中的苦恼愁烦，只有新丰美酒可以解忧，管它价钱高低，是十千还是八千。

《宝剑篇》出自《新唐书·列传第四十七·郭震》，郭震也曾落拓未遇，武则天召郭震谈话，向其索诗文，郭震呈上《宝剑篇》。文中有云："非直结交游侠子，亦曾亲近英雄人。何言中路遭弃捐，零落飘沦古狱边。虽复沉埋无所用，犹能夜夜气冲天。"这些话赢得了武则天的赞赏，立即对他加以重用，使他成为唐代前期名将。"新丰酒"暗用典故，新丰在今陕西省临潼区东，古时以产美酒闻名。《新唐书·列传第二十三·马周》记载，马周失意落魄时，西游长安，宿新丰旅店，店主人很看不起他，遭到冷遇的马周遂取了一斗八升酒独酌。后来，马周得到常何推荐，被唐太宗赏识，授监察御史。

诗题"风雨"语义双关，既是自然界的风雨，也指人世间压抑、摧残贤才的风雨，抒发了抑郁悲愤之情。他的超乎寻常之处在于首尾两联中嵌入了本朝典故，以马周、郭震二人受到重用成为名臣的事迹反衬自己怀才不遇、沦落飘零的苦闷之情，自己虽有才华却像一片零落的黄叶，被无情的风雨摧残。由于触犯了朋党间的戒律，处在牛李两党夹缝中的李商隐作为政治斗争的牺牲品，只好借酒浇愁，哪怕酒价昂贵，也要痛饮几杯，一抒胸中郁郁不平之气。诗中用郭震、马周之典，流露出对初唐开明政治的向往。

锦长书郑重　莫近弹棋局

　　韩瞻结婚时因为没有居所，暂住在王茂元处。韩瞻回长安后，王茂元在长安为这对小夫妻建了一栋朱楼，韩瞻打理完新居事宜，即刻起身到泾源岳父家迎接新婚娇妻。李商隐参加了韩瞻的宴席，为其饯行，赠诗一首。

　　籍籍征西万户侯，新缘贵婿起朱楼。
　　一名我漫居先甲，千骑君翻在上头。
　　云路招邀回彩凤，天河迢递笑牵牛。
　　南朝禁脔无人近，瘦尽琼枝咏四愁。

　　　　　　　　——李商隐《韩同年新居饯韩西迎家室戏赠》

　　你的岳父是声名赫赫的征西万户侯，为新近结缘的尊贵的贤婿建造了一幢华美的红楼。进士放榜我徒然在甲科之头前，可是嫁娶之事你却赶在了前头。彩云纷飞的富贵路上，你接回彩凤多逍遥啊。

120

天河遥远，笑话我这牛郎与织女分隔在银河两岸，我就像南朝禁脔一样没人敢接近，我拿什么回报美人呢？为此我愁得人渐憔悴。

"籍籍"即纷乱貌，此处形容声名赫赫。"征西万户侯"指王茂元，此时王茂元乃泾源节度使，驻地在长安西，故称"征西"。"千骑"一词出自汉乐府《陌上桑》："东方千余骑，夫婿居上头。""彩凤"指韩瞻新婚妻子王氏。"禁脔"典故出自《晋书·列传第四十九·谢混》："初，元帝始镇建业，公私窘罄，每得一豚，以为珍膳，项上一脔尤美，辄以荐帝，群下未尝敢食，于时呼为'禁脔'。"晋元帝初渡江南，物资极度匮乏，猪肉奇缺，每当吃肉时，属下都把猪脖圈上的肉作为最肥美的肉上贡给晋元帝，别人不能动，因此叫"禁脔"。这里比喻别人不可染指的美物，形容只能独占不容他人分享的东西。典故还有另一处由来，东晋孝武帝为女求婚，有人举荐谢安之孙谢混，袁山松也想把自己的女儿嫁给谢混，孝武帝说"卿莫近禁脔"，以警告他不要来抢人。清代程梦星曰："时义山未为茂元婿，故有禁脔之戏。""琼枝"喻自己的身体瘦比沈约，沈约长期升官无望，有人举荐，皇帝也不提拔。他写信给朋友诉苦，说自己的裤带一天紧似一天，故有"沈约瘦腰"之说。

"盖唐代社会承南北朝之旧俗，通以二事评量人品之高下。此二事，一曰婚，二曰宦。凡婚而不娶名家女，仕而不由清望官，俱为社会所不齿。"[①] 这是南北朝士大夫的遗风，结婚必须娶一个名门望族之女，做官一定经权贵或文坛前辈引荐，否则将被士大夫群体看不起。这也很好地解释了李商隐及第之后追求王茂元之女的原因，并不仅是因为王氏女貌美如花，还有一条重要规则——她是官家女，符合社会习俗对新科进士的要求。韩瞻与李商隐同时及第，先后被

---

① 选自陈寅恪《元白诗笺证稿》。

泾原节度使王茂元招为东床佳婿。韩瞻及第而婚成为乘龙快婿，李商隐则耐着性子等待李夫人最后表态，不免心里酸溜溜的。当韩瞻小夫妻的爱巢建好以后，李商隐的婚事也进入商议阶段。诗里戏谑自嘲中带有掩饰不住的喜悦心情，他用"南朝禁脔"的谢混自比，寓有议婚已成之意，但眼下来说还没有成婚，故有"瘦尽琼枝咏四愁"之句。

在老谋深算的王茂元眼里，李商隐这个才子是他招东床的最佳人选，他的六女儿嫁给了韩瞻，李商隐正在追求他的七女儿。七女儿天生漂亮，性格沉静贤淑，也与李商隐情投意合。于是，就在这年夏天，在王茂元的积极操办下，李商隐与王茂元的女儿正式成婚。王茂元招李商隐为婿并不只是欣赏他的才华，还掺和了李商隐和令狐楚的那层关系。王茂元被划为李党人物，李商隐和令狐家族的关系对想躲过宦官屠刀的王茂元来说，不失为有分量的政治筹码。然而，李商隐入幕泾源，并且娶了王茂元的女儿，在令狐绹眼中无异于背叛。日后，夹在牛李朋党之争旋涡中的李商隐，一生郁郁不得志。

婚事没有大操大办，王茂元也没有另盖一栋朱楼给新婚夫妇，二人就住在节度使府的后院里。新婚宴尔的李商隐夫妇相敬如宾，琴瑟和谐。

> 世间花叶不相伦，花入金盆叶作尘。
> 惟有绿荷红菡萏，舒卷开合任天真。
> 此花此叶常相映，翠减红衰愁杀人。
>
> ——李商隐《赠荷花》

花和叶在人们的眼里不能相提并论，人们把花栽在赏心悦目的金盆中，世人皆重花而轻叶，任叶子落在土里变为泥土。只有荷叶之卷舒、荷花之开合，二者相互映衬才使绿荷红菡萏成为盛夏最美的景致。希望这美丽的荷花与碧绿的荷叶交相辉映，长相厮守。只恐绿叶减翠，红花凋零，那真愁煞人也。

这是李商隐在新婚蜜月时送给妻子王氏的一首诗，他选取荷花的花叶相衬来比喻他和妻子的关系，独具匠心。很多花卉都不具备花与叶共生的特质。杏，先花而后叶，花绽放时叶未舒展，叶生而花落矣；桃花艳丽无比，但其叶也是待花谢后才舒展。只有荷花是红花绿叶相互映衬，《尔雅·释草》中提到"荷，芙蕖""其叶蕸""其华菡萏"，相互映衬，美丽无比。

鸳鸯雌雄相守，荷花相互映衬。李商隐在此突出荷花与荷叶相互映衬的特殊美是有深意的，暗喻他与妻子是天造地设的一对，有如荷花的花与叶，荣衰相依，借此希望两人长相厮守。末句的情感色彩很伤感，表面看是害怕荷叶掉落、荷花凋谢，实则是担心双方年老色衰，感情节外生枝，如果那样，简直是愁煞人了。这首诗意在表明自己矢志不渝的心志，借荷花喻两人匹配之美，又坦诚自己的忧虑，委婉含蓄，希望互相珍惜。

李商隐和王氏成婚的消息很快传到了令狐绹耳中，这则火上浇油的传闻使令狐绹终于失去了耐心。以前虽然对李商隐入泾原幕颇有微词，但表面上还是和李商隐敷衍周旋，没有彻底决裂。现在令狐绹已忍无可忍，开始对李商隐出言不逊，这些话经过添油加醋，从长安传到泾原府中时已经带有人身攻击的意味了，其中不乏"先牛后李""放利偷合"等不堪入耳之词。新婚宴尔的李商隐夫妇猝不及防，想不到一场普通的婚姻竟惹出了这么大的事端。李商隐意识到自己忽视了令狐绹的感受，即使现在道歉恐怕都起不到缓解的作用了。只怪朋党之争，殃及池鱼，吏部博学宏词科考本有一次出人头地的机会，却受到朋党势力排斥，释褐受挫，真是可叹可恨！

君恩如水向东流，得宠忧移失宠愁。
莫向樽前奏花落，凉风只在殿西头。

——李商隐《宫辞》

君王的恩泽如水向东流，漂流不定，妾得宠时担心恩泽转移，失宠时君恩一去不返，愁肠百结，悲苦难言。莫要在君王宴席上演奏《梅花落》，得意之时不知凉风近了，很快就会像花儿一样被风吹落。"花落"一词出自《班婕妤咏扇》①，语含双关，既指演奏的曲名，又与下一句"凉风只在殿西头"衔接，借风吹花落暗喻君王恩宠难以维持，不论得宠失宠，结局都是一样的。

由于受朋党倾轧之苦，李商隐在这首诗里运用比喻和双关手法，意味深长地警告得宠者，君王的恩泽像流水不定，消长进退，今日得宠恐明日就会失宠。诗写得含蓄有味，明是一首宫怨诗，实则矛头直指暂时得宠的牛党。清代纪晓岚评其诗："怨诽之极而不失优柔唱叹之妙"②。

新婚的喜庆暂时冲淡了李商隐心里那片不愉快的阴影。王氏女是个才女，会写诗，常与李商隐写诗赠答。就在令狐绚因李商隐之事大为光火时，李商隐正在泾州府里享受新婚蜜月。王茂元对小女儿很是宠爱，常常参与他们谈诗论文的对决，欣赏赞叹，"中堂评赋，后榭言诗"，其乐无穷。这是李商隐生活经历中最幸福的一段时光，夫妻俩沉醉于相见恨晚的浓情蜜意之中，"樽空花朝，灯尽夜

---

① 南北朝时期文学家江淹所作，是一首以班婕妤为题材的乐府诗。
② 见《李义山诗集辑评》。

室，忘名器于贵贱，去形迹于尊卑"①。李商隐看重的并不是岳父家的富贵，物质的奢华并不能代替精神生活的丰富与高尚。"纻衣缟带，雅觇或比于侨、吴；高义每符于梁、孟。"春秋时，郑国公孙侨（子产）与吴国公子季礼，一见如故，互赠缟带纻衣，荆钗布裙，后汉梁鸿、孟光夫妇俭朴和谐的生活是他所仰羡的。

唐开成四年（839 年）初，李商隐从泾原动身前往长安，参加这一年度的释褐试。上次受挫使李商隐重重地挨了一记闷棍，但对一个十年寒窗的士子来说，难道就此止步了吗？尤其是对一个及第的进士而言，释褐授官是条必经之路，没有止步不前的理由。即便是再次受挫，也必须坚持走下去，否则多年来的辛苦将付诸东流。

他来到长安，看着这声色犬马的城市，心里五味杂陈，说不出是什么滋味。繁华偌大的长安是他又爱又恨的地方，他在曲江边上与朋友欢宴的情景历历在目，就在这一瞬间，被除名的悲凉又涌上心头。他在一家驿馆住下，新婚小别，刚刚还在软玉温香中缠绵，此刻却独在不知结局的寂寥中，思乡之情一拥而上。这一天，从泾州传来了妻子的书信，他急不可待地拆开信件，信中是浓情蜜意的牵挂和关心。读过这封来信，李商隐作了一首五言律诗，王氏的娴静美丽像一朵兰花一样在李商隐笔下绽放。

照梁初有情，出水旧知名。
裙衩芙蓉小，钗茸翡翠轻。
锦长书郑重，眉细恨分明，
莫近弹棋局，中心最不平。

——李商隐《无题·照梁初有情》

---

① 详见《全唐文·卷七百八十二·重祭外舅司徒公文》。

那女子的美貌如同清晨的阳光照耀在屋梁上，又像出水的芙蓉一样清新美丽。当她还在含苞待放之时，就是远近闻名的美人。她的裙裾上绣着小小的芙蓉花，发髻间戴着金钗，金钗上缀有精致小巧的茸花。她寄来的锦书上写满了郑重的嘱咐，字里行间可以看到她因为替我不平而蹙着的弯弯细眉。

"照梁"一语出自宋玉《神女赋》，"其始来也，耀乎若白日初出照屋梁"。"出水"出自曹植《洛神赋》，"迫而察之，灼若芙蕖出绿波"。"弹棋局"指古代的一种棋类游戏，相传为汉代刘向所造，棋盘中心隆起如倒扣的孟钵，故而"中心最不平"。

李商隐到达长安的最初几天，先是忙着办理参加释褐试的手续，然后开始拜访亲朋故友，先是韩瞻，然后是令狐绹。

令狐绹眼下正居家守丧，按惯例此时不宜见客，但李商隐和他的关系非同一般，门子只好进去通报。令狐绹听说李商隐来了，嘴角浮现出一丝不易察觉的冷笑。李商隐进门后看着满脸阴云密布的令狐绹，心想坊间那些传闻看来是真的，令狐绹对自己确实大有不满，又或许他正在丧父之痛中，不便言笑。于是，李商隐先是深深地做了一揖，对自己久疏问候表达歉意。然后，来到令狐楚灵位前，虔诚地跪下，给恩师重重叩头，悲痛的泪水夺眶而出。

令狐绹冰冷的脸色开始缓和。二人坐定后，李商隐借着问候令狐家兄弟近况的话题，慢慢转到他与王氏的婚姻，极尽委婉地解释一番后，又提到今年的释褐试。令狐绹大多数时候只是听着，基本上不表态，但照例问候一番李商隐的老母近况如何，李商隐回答说老母仍在济源，由弟弟义叟侍奉着。李商隐知道此次释褐试再希望他关照已经不可能了，二人的交谈中始终笼罩着一层看不见的隔阂，今非昔比，当年情同手足的感觉早已消失得无影无踪。李商隐越来越感到如坐针毡，于是起身告辞。回来的路上，李商隐心乱如麻，但他又不免自我安慰一番：不管怎么说，令狐楚余荫还在，即便令狐绹今天对我有成见，时间终会消弭隔阂。当然他绝对没有想到，入泾原幕府又娶了王茂元的女儿，已经为他种下了一枚命运的苦果，再也无从改变。

天下之事，难以预料。去年释褐试李商隐志在必得，不料却意外落选。这次他在心理上加了一道堤坝，准备再次承受落选之挫，不料却轻松过关，金榜题名。更意外的是，他被立即授予秘书省校书郎之职，这是李商隐平生被朝廷任命的第一个官职。

校书郎，顾名思义就是掌校典籍，订正讹误。秘书省初设于东汉，当时叫秘书监，至梁朝才有了正式的秘书省官署名。唐龙朔二年（662年），秘书省改为兰台，秘书郎改为兰台郎。在唐朝官制中，秘书省隶属于中书省，主要负责校理兰台所藏的各类书籍。《旧唐书·志第二十三》云："掌邦国经籍图书之事。有二局，一曰著作，二曰太史，皆率其属而修其职。"这个职位清高而无实权，秘书省共置校书郎八名，职位是正九品上阶，虽说官衔比较低，却是初入仕者心向往之的美差。因为处于中央政治集团中心，唐代上至诸曹尚书下至校书郎，都可能被选入翰林院。一旦进入翰林院，就等于进了朝廷的核心部门，常为皇帝代拟朝旨敕造，还可以接触朝廷的核心机密要件。校书郎一职是充翰林之选的近水楼台之地，如果能充分发挥政治才能，日后极有可能拜相封侯，唐代著名才子元稹、白居易包括令狐绹当年都是校书郎出身。对于一个新科进士来说，这个职位无疑为李商隐提供了一个蓄势待发的起点。

"释褐为校书郎"令李商隐欣喜万分，他赶紧给远在济源的老母和在泾原的岳父驰书报告喜讯，皆大欢喜。在秘书省的几个月里，李商隐倍觉惬意，整天埋首于秘书省收藏的经史典籍和古人的诗文名著中，博览群书，收益颇丰。

> 昨夜星辰昨夜风，画楼西畔桂堂东。
> 身无彩凤双飞翼，心有灵犀一点通。
> 隔座送钩春酒暖，分曹射覆蜡灯红。
> 嗟余听鼓应官去，走马兰台类断蓬。

——李商隐《无题》

昨夜星光璀璨，夜半吹来习习凉风，夜幕笼罩的星空，群星闪耀，宁静而浪漫。在这个美妙的夜晚，在这个令人沉醉的时刻，酒宴就设在精美画楼的西畔、桂木厅堂之东。身上虽无彩凤的双翼，无法比翼双飞，内心却有灵犀相连，心意相通。彼此猜钩嬉戏，隔座对饮，春酒暖心。分组行令猜拳一决高下，烛光泛红，醉眼蒙胧，觥筹交错，把酒言欢。唉，令人扫兴的五更鼓响了，不管此刻是不是正在兴头上，该去当差就得放下酒杯赶紧上朝，就像随风飘转的蓬草，策马奔驰到兰台。

"灵犀"是一种神话中的犀牛，角中点缀白纹，像一条线直通两头，这里指相思的寂寞因为心心相印而欣慰地融合，宴会是热闹的，内心却因思念而倍感寂寥。"送钩"是一种游戏，也称藏钩。"分曹"即分组，分成两组以决胜负。"射覆"指把要猜的东西放在覆器下，把钩互相传送后，藏于一人之手，令人猜。

古人云："天有不测风云，人有旦夕祸福。"唐开成四年（839年）初夏，吏部一纸调令猝不及防地发到李商隐面前，他被调离秘书省，将前往弘农县任县尉。这就是说，他将由清贵之职变为尉簿俗吏，这个调动着实让他从惬意中毫无防备地掉到了冰冷的地上。毫无疑问，这又是朝廷中牛党之人在作祟。此时，曾评价李商隐不堪的杨嗣复已升任宰相，正是牛党在朝廷全面执政的阶段，自然不能让李党人物王茂元的翁婿有机会进入翰林院。此外，还有一个不言自明的缘由，令狐绹岂能让一个背弃自己家族的人爬上朝廷的权力中心？他们必须及早拒李商隐于千里之外，不能等到毫毛斧柯长成参天大树后再去撼动。上次是站在官场门口被牛党人士一脚踢开，这次是从朝廷内排挤出去，又是一出朋党之争导致的个人悲剧。

却羡卞和双刖足　一生无复没阶趋

调离京城的李商隐知道自己这次又被牛党暗算，但未做任何申诉，来到了位于黄河岸边的虢州弘农县（今河南省灵宝市）。一条弘农涧经由函谷关向北蜿蜒而去，汇入黄河，弘农县因此得名。从秘书省外任弘农县尉，个中缘由无法对外人细说，但从他写给友人的书信中可以看出，他是怎样内紧外松地谈及这次外调。

"寻复启与曹主，求尉于虢，实以太夫人年高，乐近地有山水者，而又其家穷，弟妹细累，喜得贱薪菜处相养活耳。"

——李商隐《与陶进士书》节选

他把这次令他心碎的调动说成是自愿的，因为家里有老母和弟弟妹妹要照顾，他需要一份微薄的薪水养活家人。

弘农县处于偏远一隅，县尉的级别很低，从九品上阶，比秘书省校书郎低两个等级，职位在县丞和主簿之间。这个职务的日常工作是"亲理庶务，分判众曹，割断追催，收率课调"，也就是催交课赋租税，管理户口，捕盗辑贼，维持一方安定。在晚唐政治黑暗、苛捐杂税繁重、民不聊生的大环境下，县尉实质上是为朝廷盘剥老百姓的鹰犬。县尉要做的事虽然很多时候并非本意，但却不得不违心地按朝廷指示去压榨老百姓。县尉对上要唯命是从，执行县令或观察使的命令；对下要承受骂名，被老百姓愤恨指责。好在李商隐此时正值大好年华，还有时日可以东山再起。

　　一般来说，县尉这种吃力不讨好但又不可或缺的小官，大多是由新科及第、没有仕宦经验的人来担当，或者同级官员调动任职，还有一种情况是让被朝廷贬谪的官员来干这个两头受气的差事。唐朝不少名人在初入仕时都做过县尉、县丞或主簿等小官。有的人甚至做到朝官的位置又折回来从基层做起，如盛唐时期的高适、中唐时期的陆贽。在唐代著名诗人中，并非只有李商隐经历过这种苦闷，著名诗人王昌龄、元稹、刘禹锡、温庭筠都有被贬为县尉的经历。祸兮福所倚，福兮祸所伏，被贬为县尉未必是彻底的坏事，也有人绝地反击，一步登天，如白居易，先是秘书省校书郎，改授盩厔（今陕西省周至县）县尉，后来进了翰林院。

　　被泼了一盆冷水的李商隐冷静下来，做县尉并不可耻，只是他目前的处境非常艰难，虽不是贬官，但与贬谪无异。对于一个清高的文人来说，难的不是这份差事，而是匡世济民之心和黑暗现实的强烈冲突。"民为国家社稷之本"，浓厚的民本思想使他很同情贫民，水可载舟、亦能覆舟，他希望老百姓的生活有着落，不至于因饥寒而起盗心。这对于一个负有捕盗辑贼职责的官员来说，是人性与法的考验。他很想采取折中的立场，既爱民又忠君，但鱼和熊掌不可兼得。

　　朝廷的苛捐杂税使老百姓不堪重负，很多人因交不起赋税而被拘入狱。早在唐元和二年（807年），白居易任周至县尉时，曾经写过一首诗《观刈麦》，描写赤贫的妇人抱着孩子在田间拾取遗穗，"家田输税尽，拾此充饥肠"，情景极其凄凉。唐元和年间的农民生活已到了拾遗穗充饥的地步，而"甘露之变"后的晚唐时期，百姓的生活更是雪上加霜。李商隐在弘农看到的问题比白居易看到的更凄惨，民生凋敝，到处一片凄凉荒芜。由于生活所迫沦为盗贼的贫苦百姓常常被官府捉拿关进大牢，更叫人无法容忍的是牢狱冤案百出，官员收受贿赂，量刑不公。《新唐书·列传第一百二十八·李商隐》中记载："（李商隐）调弘农尉，以活狱忤观察使孙简，将罢去，会姚合代简，谕使还官。"这里提到李商隐在弘农县尉任上，得罪了孙简，被免了官，姚合上任后又将他召回。孙简时任陕虢观察使，管辖陕、虢两州十三个县，并非李商隐的直属上级。李商隐为何得罪孙简，以至于他咬牙切齿地把李商隐罢了职，这是怎么回事呢？

起因是一起冤狱。一天，李商隐在清理一些陈年旧案时，发现一起冤案，量判明显过重，犯人虽然有罪，但罪不至死，却被上任县官朱笔一勾打入死牢。李商隐重新梳理了案件的来龙去脉，发现重判的原因是被告方家贫，无钱无势，而原告则凭借权势拿钱贿赂了上任县尉。李商隐顺藤摸瓜发现这条贿赂线索直指陕虢观察使孙简。案犯的亲人在李商隐面前哭诉的情景使他于心难忍，为捍卫法律的尊严，使贫苦百姓得到公正的法律判决，他怀着一腔济世爱民的正义感，将案件重新量刑，死囚得以活命，并将案件上报到州和观察使府，这就是李商隐任弘农县尉时的"活狱"事件，也是其一生中可圈可点的事迹。事情很快传到了孙简耳中，怒不可遏的孙简将李商隐找去训斥，不料李商隐与他唇枪舌剑，据理力争，甚至当堂拂袖而去，令孙简颜面尽失。于是，孙简釜底抽薪，罢免了李商隐。

唐代观察使是地方军政长官，拥有实权，负责对所辖州县进行监察巡视，他们有权对违纪官员进行处分或罢职。一个小小县尉去触怒地方观察使，无异于以卵击石。李商隐明白自己的所作所为会招致什么后果，但他无暇顾及，是秉公执法还是同流合污，他坚决选择前者，即便这样对他不利。与孙简的一番对决，李商隐早有心理准备，知道此公不会善罢甘休，于是，他干脆主动辞职，免受羞辱。

黄昏封印点刑徒，愧负荆山入座隅。
却羡卞和双刖足，一生无复没阶趋。

——李商隐《任弘农尉献州刺史乞假还京》

天已黄昏，散衙封印，将在押囚徒逐一清点完毕。实在有愧啊，巍峨的荆山斜影又映进座位的旁边。这时反倒羡慕卞和，他因祸得福，虽然被砍去了双脚，倒也免得一辈子在阶前趋奉奔走。

卞和，又作和氏，春秋楚国人。据《韩非子·和氏》记载，卞和在楚山（今湖北省荆山）上伐薪时，偶然发现了一块璞玉，他将这块美玉献给了楚厉王，楚厉王叫宫中的玉石匠鉴别真伪，石匠粗略看了一眼，说这是一块普通的石头。这句话给卞和带来了灾难，楚厉王认为卞和犯了欺君之罪，下令砍去其左脚。楚武王登基后，卞和再次捧着那块玉献给楚武王，楚武王命石匠去鉴别，石匠依旧认定这是一块普通的石头，楚武王下令砍去了卞和的右脚。楚文王登基后，卞和"乃抱其璞而哭于楚山之下，三日三夜，泣尽而继之以血"。楚文王派人去问是何缘故，卞和说："吾非悲刖也，悲夫宝玉而题之以石，贞士而名之以诳，此吾所以悲也！"我并不是悲哀被砍去了双脚，明明是美玉却被说成是石头，忠贞之士被冤为欺君者，这才是我悲哀的理由！楚文王命人剖开石头，果然在里面发现了玉，乃派工匠雕琢，雕成了一块价值连城的珍宝，命名为"和氏璧"。

这份弘农县尉的官差实在令李商隐有苦难言，于是他毅然提交辞呈。孙简当时是否看到李商隐的辞呈，不得而知，但李商隐在罢免令到来之前便挂冠而去。他由衷地鄙弃这份奉迎上司、欺压百姓的差事，那份微薄的薪水是以牺牲个人尊严为代价的，他追随自己的良心决定了去留，毫不犹豫地告假归京。

提到李商隐在京城的家，就不得不提到李执方。李执方乃岳母的兄弟，任河阳三城怀州节度使。李执方对李商隐一向有好感，李商隐追求王氏女时，李执方就从中极力撮合；李商隐婚后，李执方又资助他在长安定居。脱下九品官袍的李商隐回到家中，读书吟诗，倒也悠闲自在。

陶令弃官后，仰眠书屋中。
谁将五斗米，拟换北窗风？

——李商隐《自况》

陶渊明弃官后，隐居田园，整日在书屋中优哉游哉地吟诗读书。谁愿意为那五斗米的俸禄，换取这高卧北窗、清风徐徐的怡然之乐呢？

陶渊明，东晋诗人、辞赋家，曾任江州祭酒、建威参军、镇军参军，最后一次出仕是彭泽县令，但他在这个官位上只待了八十几天便弃官归隐田园，是我国第一位田园诗人。《晋书·隐逸传·陶潜传》记载："郡遣督邮至县，吏白应束带见之。潜叹曰：'吾不能为五斗米折腰，拳拳事乡里小人邪！'东晋义熙二年（406 年），解印去县。"郡官派督邮来见他，县吏叫他整好衣冠去迎接。他叹道："我岂能为这五斗米向乡里小儿折腰！"当天便弃官归隐田园，过上采菊东篱下的悠然生活。"尝言夏月虚闲，高卧北窗之下，清风飒至，自谓羲皇上人"。夏夜的月亮悬在夜空，心情恬淡闲适。躺卧在北窗边的床上，清风徐徐吹来，感觉自己就像羲皇一样高尚。

李商隐和陶渊明一样对黑暗的现实有清醒的认识，不肯屈服于黑暗的官场，不愿同流合污，叹小人当道，只能像陶公那样辞去官职。但"永夷农牧"的安逸日子没过几天，事情就发生了戏剧性的变化。孙简奉调升迁离任，新任陕虢观察使姚合走马上任，遣人飞书来报，要李商隐速去复职，这就是史书上记载的"谕使还官"。

姚合，出自大名鼎鼎的吴兴姚氏，是唐代名相姚崇的曾侄孙。姚合在唐代诗坛上负有盛名，常与贾岛、李绅、刘禹锡、张籍互相酬唱。姚合擅长五律，诗风清奇雅正，与"苦吟诗人"贾岛是亲密好友，二人诗风也很接近，故有"姚贾"之说。从他的作品中可看出他有浓厚的退隐思想，追求闲居山林的隐士生活。姚合结交很广，许多名人官员与他都有交集。《唐才子传》评价他"皆平淡之气"。他的官宦生涯波澜不惊，几乎没有遭遇过波折，这大概与他脾气好、为人厚道有关。姚合早年也数次落第，来任陕虢观察使时，已是六十一岁。姚合对李商隐早有耳闻，对这个意气用事的年轻人抱以宽容的态度，他知道李商隐辞官归京是一时冲动之举，另一个原因大概是出于对李商隐的喜欢，所以他一纸传令，让李商隐复职上任。

此时，李商隐的心境已经趋于平静，在姚合的好心劝说下，李商隐回到弘农任上，但他实在是不喜欢这份差事。每天黄昏，正是文人诗意兴浓之时，他却必须走过暮色四合的田野来到监狱，对照囚徒名册一一点名，听着囚徒们哀恸无力的回应声，之后关闭监门，无聊地走过夜色渐浓的田野回到住处。白天他要走访百姓，了解民情民意，受理诉讼之事。这次复职没多久，他终于无法忍受，递上辞呈要回长安"从调"。这时他有两条路可走，或到吏部另谋一份工作，或再次参加制举考试。总之，无论如何他都不能再担任弘农县尉了。姚合劝说一番却毫无效果，知道他去意已定，只好批准了他的请求。

此时的李商隐两处为家，一处在济源，那是老母的住地，现在由弟弟义叟在照顾老母；一处在泾州，是妻子王氏的住处。为了将来在长安"从调"谋职，他决定把老母和妻子都接到长安来，于是就在长安城南的樊川找了一处房舍。此处离长安市中心二三十里，是文人雅士读书会友的优选之地。这个环境优美的村落"长渠分注，土壤丰腴，菜圃稻畦，罨纷绮错，田庐鸡犬，恍如江南水村图画中"[1]。这是收藏家傅增湘笔下樊川的乡村景色。时光倒流至一千多年前的唐朝，这里的原生态风景更是亮丽，可称作"人间蓬莱"。这里与玉阳山的玉溪河一样，也有一条潺潺流动的小溪，故李商隐取别号"玉溪生"。中唐宰相杜佑在这里建了一幢别墅，后来由他的孙子杜牧继承。杜牧晚年时，花费官俸将他的樊川别墅装修得古色古香，并定居在此。李商隐在樊南置家时，杜牧正在朝中为官，先任左补阙，后为膳部、司勋员外郎。李商隐与杜牧此时都在长安，而且都在樊川有定居之所，但二人却毫无交集。

---

① 详见傅增湘所著《秦游目录》中对樊川的描绘。

青袍似草年年定　白发如丝日日新

　　唐开成五年（840 年），唐朝政坛再次发生地震。

　　"甘露之变"后，唐文宗明为天子，实为宦官手中的一枚棋子。仇士良得知"甘露之变"是由唐文宗和李训等人一手策划合谋剪除宦官后，愤恨不已，对唐文宗恶言相加，唐文宗羞愧惧怕，浑身战栗不敢说话，以致国家政事完全落于宦官手中，朝中宰相只是行文书之职而已。遭到软禁的唐文宗终日饮酒买醉，意志消沉。唐开成四年（839 年），唐文宗偶染风疾。一次，从延英殿议政后，唐文宗与学士周墀有一番对话。唐文宗问周墀："自尔所况，朕何如主？"依你看，朕是个什么样的皇帝呢？周墀拜曰："臣不足以知，然天下言陛下尧、舜足也。"我是孤陋寡闻之人，不足以判断，但我听说百姓都称赞您是尧、舜那样的君主。不料唐文宗说："所以问，谓与周赧、汉献孰愈？"我之所以这么问，是想看看我与周赧王和汉献帝比，谁更强一点。周墀听了大骇，曰："陛下之德，成、康、文、景未足比，何自方二哉？"陛下是贤德之人，恐怕连周成王、周康王、汉文帝、汉景帝都未必比得上，何至于把自己比成那两个亡国之君呢？唐文宗曰："赧、献受制强臣，今朕受制家奴，自以不及远矣！"周赧王、汉献帝是受制于强藩，我却是受家奴钳制，还不如周赧王、汉献帝呢。言之凄然泪下，周墀也不禁伏地痛哭。后来，唐文宗再也不朝见大臣，终至病危。唐开成五年二月十日，在无限惆怅中煎熬了四年的唐文宗病逝于长安宫的太和殿。皇帝驾崩的消息传来，李商隐写下《咏史》一诗，伤悼唐文宗。

> 历览前贤国与家，成由勤俭破由奢。
> 何须琥珀方为枕，岂得真珠始是车。
> 运去不逢青海马，力穷难拔蜀山蛇。
> 几人曾预南薰曲，终古苍梧哭翠华。

——李商隐《咏史》

纵览历史，凡贤明的国家和人民，勤俭是其成功之源，奢华是衰败之根。何必非要用琥珀来做枕头，难道非要镶了珍珠的才是好车？千里马难寻，唐文宗属下没有能担当军国大事的忠臣良将，他依靠的郑注、李训都是祸国殃民之流。盘踞朝廷的宦官势力像蜀山蛇般难以拔出。人们再也没有机会听到像《南薰曲》那样为黎民百姓唱响的福音了。苍梧是埋葬舜的地方，翠华是皇帝仪仗中顶上的华盖，国运已衰，再也不复当年尧舜之威了，唯有苍梧对着翠绿的华盖哭泣。

"琥珀枕"典出南朝宋武帝刘裕，他出身贫寒，生活节俭，出行时轻车从简，作为南朝第一帝，既不养后宫佳丽也没有打猎的爱好，甚至连供帝王享乐的宫廷乐队都没有。有人劝他尽情享受宫廷乐舞，他回答"故不习耳"，即没有那个习惯。北征时，有人献上一个琥珀枕，武帝听说琥珀有治疗金疮的药效，便把琥珀枕拆了，将琥珀磨成粉末，送给战士们疗伤。广州太守向武帝献上细布，结果丢了乌纱帽。为杜绝此风，武帝立下一条苛刻的法规，财帛一律不得进宫，统统上交国库。因为武帝廉洁，南朝在他的统治下走向繁荣。"珍珠饰车"出自"春秋五霸"之首齐桓公的"岂得真珠如是车"一语。当年齐桓公和诸侯王会盟，那些诸侯乘坐的马车都是用大颗珍珠装饰的，他们以此为荣，向齐桓公炫耀。但齐桓公对此却不以为然，他以自己拥有的大批人才为荣，说那才是他的奇珍异宝。"青海马"和"蜀山蛇"隐喻黑暗的晚唐，灭亡已是天意难违。"青海马"指一种产于青海的杂交马，此马体健力大，善奔跑，可日行千里。"蜀山蛇"暗喻盘根错节、根深蒂固的宦官势力，出自战国时期秦王送五美女给蜀王的故事。蜀王派五壮士前去迎娶秦王送来的五美女，迎亲队伍路过梓潼（今属四川省绵阳市）时，只见一条大蛇钻入山洞。五壮士齐心合力拽住蛇尾想将它拔出来，不料蜀山崩塌，五壮士被压死。自此蜀路大开，秦灭蜀国。《南薰曲》亦称《南风歌》，相传为舜所作，"南风其薰兮，可以解吾民之愠兮，南风其时兮，可以阜吾民之财兮"，一唱而天下太平。

李商隐是同情唐文宗的，唐文宗虽有天子命，却生不逢时，若生在一个政治清明的环境中，将会是一个开明的贤君。唐文宗在位时，勤勉亲政，重视谏议，并省冗员，革除奢靡之风，缩减各地进贡开支，放出宫女三千余人，废除诸多游猎声色娱乐。唐文宗博览群书，每到策试进士，常常自拟题目。得到举试文人作品后，又亲自批览吟咏，终日忘倦。但他太年轻了，识人乏术，为了消灭宦官势力，重用李训、郑注等人，终致功败垂成。

唐文宗死后，又一波腥风血雨的博弈在朝中激荡。唐开成五年正月，唐文宗病重，那时皇太子李成美年幼，唐文宗命杨嗣复、李珏来宫中，打算由二人辅佐太子行皇上职权，处理朝政。宦官仇士良、鱼弘志为了贪图拥立之功，说皇太子年幼，且体弱有病，建议废除重立。宰相李珏据理力争："太子位已定，岂得中变!"于是，仇士良和鱼弘志私自伪造唐文宗诏令，立唐文宗同父异母的五弟颖王李瀍为皇太弟。当天，仇士良、鱼弘志率禁兵到达十六宅宫，将李瀍直接送进少阳院①，百官齐聚思贤殿拜见李瀍，太子李成美则以陈王的爵位退居藩王府邸。唐文宗驾崩以后，颖王李瀍枢前即位，是为唐武宗②，次年改元"会昌"。唐武宗即位后，在仇士良居心叵测的劝说下，命安王溶、陈王李成美自尽。仇士良由于"甘露之变"而对唐文宗耿耿于怀，在大开杀戒之时，凡教坊乐工以及唐文宗生前宠爱过的宦官，都相继被杀或贬逐。

唐武宗性情沉毅有断，喜怒不形于色。唐朝历代皇子皇孙由于生活优越，疏于进取，治国平乱的能力每况愈下。但到了唐武宗，他"网罗贤能之士，革除弊习，打击宦官，外挡边患，内平藩镇"，虽然谈不上能力出众，但史家评价他的聪明之处在于敢于纳谏。唐会昌元年（841 年），唐武宗欲前往泾阳县围猎，谏议大夫高少逸、郑郎在紫宸殿劝阻道："陛下近来游猎频繁，况出离京城路途也远，早出晚归，不免荒于朝政。"唐武宗顿时沉下脸，但表示承认错误。等高少逸等人退出后，唐武宗对宰相们说："朝廷设置谏官的本意就是为了让他们开言路，直言朝政得失，朕愿意常常听到这种声音。"几天后，唐武宗提擢高少逸为给事中，郑郎为左谏议大夫。

唐武宗即位后，相继罢免了宰相杨嗣复、李珏的职务，召淮南

---

① 唐代前期，太子居住太极宫东宫。唐玄宗以后，太子多随皇帝居住在大明宫寝殿旁的少阳院。

② 唐会昌六年（846 年），唐武宗下诏将李瀍改为李炎。

节度使李德裕来京。李德裕抵达京城后，被任命为门下侍郎、同平章事。新一轮职务更替开始了，李党卷土重来对李党中人是时来运转的大好兆头。李商隐是被划入李党的王茂元的女婿，或许，李党在朝中执政也意味着李商隐有可能"久旱逢甘霖"。

李商隐辞去弘农县尉回到长安，常调待选，一方面寄希望于岳父王茂元，另一方面也寄希望于令狐绹。唐开成五年十一月间，令狐绹守丧期满，复职为左补阙史馆修撰。这些深厚的人脉关系对李商隐来说，是绝好的资源，只要稍加利用，就可以平步青云。

> 惜别夏仍半，回途秋已期。
> 那修直谏草，更赋赠行诗。
> 锦段知无报，青萍肯见疑。
> 人生有通塞，公等系安危。
> 警露鹤辞侣，吸风蝉抱枝。
> 弹冠如不问，又到扫门时。

——李商隐《酬别令狐补阙》

仲夏与令狐补阙依依惜别，回到长安时已是深秋末期。您不但为我写了直谏信，还写诗赠予我，恩重如山，无以为报。我一直对您感念于心，不必按剑相疑，怀疑我的赤诚。人生时而通达顺境，时而阻塞困顿，您肩负国家重任，而您的前程安危也系我的前程安危。警露之鹤为了群体的安全，告别厮守的伴侣，转移栖息之地。吸风饮露的知了清正淡泊，永远与栖息的树枝相依相偎。我现在做好了出仕的准备，如果您不为我引荐，我只好学魏勃扫门来求得引荐。

"青萍"，剑名，西汉文学家邹阳在《狱中上梁王书》中写道：

"素无根柢之容，虽竭精神，欲开忠于当世之君，则人主必袭按剑相眄之迹矣。""弹冠"指弹掉落在帽子上的灰尘，准备出仕。《史记·齐悼惠王世家》记载，"魏勃少时欲求见齐相曹参，家贫无以自通，乃常独早夜扫齐相舍人门外。相舍人怪之，以为物，而伺之，得勃。勃曰：'愿见相君，无因，故为子扫，欲以求见。'于是舍人见勃曹参，因以为舍人。"

　　李商隐这段时间正在樊川的家里，虽然轻松快乐，但却掩盖不住弘农县尉那段经历潜在的忧患，那段经历让他看到了社会的黑暗不公、底层百姓的贫苦无依、官衙的黑暗腐败以及官吏的贪赃枉法，他的济世为民的理想遭到重创，这个难以扭转的现状给他快乐的生活笼罩了一层阴影。李商隐已进入而立之年，在开成、会昌之交，李商隐忙于家事和重调之事，频繁地在济源、长安、洛阳、华州、许州之间奔波。斯时，王茂元的驻节地在许州（今河南省许昌市），虽然他本人不一定在洛阳，但他在洛阳的府邸内还居住着妻兄弟们，李商隐途经洛阳一定要去洛阳崇让宅①与王家的兄弟们聚一聚。

　　露如微霰下前池，月过回塘万竹悲。
　　浮世本来多聚散，红蕖何事亦离披。
　　悠扬归梦惟灯见，濩落生涯独酒知。
　　岂到白头长只尔，嵩阳松雪有心期。
　　　　　　　　——李商隐《七月二十九日崇让宅宴作》

　　秋露宛如细微的雪粒，纷纷扬扬，撒下前池；西风阵阵吹过回塘，风摇翠竹，月光倾泻而下，万竹在萧飒的西风与冰凉的月色中

---

　　①　王茂元住宅名。

徒然生悲。颠沛流离的人生啊，注定是离多聚少；可那池中的红芙蕖，为何也纷纷凋落？我的缥缈难寻的归梦，唯有一盏孤灯伴随；我寂寞空虚的生活，唯有一壶清酒相知。莫非到了白头还是这样？我的夙愿早已与嵩山南面的松雪两心相期。

唐会昌二年（842年）初，李商隐参加吏部主持的书判拔萃科考试，再次过关斩将，被任命为秘书省正字。这是李商隐二进秘书省，与上次的校书郎相比，正字的官阶低一级，是正九品下阶。但这也是值得庆幸的，只要好好干，逐步升迁并不是没有希望。此时的令狐绹服丧结束，因为有父荫，他先官复原职左补阙，然后升迁户部员外郎。

李商隐终于长舒一口气，唐开成四年（839年）被无缘无故调往弘农县，中途因"活狱"事件被罢免，又复上任，再辞职。一番折腾后，终于再次回到秘书省。这回他在长安樊南安了家，把母亲、妻子都接来了，一家人欢聚一堂。孰料天意弄人，母亲从济源来到长安后，便身染重疾，大半年后，竟卧床不起。那年冬天，长安异常寒冷，李商隐的母亲在经历了诸多辛劳和苦难后，最终撒手人寰。李商隐涕泗横流，子欲养而亲不待，这是他一生中最大的憾事。

按惯例，唐代官员父母亡故，一律离职守丧三年，三年期满后，官复原职，任何人不得例外。李商隐刚刚在樊川安家，并重返秘书省，本欲摩拳擦掌重新打出一片天地，但离职三年，是一个不小的波折。

第二年春天，李商隐将亡母落葬于老家荥阳。李家祖籍本不在怀州河内，但自李商隐的祖父李俌从河内迁居郑州，便落户在荥阳。李俌去世后在荥阳的坛山原上入土为安，父亲李嗣也葬在那里，母亲现在追随父亲而去，李商隐便将她的棺椁送回荥阳，与父亲合葬。

唐会昌三年（843年）到唐会昌四年（844年），可以说是李商隐为家族的迁葬之年。李商隐的曾祖母卢氏本应回归怀州雍店东原的祖坟，与李商隐的祖父李叔恒合葬，但卢氏去世时，李家贫困没有资力将她的遗体运回怀州，万不得已只能将她埋葬在荥阳坛山原上新辟的家墓中。此后李家一直无力为卢氏迁墓，这也是李商隐一份沉甸甸的心事。

　　现在，除了为曾祖母卢氏迁墓以外，还有家族里的其他亲人。首先浮现在他脑海中的是苦命的二姐——那个被夫家冷酷地遣送回娘家，在百般忧郁中于一个深夜悄悄离去的二姐——她的灵魂还在获嘉的土地上飘荡。此外，还有弟弟义叟可爱的女儿、小侄女寄寄，只活了三岁多便夭折了，因为手头拮据，当时也只能把她草草地葬于济源。那是个多么可爱的小精灵啊，至今想来仍叫人胸口隐隐发痛。还有处士叔，一生贫寒的处士叔是对李商隐恩重如山的人。处士叔有两个儿子，但也跟他一样是贫寒之人，在父亲百年之后只能将就地送他入土为安。几年下来，两个儿子没有钱给父亲打理坟茔，处士叔的墓葬已成泽国，浸淹在一片水洼之中。他的儿子曾给李商隐写信求援，但李商隐这几年自顾无暇，只能在心里牵挂。这些问题这次都要一并解决。

　　李商隐这几年异常劳碌，奔波于长安、洛阳、郑州、怀州、获嘉之间。迁墓、新墓落成、请名人撰写碑志、写重新落葬的祭文等，都需李商隐亲力亲为，此外还有联络、监督等事，幸好有弟弟义叟帮忙分担。在所有新墓落成的祭文中，最让人揪心的当数李商隐写给小侄女寄寄的祭文。

　　正月二十五日，伯伯以果子弄物招送寄寄体魄归大茔之旁，哀哉！尔生四年，方复本族，既复数月，奄然归无。于鞠育而未深，结悲伤而何极，来也何故，去也何缘。念当稚戏之辰，孰测死生之位。时吾赴调京下，移家关中，事故纷纶，光阴迁贸，寄瘗尔骨，五年于兹。白草枯荄，荒途古陌。朝饥谁饱，夜渴谁怜，尔之栖栖，吾有罪矣！今吾仲姊，反葬有期，遂迁尔灵，来复先域。平原卜穴，刊石书铭，明知过礼①之文，何忍深情所属。

自尔殁后，侄辈数人竹马玉环，绣襜文褓；堂前阶下，日里风中，弄药争花，纷吾左右。独尔精诚，不知所之。况吾别娶已来，胤绪未立，犹子之谊，倍切他人。念往抚存，五情空热。

呜呼！荥水之上，檀山之侧，汝乃曾乃祖，松槚森行；伯姑仲姑，冢坟相接。汝来往于此，勿怖勿惊。华彩衣裳，甘香饮食。汝来受此，无少无多。汝伯祭汝，汝父哭汝，哀哀寄寄，汝知之耶？

——李商隐《祭小侄女寄寄文》

"正月二十五日，伯伯用果子、玩具，召唤寄寄的魂魄，回归祖坟之旁。伤心啊！算起来你出生不过四年，现在才回到自己的家中。眨眼几个月的时间，你便忽然逝去。家人的养育之情还不够深，哀伤之情却痛到了极致！你为什么生，又为什么死？怀念你嬉戏的欢乐时光，怎奈何我们都预测不了生死。那时我在京都等待调补官职，移家到关中，世事纷乱，光阴荏苒，把你的遗骨寄埋异乡，如今已五年了。枯草丛生，荒凉的小路上，白天饿了，谁给你吃？夜晚渴了，谁来怜爱你？你孤单寂寞，我是有罪的啊！现在我的二姐已经魂归祖坟，于是把你的魂灵也迁葬于此。为你建一方墓穴，写一张祭文作碑。明知这是违反礼数的，怎奈何我对你这一片疼爱之情。

自从你去世之后，侄子辈中还有几个童稚小儿，他们玩着竹马，

---

① 超过礼制的规定。按礼制，幼女不应刊石书铭。

身披绣花衣裳，堂前阶下、日里风中，在我左右嬉闹玩耍。唯独你的灵魂不见踪影。况且自我另娶以来，至今还没有子嗣。因而对你的疼爱，尤甚于他人。往事如烟，每当抚摸鲜活乱蹦的你的同辈人时，空有一腔深情！

唉！荥水之上，檀山之侧。在你祖辈墓旁，松槚成行；你的大姑和二姑的坟地毗邻。你在这里跑来跑去时不要害怕惊讶。这些漂亮的衣裳、好吃好喝的东西，你尽情享用吧。我在你的坟前祭奠你，你的父亲哭着哀悼你。悲哀啊寄寄，你可知道？"

早年，李商隐在令狐楚的调教下，写就了一手好骈文。李商隐散文的独特魅力在于，既有形式之美又有情感之重。这篇朴实的祭文充满真情，感人至深。李商隐用四六骈体流畅地抒情叙事，通篇不用一典，而是采用白描手法回忆小侄女寄寄的日常琐事，鲜活真切。全篇感情色彩浓厚，低回婉转，伤感之情直抵心扉。

从祭文中"况吾别娶已来，嗣绪未立"的话来看，李商隐和王氏结婚前应该还有一段婚史，但没有子嗣，眼下王氏也未生育。李商隐的儿子衮师的出生，是数年之后的事了。

在为母守孝期间，李商隐虽身在荥阳的山水田间，但仕宦生涯中发生的阴暗往事仍历历在目，时刻告诫他世事凶险。守孝期满后，他将重返秘书省。经历了一次官场起伏之后，将来的仕途如何，实难预测。

世间荣落重逡巡，我独丘园坐四春。

纵使有花兼有月，可堪无酒又无人。

青袍似草年年定，白发如丝日日新。

欲逐风波千万里，未知何路到龙津。

——李商隐《春日寄怀》

人生的荣辱兴衰瞬息万变，我已独坐家中四个春秋。纵使风花雪月样样有，却没有人也没有酒。八品官的青袍像草一样年年相同，头上的白发却逐日增加。纵然心有抱负追逐万里风浪，却不清楚到底走哪条路才能到达龙潭！

　　"荣落"即荣显与衰落之意；"逡"，喻急速、顷刻；"丘园"，原指家园、乡居，后泛指隐居之所；"青袍"，即唐代八、九品官员身着的青袍。

国事家事　多事之秋

　　唐开成五年（840年）十月，天德军使奏报回鹘兵侵逼西城（今内蒙古自治区河套地区），军营连绵六十里，不见其尾，边民人心惶惶。唐武宗诏命振武节度使刘沔屯兵云迦关。刘沔，字子汪，左骁卫大将军、东阳郡王刘廷珍之子。刘沔少孤，客居在振武军，振武军节度使范希朝任命他为牙将①。刘沔骁勇善战，在西北边陲屡立战功。唐武宗继位后，升任刘沔为检校尚书左仆射。此次，刘沔屯兵云迦关，击退回鹘。

　　　　小苑试春衣，高楼倚暮晖。
　　　　夭桃惟是笑，舞蝶不空飞。
　　　　赤岭久无耗，鸿门犹合围。
　　　　几家缘锦字，含泪坐鸳机。

　　　　　　　　　　　　　——李商隐《即日》

---

　　① 古代军衔，是军中的中下级军官。

小苑楼上试春装，斜倚凭栏观赏天边的晚霞。小园里桃花绚烂，艳丽绽放，姹紫嫣红的花丛中，彩蝶飞舞成双成对。远戎赤岭久无音讯，鸿门一带仍被围困。几家思妇锦书难寄，只能独坐织锦机旁含泪思念远行的丈夫。

首联、颔联描绘了一幅赏心悦目的画面：一个无忧无虑的女子在她的小楼上试穿新衣，春光无限好，她袅袅婷婷地登上高楼，凭栏远望天边的晚霞。楼下的花园里，桃花怒放，花团锦簇，戏蝶流连，这是多么悠闲自在的生活场景。接着笔锋一转，无限幽思哀怨溢于笔端。征人之妻独守空房，远戎赤岭防御吐蕃的丈夫久无音讯，归期遥遥；鸿门一带仍然被回鹘军队围得像铁桶一样，战事正在残酷地进行。"赤岭"和"鸿门"都是地名。赤岭又叫石堡城，按《旧唐书·地理志》记载，"鄯州鄯城县有天威军，故石堡城，天宝八载更名。又西二十里至赤岭；其西吐蕃，有开元中分界碑"。鸿门则与雁门、马邑接壤，此地正是乌介①入犯处。李商隐通过思妇的哀怨表达出对时局的忧患。丈夫生死未卜，久无音信，多少思妇锦书难寄，只能坐在织机旁，眼泪汪汪地思念丈夫。尾联暗藏一个典故，窦滔镇守襄阳，久无音讯，其妻苏蕙在锦缎上绣了回文诗，赠给丈夫窦滔。

唐会昌二年（842年）八月，回鹘乌介可汗率部南侵至大同、云州一带，唐武宗下令征发许、蔡、汴、滑六镇兵马，准备抗击。

此时李商隐正在为了家族迁墓而奔走于荥阳与长安之间。朝廷征兵令下达时，李商隐正在长安。长安东的灞水岸边有座灞桥，自古送别多在此分手，并折岸边柳枝相赠，故灞桥又称"断肠桥"，而

---

① 乌介，即乌介可汗，公元843年，率部进犯振武军。

柳枝则被赋予了离愁别绪。

> 山东今岁点行频，几处冤魂哭虏尘。
> 灞水桥边倚华表，平时二月有东巡。

——李商隐《灞岸》

今年山东一带征兵频繁，总是接二连三地抽丁，你看那茫茫原野上，到处能听到冤魂的哭号和呻吟声。我在灞水桥边远眺出征点兵的函谷关，背靠着高高的石柱，不禁想起兴平之时皇帝每年二月都要巡幸东都洛阳。现在回鹘南侵，百姓遭受兵役之苦，边地百姓痛哭哀号的情景与盛时帝王东巡形成鲜明对比。感时伤世，发人深思。

卷土重来的乌介可汗侵入大同川，河东戎族百姓的数万头牛马遭乌介可汗抢劫。九月，唐武宗命刘沔兼任招抚回鹘使，各道兵马集结于太原，刘沔率兵屯防雁门关。乌介可汗兵临振武时，刘沔遣麟州刺史石雄、都知兵马使王逢率三千骑兵袭击回鹘牙帐，刘沔亲率大军随后跟进。石雄到达振武后，派人暗中从城内向外挖凿地道十多处，于夜深人静时突然从地道杀出，直逼可汗牙帐。直到唐军冲进帐内，回鹘兵才回过神来，乌介可汗被打得措手不及，弃辎重逃走。此役唐军大获全胜，乌介可汗负伤，率百余骑逃往东北方向，归附黑车子族。三年后，乌介可汗遭黠戛斯追击，被部下杀害，回鹘国大数已尽。唐会昌年间，黠戛斯向唐俯首称臣。

唐武宗继位后，内忧外患接踵而至。唐会昌三年（843年），泽潞镇（今山西省长治市）节度使刘从谏去世，其侄刘稹欲袭位割据，与朝廷分庭抗礼。"甘露之变"后，刘从谏几次上书表示要"清君侧"。李商隐极其推崇刘从谏消灭宦官的勇气，在《重有感》中写下

"窦融表已来关右，陶侃军宜次石头"，意在敦促刘从谏言必行，行必果，把"清君侧"的誓言付诸行动。

作为一方诸侯的刘从谏，当然也跳不出所有封建统治阶层的思想局限，希望永享权位，传承子孙。他在晚年时刻意培养侄子刘稹，储积军力粮草，配备各路辅佐良将，使侄子羽翼丰满。他去世后，刘稹秘不发丧，自立为王作为"留后"，向朝廷制造既成事实，在他的盘算中，不出百日，朝廷必须承认他并将任命诏书送达。

刘稹宣布"代理"的是节度使职位，按惯例这个职位必须由朝廷任命，自任留后就是逼迫朝廷认可，无异于犯上作乱。但中唐以来，朝廷在那些嚣张不法的强藩眼中，软弱可欺。河朔三镇首开先河，父死子承，各地藩镇纷纷效尤，朝廷竟不敢干预这类无法无天的行为。刘稹自任留后的消息传到长安，朝廷一片哗然，此时刚刚结束反击回鹘战事，恐回鹘余烬未尽，故而还须巩固边境。朝廷害怕镇压内乱会分散兵力，给回鹘残余以可乘之机。在一些大臣不宜动武的声音中，宰相李德裕坚决反对朝廷向刘稹妥协，他力排众议，主张派兵镇压。唐武宗与李德裕意见一致，"吾与德同之，保无后悔"。于是，朝廷决定对昭义镇用兵。

讨伐势在必行，李德裕调兵遣将，对泽潞形成合围之势。战前，王茂元奉命调任河阳节度使，其驻地正与泽潞南面遥遥相对。王茂元到任的当务之急是给刘稹写劝诫信，因为这是唐武宗的诏命，所以这封信在王茂元眼中重达千钧，而能够撰写的人选非李商隐莫属。此时，李商隐正为迁墓一事往返于郑州、怀州、洛阳之间。然而，既是国家大事又是岳父嘱托，李商隐当仁不让，提笔给刘稹写了《为濮阳公檄刘稹文》，但这封书信并没有成功规劝刘稹。

唐会昌三年（843 年）五月，朝廷正式向刘稹宣战，下诏削夺刘稹一切官爵，并历数刘稹罪恶诏告天下。同时，令各道人马按计划进军，行营驻扎在翼城县（今山西省绛县），此处曾是春秋时晋国旧部，名绛，迁都后称"故绛"。李商隐此时仍为迁墓之事奔忙。一天，李商隐留宿在长安东面的昭应县（今陕西省西安市临潼区），不想在这里遇到了朋友李丕，此时他正赶往前线。李丕原在户部任郎中，是个文职官员，在这次讨伐刘稹的军事行动中，改任攻讨使上前线去襄赞军务。二人路上相遇，一阵寒暄后，话题自然转到了当时的形势上。李丕对讨伐刘稹充满信心，认为叛乱很快就会被平定，言谈中难抑年轻人初上战场的兴奋。临别时，李丕请李商隐送他一首诗，李商隐欣然应允。

将军大斾扫狂童，诏选名贤赞武功。
暂逐虎牙临故绛，远含鸡舌过新丰。
鱼游沸鼎知无日，鸟覆危巢岂待风？
早勒勋庸燕石上，伫光纶綍汉廷中。
——李商隐《行次昭应县道上送户部李郎中充昭义攻讨》

朝廷命八镇节度使率军平定刘稹叛乱，又从文官中选拔贤才参赞军幕。你以尚书省户部郎中的身份奉命赴行营，我们在新丰相遇。危在旦夕的刘稹，就像游弋于沸鼎中的鱼，又如置于危枝上的鸟巢，须臾间就将覆灭。希望你效法汉朝窦宪破匈，燕勒刻石，凯旋后获朝廷褒奖。

"虎牙"和"鸡舌"皆是唐代武官称谓，"武牙"代指行营主将，"鸡舌"即丁香，汉代尚书郎朝奏时须口含鸡舌香，这里是就李丕而言。尾联援引典故来自《后汉书·窦融列传·窦宪》，东汉将军窦宪大破北匈奴后，至燕然山，勒石记功。

李丕捧着还带有浓浓墨香的诗稿兴致勃勃地与李商隐辞别，相约日后重聚，再叙友情。战事没有李丕想象的那么简单，虽然朝廷最后平定了刘稹叛乱，但也费了一番周折。

王茂元命兵马使马继等率两千步骑兵进屯天井南的科斗店（今山西省晋城市南），刘稹迎头抵抗，命衙内十将薛茂卿率亲军两千前往对峙。此时，奉命进讨的各路人马心怀鬼胎，隔岸观火，致使朝廷命令下达后却迟迟没有动静。刘稹趁机掌握了主动权，薛茂卿率军攻破科斗店后活捉了马继等人，放火烧了十七座小寨，并掳掠一空，叛军直抵怀州城十余里安营扎寨，河阳军大败。朝廷遂命忠武节度使王宰率忠武、义成二军驰援。

王茂元率兵屯驻万善（今河南省沁阳市境内），遭到刘稹的牙将张巨、刘公直等人的进攻，刘公直等人率先秘密从万善城南五里之地通过，焚雍店。张巨率兵接应，绕道万善城外时，探知城内兵力薄弱，张巨邀功心切，率先发起攻打，战事激烈，打到太阳快落山时，眼看万善城就要被攻克。此时王茂元已被打得焦头烂额，准备弃城逃跑，恰逢援兵赶到，都虞侯孟章劝王茂元守住万善城，说："贼兵当有进有退。现在，贼兵一半在雍店，一半在这里，首尾不能相顾，攻城的不过是些乱兵而已。义成兵刚刚到达，如果知晓你率兵逃跑，就会不战自溃，你必须暂且坚守！"王茂元这才作罢。

被叛军焚烧的雍店之东原，就是李商隐的祖籍怀州，李氏祖坟就在怀州河内县。战火迅速蔓延，官兵打仗，百姓遭殃，当地老百姓忽然遇到来势凶猛的烧杀抢劫，哭喊声连天。家乡陷入战火，李商隐为裴氏仲姊和曾祖母迁坟之事也搁浅了。他在《祭裴氏姊文》中悲愤地写道："属刘孽叛换，逼近怀城，惧罹焚发之灾，永抱幽明之累……昨本卜孟春，便谋启合。会雍店东下，逼近行营，烽火朝燃，鼓鼙夜动……潞寇朝弭，则此礼夕行。"从这些句子中我们知道，他先去获嘉迁仲姊墓，后又将曾祖母墓由荥阳迁至怀州，但因刘稹叛军抵进怀州，焚烧雍店，导致他的迁墓之事无法进行。

此时，在军中督战的王茂元已重病在身，李德裕等人向唐武宗奏报："王茂元吏治有能，而非将才，请求任命王宰为河阳行营攻讨使。王茂元病好以后，可以让他镇守河阳，即便他身体欠安也关系不大。"军事指挥官调整刚过半月，河阳奏报，王茂元去世。

王茂元去世时，李商隐正在洛阳，但不在王茂元身边。在王茂元身边的是其长子王瓘，王瓘带侍御之衔随侍王茂元。王茂元一死，李商隐顿时忙碌起来，文字工作接二连三。首先代草遗表，其次是《为王侍御瓘谢宣吊并赙赠表》、谢表，包括王茂元两个外嫁侄女的祭文，林林总总都由他代笔，最后还有自己的祭文。这些文章中，有王茂元的两篇祭文，一篇是在王茂元去世时写的《祭外舅赠司徒公文》，一篇是将王茂元灵柩送回洛阳崇让宅之后写的《重祭外舅司徒公文》。两篇祭文各有特色，前者平铺直叙，但叙人叙事讲究艺术化的比拟指代，音律铿锵。后者以抒情议论为主，在这篇祭文中，李商隐表露了自己对人之生死的辩证思想。特摘出一段，以飨读者。

呜呼哀哉！人之生也变而往耶？人之逝也变而来耶？冥寞之间，杳惚之内，虚变而有气，气变而有形，形变而有生。今将归生于形，归形于气，漠然其不识，浩然其无端，则虽有忧喜悲欢而亦匆能措于其间矣，苟或以变而之有，变而之无，若朝昏之相交，若春夏之相易，则四时见代，尚动于情；岂百生莫追，遂可无恨！倘或去此，亦孰贵于最灵哉！

——李商隐《重祭外舅司徒公文》节选

呜呼哀哉！人的生死，皆是从无到有，又从有到无，这是自然规律。在这个自然变化过程中，天地间的无为之道混沌缥缈，变化为宇宙万物的基本物质，这就是气。气转化为人的形骸，形骸再转化为生命。而人的死亡，乃是生命出于形骸，还于形骸，再还原为气直至虚无。相互间毫不相干，共存于广大无边的天地之间，虽然有喜怒哀乐的情感，却不能容纳其间。这种从无变有，又从有变无的生死过程，就如自然界的早晚交替和春夏秋冬的季节变换一样，周而复始，自然而然。但四季变化尚能左右人之七情，或喜或忧，那么对于永不复返的生命，人又怎么能不悲痛呢？如果连这种悲痛之情都没有，又怎么能体现人作为万物之灵的高贵呢？

泽潞平叛之战历时一年有余，最终以朝廷完胜结束，由于兵力窘迫，这场战争一波三折，打得非常艰难。唐会昌三年（843 年）末，朝廷命河东节度使李石派兵支援前线，但他几乎拿不出一兵一卒，无奈只能到处拉壮丁，东拼西凑了一千多人交给都将杨弁带往前线。这支涣散无章的队伍途经太原时，正值年关逼近，杨弁怂恿部下以赏赐微薄为由，起哄造反。

杨弁手下的乱军开始在太原大肆抢劫，竟与守城士兵发生冲突，守军眼看打不过这些乱军，且战且退，节度使李石见势不妙干脆逃往汾州（今山西省汾阳市）。杨弁知道朝廷必定要追究，于是铤而走险，倒戈到刘稹阵营中。杨弁之乱正好给了刘稹喘息之机，一些本已投降朝廷的城镇关隘又纷纷投向刘稹阵营。

消息传到长安，朝内一片喧嚷，之前主张妥协姑息的人理直气壮地陈述各种理由，更有甚者，派往太原观察动静的宦官由于受杨弁贿赂，返回后竟为杨弁开脱。眼看一场讨伐叛贼的行动就此功亏一篑，幸而李德裕力挽狂澜，坚决镇压不法暴徒，又得唐武宗大力支持，朝廷下令讨伐杨弁。河东监军吕义忠闻风而动，发动太原兵擒拿杨弁，以风卷残云之势平定了杨弁之乱。杨弁之乱平息后，陷入孤立的刘稹败局已定，起先鼓动他藩镇割据的昭义大将郭谊等人翻脸不认人，杀了刘稹及其家族以向朝廷投诚，但这一举措并没有得到朝廷的饶恕。作为乱臣，这些人全部被斩，一时又是杀声喊天，满城血腥。

平定刘稹叛乱后，朝廷对昭义五州采取安抚政策，免除刘稹坐镇时规定的所有重赋，士团兵勇全部解甲归田，凡在征讨过程中途经的州县全部免除当年的秋税。在此形势下，李商隐的迁墓之事得以完成。在这场内乱中，李商隐从切身感受和实际利益出发，拥护朝廷平乱的措施。

> 稻粱犹足活诸雏，妒敌专场好自娱。
> 可要五更惊晓梦，不辞风雪为阳乌。
>
> ——李商隐《赋得鸡①》

稻粱已足够养活你们这些小鸡，可你们却在斗鸡场互不相容，以独霸全场而自鸣得意。本心岂愿五更司晨惊破人们的美梦，不辞风雪为迎接朝阳而喔啼。

李商隐在这首诗中借鸡为喻，揭露藩镇割据势力的贪婪好斗。本已坐拥高官厚禄且荫及子孙，但仍为私利相互火并，表面上对朝廷唯唯诺诺，内心则不愿意为朝廷效劳。《战国策·秦策》有言："诸侯不可一，犹连鸡不能俱止于栖亦明矣。"李商隐在诗中抓住鸡的特性，用缚在一起的鸡比喻相互牵制的诸侯割据势力，讽刺深刻，辛辣犀利。读者从中可以感受到他对诸侯割据势力的强烈不满，体现了他拥护国家统一、反对分裂的强烈愿望。

这几年中，无论是国家还是家庭，都处在动荡之中，而这一时

---

① 借古人诗句或成语命题作诗，诗题前一般都冠以"赋得"二字。

期也是李商隐散文创作的高峰。他的骈文写作才能在一系列的祭文中大放异彩，每篇文章都写得声情并茂，相当感人。此外，他常年往返于郑州、怀州、洛阳等地，文名在外，故而常被当地长官拉去，帮忙代写表启或公文。这几年，他虽然没有复职，没有打仗，但着实感到身心疲惫，很需要寻一方安静之地，在为母守丧的最后一段时间里静心调整。这个适合他休养的地方就在离京城和洛阳都不远的永乐县（今属山西省芮城县），这里虽然位置较偏，但远离尘嚣，在李商隐眼中是个很好的山水田园之地。

退居永乐　身闲不睹中兴盛

　　朝廷平定刘稹、杨弁之乱后，李商隐大有劫后余生之感，唐会昌四年（844年），李商隐举家迁往位于河中府蒲州境内的永乐县。这里离长安和洛阳只有数百里路程，所谓"河中府"是因为居黄河中游，永乐县背靠中条山脉，开门则见奔腾不息的黄河，依山傍水，风光旖旎。李商隐一家来到永乐县时正是暮春时节，他们在一座小山村结庐筑室，营造自己的"安乐窝"。在群山绵延的怀抱中，山水田园令人陶醉，大有结庐隐居、采菊东篱的意味。

　　这里的环境实在令李商隐感到惬意，他与妻子在这里过着清寒而平静的生活。矮小的屋檐下不光住着他们夫妻俩，还住进了"客人"，那就是南来的燕子，它们在屋檐下筑起了巢，叽叽喳喳飞进飞出。小屋周围还有竹林，笋壳剥落，拔节生长。院中红色的芍药花已经吐露香蕊，含苞待放。

　　驱马绕河干，家山照露寒。依然五柳在，况值百花残。

昔去惊投笔，今来分挂冠。不忧悬磬乏，乍喜覆盂安。

瓯破宁回顾，舟沉岂暇看。脱身离虎口，移疾就猪肝。

鬓入新年白，颜无旧日丹。自悲秋获少，谁惧夏畦难。

逸志忘鸿鹄，清香披蕙兰。还持一杯酒，坐想二公欢。

——李商隐《大卤平后移家到永乐县居书怀十韵寄
刘韦二前辈二公尝于此县寄居》

来到永乐县，就像回到久别的家乡，暮春时节，柳树依旧，百花却已凋残。不怕贫穷，只求国势太平，百姓有安宁的生活。已经破碎的瓦具不值得留恋，也无闲暇去看江心的沉舟。要从困境中脱身，就当洁身自爱。现在我的两鬓已渐生华发，容颜也失去了青春的模样。对仕途我已没有奢望，只想与二三好友小酌欢乐，逸志足矣。

诗中暗藏两处典故。"瓯破宁回顾"出自《资治通鉴·汉纪》，东汉时期巨鹿人孟敏客居太原时，因家境贫寒，每天挑着担子走街串巷卖瓯①。一天，又累又饿的孟敏走在大街上，腿一软，肩上的担子滑落在地，一担瓯摔得支离破碎。过路人都围了上去，想劝劝这位年轻人，不料，孟敏起身头也不回地离开了。有人追上去问他为什么不顾惜摔破的瓯，孟敏回答说："瓯已破矣，顾之何益？"另一处"移疾就猪肝"出自《东观汉记·传十二·闵贡》。太原人闵贡，老年贫病交加，无钱买肉，每天只买一片猪肝，卖肉的屠夫有时不肯卖给他。县令知道后询问闵贡的儿子，并命令卖肉的人每天供给他。闵贡知道后，不愿因自己的口腹之欲给他人添麻烦，便悄悄离开了。

---

① 一种陶制的器皿，可做炊具。

在永乐县闲居时，李商隐偶尔会出去游玩，但一般不超过两三天。这期间，他不可避免地会跟一些当地州县官员应酬，饮酒吟诗，过了一段短暂的神仙日子。

寻芳不觉醉流霞，倚树沉眠日已斜。

客散酒醒深夜后，更持红烛赏残花。

——李商隐《花下醉》

在这美好的春日，我在繁花似锦的山路上漫行，不知不觉间喝得酩酊大醉。夕阳西下，我倚着花树沉沉睡去，花树似漫天流霞，馥郁的花香熏染了我的梦境。客已散，酒已醒，此时夜已深了，担心灿若流霞的花朵明日将残红遍地，便趁着夜深人静，手持红烛细细欣赏这行将消逝的美。夜色朦胧，李商隐于红烛微光中，品味残花凋零前的光华，真是奇异的经历。

在永乐县境内的中条山上有一处胜景，那就是该县的道靖院。之所以曰"胜景"，是因为与两位官方人士有关，首先是"故王颜中丞所置"，后又因"虢州刺史舍官居此"。一座道观先后有两位名人居住，大大地提高了知名度，而且那位虢州刺史的写真图还悬挂在道观中，李商隐禁不住要去瞻仰一番。当年在玉阳山的经历使他对道观生活有深刻的体验，此次道靖院一游，让他流连忘返。

暗暗淡淡紫，融融冶冶黄。

陶令篱边色，罗含宅里香。

几时禁重露，实是怯残阳。

愿泛金鹦鹉，升君白玉堂。

——李商隐《菊》

暗淡的紫色，娇艳的黄色。在隐士陶渊明的东篱边上，菊花绽放美丽的花朵；在罗含的庭院里，菊花吐露沁人心脾的芳香。傲视霜雪的菊花，能够承受寒凉的秋露，却禁不住夕阳的来临。我愿意浸在金鹦鹉杯中，被人送上白玉堂，为那身居堂上的贵人所用。

"陶令"指陶渊明，因在彭泽做过县令，故称"陶令"。"罗含"，东晋桂郡耒阳（今湖南省耒阳市）人，官至散骑廷尉，博学能文，不慕虚荣，安于恬淡的乡村生活，自己编苇做席，布衣蔬食。当他年老辞官后，发现阶庭忽然生出丛生的菊花。时人认为，兰菊丛生是由于受他德行的感染。"金鹦鹉"是一种用金子铸成的状如鹦鹉螺的酒杯，泛指菊花浸酒。"白玉堂"喻指朝廷，此句暗含希望被朝廷赏识之意。

李商隐闲居永乐期间，令狐绹已正式进入御史台为官，担任右司郎中。李商隐听到令狐绹升官的消息后，心中五味杂陈，一方面，发自内心地为朋友高升感到高兴；另一方面，又感叹自己怀才不遇。李商隐和令狐绹的差距越来越大，中间那层看不见的隔膜也越来越深。

嵩云秦树久离居，双鲤迢迢一纸书。
休问梁园旧宾客，茂陵秋雨病相如。

——李商隐《寄令狐郎中》

你是嵩山云，我是秦川树，两下长久离居。不远千里为你寄去一封书信，表达我的问候。请别问我这个梁园旧客生活得如意否、无恙否，我和那茂陵秋雨中疾病缠身的司马相如同病相怜。

"嵩"即嵩山，在今河南，嵩、秦分别指李商隐所在的洛阳和令狐绹所在的长安。用"云""树"塑造出处于两地的朋友每日目之所及的景象，因为相距遥远而彼此思念。"嵩云秦树"恰如一幅色彩淡雅的图画，让人清晰地看到处于两地的朋友相互思念的场景。"双鲤"指书信，语出汉乐府《饮巴长城窟行》，"客从远方来，遗我双鲤鱼。呼儿烹鲤鱼，中有尺素书"。"迢迢""一纸"显出远方朋友的深情厚谊以及自己回信时倍感欣慰的感念之情。"梁园"是梁孝王在梁地修建的一个大花园，此园在睢阳中心，依托自然景色而建，称"东苑"，也叫"菟园"，后人称"梁园"，此处喻指楚幕，李商隐曾三居令狐楚幕中。"茂陵"指汉武帝陵墓，司马相如晚年时称病，就在茂陵闲居。唐会昌二年（842 年），李商隐离开秘书省正字之职，之后闲居数年。闲居时，他非常郁闷，贫病交加，在此以司马相如的境况自比。落寞寂寥中忽得友人一封书信问候，不禁百感交集，而一句"休问"大有欲说还休之感喟。

唐会昌五年（845 年）正月十五，听闻京城举行大规模的灯市节，此时身处乡野的李商隐顿感万分惆怅。

> 月色灯光满帝都，香车宝辇隘通衢。
> 身闲不睹中兴盛，羞逐乡人赛紫姑。
>
> ——李商隐《正月十五闻京有灯恨不得观》

明月高悬，银色的月光倾泻在大地上，月光和灯光辉映，照亮了京都。元宵之夜，人们出来赏灯观景，熙熙攘攘的人群挤满了街道，达官贵人的车辇所过之处留下阵阵幽香。可是我身在乡野无法看到那流光溢彩的京城元宵夜景，心中惭愧，甚至羞于和乡人去参加迎接紫姑的赛会。

诗中的"紫姑"取自民间传说，紫姑即厕神。身为妾的紫姑被大夫人于正月十五害死于厕中，老天垂怜她，命之厕神。人们每到正月十五都会去祭拜她。

京城正月十五的灯会从一个侧面反映国家的兴衰，由于无法亲临长安目睹中兴景象的盛况，李商隐感到非常遗憾。有时候，他独坐窗下读书；有时候，他独坐溪边，怅然地望着流水。一阵风吹过，吹醒昨夜宿醉，他睁开眼睛，看到鱼儿在溪水中畅游，因为它们得水中地利，所以摇头摆尾特别生动。可是他自己的命运为什么如此不济，如此困顿呢？正所谓"马有千里之程，无骑不能自往。人有冲天之志，非运不能腾达"①。

这年初夏，李商隐忽然接到郑州刺史李褒的邀请，李褒因急缺人手希望他去帮忙。李褒是李商隐的本家叔辈，二人一直有往来。李褒很欣赏李商隐的才华，经常找李商隐捉笔代刀，写完之后便给他丰厚的报酬。李褒现任郑州刺史，他知道李商隐母丧即将期满，想趁此机会让李商隐来郑州，以便随时在州府任职。

对于这位堂叔，李商隐心里隐隐存有芥蒂。虽然他待李商隐不薄，但他的处世哲学却令李商隐敬而远之。这位堂叔是个八面玲珑的人，左右逢源，深不可测，但遇事往往患得患失。如果仅作为亲戚，以血缘关系来往倒也相安无事，但如果作为上下级，相处起来难免不发生龃龉，但他依然答应下来了。

一到郑州，李商隐就忙得团团转，大量的公文使李商隐筋疲力尽，他发现在他执笔的公文中，堂叔最关切的重点便是如何找到一个轻松点的官做。在那些给李德裕、李绅、崔铉、李回的信中，大都是一些拐弯抹角的话，大意是说自己身体欠安，郑州郡大，地处

---

① 出自北宋吕蒙正的《破窑赋》，也有人认为是江湖术士假托吕蒙正的口气而作。

要冲，事务繁杂，自己拖着病体实在应付不过来。他反复表明自己从前在朝为官时，做过中书舍人、知制诰、翰林承旨学士，现在只有一个小要求，希望给他个吴楚小吏的官。李商隐不得不花费功夫，把这些陈词滥调写成新鲜的语言，用丰富的典故和华美的辞藻将它们写得洋洋洒洒。但朝廷并不理睬他的请求，任由他不断上书，只是把他平调到其他州，弄得他叫苦不迭，每每只好抱病上任。李褒私下对李商隐表达了弃官不做的想法，想找个道观去学道。李商隐无法揣摸这位堂叔的言外之意，生怕李褒像当年他辞去弘农县尉那样说走就走，于是劝李褒暂且不要弃官，而是先积攒点钱，把儿女的婚事安排妥当后再安心去做隐士也不迟。实际上，李商隐根本不懂李褒的真正意图，从打算弃官到真正进山学道当隐士，李褒还要等很久，从唐会昌末年到唐大中年间，李褒还官运亨通了呢。

总之，李商隐在李褒属下做事并不如意，于是客气地辞去差事，离开郑州，带着妻子返回洛阳，住在崇让宅。

夫妻二人对洛阳都很有感情，洛阳是王氏长大的地方，而李商隐蜩宣甲化的地方也在洛阳。他在这里遇到了白居易、令狐楚，邂逅了大胆泼辣的柳枝姑娘。此次回洛阳，妻子王氏有了身孕，这真是天大的好消息。夫妻二人住在崇让宅，兄嫂待他们很是亲切，一家人其乐融融。

在这期间，李商隐写下《李贺小传》。李贺与王茂元家颇有渊源，李贺的一位姐姐嫁到王家，按辈分来说，应该算是李商隐妻子的婶婶；李贺的好友王参元正是王茂元的弟弟，也就是王氏的叔叔。李商隐一直崇拜李贺，李贺的诗风对李商隐影响很大，他早年效仿李贺写诗，颇得神韵。李贺与王茂元的关系，李商隐略知一二，很是惊喜。此次住在崇让宅，有幸亲耳听到李贺的姐姐说起她弟弟的事，令他非常感动，并产生了非写不可的冲动。

京兆杜牧为李长吉集序，状长吉之奇甚尽，世传之。长吉姊嫁王氏者，语长吉之事尤备。

长吉细瘦，通眉，长指爪，能苦吟疾书。最先为昌黎韩愈所知。所与游者王参元、杨敬之、权璩、崔植为密。每旦日出与诸公游，未尝得题然后为诗，如他人思量牵合以及程限为意。恒从小奚奴骑距驴，背一古破锦囊，遇有所得，即书投囊中。及暮归，太夫人使婢受囊出之，见所书多，辄曰："是儿要当呕出心始已耳。"上灯与食，长吉从婢取书，研墨叠纸足成之，投他囊中。非大醉及吊丧日率如此，过亦不复省。王、杨辈时复来探取写去。长吉往往独骑，往还京洛，所至或时有著，随弃之，故沈子明家所余四卷而已。

长吉将死时，忽昼见一绯衣人，驾赤虬，持一版，书若太古篆，或霹雳石文者，云当召长吉。长吉了不能读，欻下榻叩头言："阿弥老且病，贺不愿去。"绯衣人笑曰："帝成白玉楼，立召君为记。天上差乐，不苦也。"长吉独泣，边人尽见之。少之，长吉气绝。常所居窗中，勃勃有烟气，闻行车嘒管之声。太夫人急止人哭，待之如炊五斗黍许时，长吉竟死。王氏姊非能造作谓长吉者，实所见如此。

呜呼，天苍苍而高也，上果有帝耶？帝果有苑囿、宫室、观阁之玩耶？苟信然，则天之高邈，帝之尊严，亦宜有人物文采愈此世者，何独眷眷于长吉而使其不寿耶？噫，又岂世所谓才而奇者不独地上少，即天上亦不多耶？长吉生二十四年，位不过奉礼太常，当时人亦多排摈毁斥之。又岂才而奇者，帝独重之，而人反不重耶？又岂人见会胜帝耶？

——李商隐《李贺小传》

京兆杜牧给李贺的诗集作序，对李长吉的奇特之处叙述得很详尽，世上流传着李贺的事迹。李长吉那嫁入王家的姐姐说起长吉的事来，细枝末节尤为详尽。

李长吉身材纤瘦，双眉几乎连成一线，手指细长，能苦吟诗，尤以快速书写见长。他最先被昌黎先生韩愈所了解，与长吉一起交游的人，以王参元、杨敬之、权璩、崔植为最密。长吉一大早与他们一同出门，事先从不预定题目然后写诗，而那些凑合成章的人，事先把符合作诗的规范默然于心。他常常带一个小书童，骑着弱驴，背着一个破旧的用老式锦帛做成的袋子，遇有心得便写下来投入囊中。晚上回来时，他的母亲叫婢女拿出锦囊里的诗稿，见稿子塞满书囊，说："这孩子真是要呕尽心血才肯罢休啊！"然后点上灯，端上饭给长吉吃。长吉让婢女将囊中的书稿取出，研好墨，铺好纸，对那些偶有的心得拾遗补阙，写成完整的诗，再投入另一个囊中。大凡不是遇到酩酊大醉或吊丧的日子，他都一如既往，过后也不再看那些作品。王参元、杨敬之等人常从囊中取出写好的诗稿抄一遍带走。长吉常常骑着驴在长安和洛阳之间独来独往，所到之处即兴作诗，也随手丢弃，所以保存在沈子明家的李贺作品，仅有四卷留存于世。

长吉快死的时候，大白天忽然看见一个身穿红色丝帛衣服的人，驾着红色的苍龙，手持木板，上面写着远古的篆体文字或石鼓文，言明是来召唤长吉。长吉不认识那板上的字，忽然下床磕头说："我母亲老了，而且有病，我不愿意走啊。"红衣人笑着说："适才天帝刚建了一座白玉楼，立即要召你去写楼记。天上的生活很快乐，没有痛苦啊！"长吉独自哭泣，一旁的人都看见了。过了一会儿，长吉气绝。他平时住的房屋窗户中，有烟气袅袅升腾，还听见有车辖声和隐隐约约的奏乐声，长吉的母亲急忙止住他人的哭声，约莫过了煮熟五斗小米的时辰，长吉去世了。嫁入王家的姐姐并非编造、虚构故事来描述长吉，她的所见所述完全真实。

唉，碧空高远，天上真的有天帝吗？天帝真的有林苑园圃、宫殿房屋、亭台楼榭吗？如果是真的，天空那么遥远，天帝如此尊贵，天上应该也有世上少有的奇才，为什么独独要使长吉短折而去呢？呀，是不是世上少有的奇才，天上也不多？长吉活了二十四年，职位不过是奉礼太常，且有许多人排挤、诽谤他。难道说有才华且少有的奇人，天帝如此看重，而世人却不在意他吗？难道说世人的见识竟超过了天帝？

李商隐在《李贺小传》中真实生动地记述了李贺的音容笑貌和行事为人的品性，莫不有呼之欲出之感。在行文风格上，颇具韩愈古文文风，是一篇不可多得的人物记叙文。

七月末的一天傍晚，崇让宅里来了位客人，是一位郑姓朋友。当天晚上，李商隐和妻兄弟陪着客人在一个小轩里饮酒酬唱。临轩窗外是一片荷塘，此时正是盛夏，荷叶田田，卓尔不群的荷花亭亭玉立在硕大的荷叶上，满池塘粉红洁白，不时有微风拂过，送来阵阵清香。他们畅所欲言地聊着朝野新闻、文坛趣事，不觉间暮色合拢，夏日暴雨顷刻即来，豆大的雨点打在荷叶上，发出独特的珠落荷叶的弹跳声。这突然而至的夏夜情趣使正在酒兴上的三人更加兴奋，李商隐一时兴起，主动和王、郑秀才接连痛饮了几杯。很快他就伏在桌上沉沉睡去。

初梦龙宫宝焰然，瑞霞明丽满晴天。
旋成醉倚蓬莱树，有个仙人拍我肩。
少顷远闻吹细管，闻声不见隔飞烟。
逡巡又过潇湘雨，雨打湘灵五十弦。
瞥见冯夷殊怅望，鲛绡休卖海为田。

亦逢毛女无悰极，龙伯擎将华岳莲。

恍惚无倪明又暗，低迷不已断还连。

觉来正是平阶雨，独背寒灯枕手眠。

——李商隐《七月二十八日夜与王郑二秀才听雨梦后作》

　　龙宫的珠宝如火焰般燃烧，万里无云的晴天上，吉祥的霞光明媚。俄而就醉了，倚靠着蓬莱仙树，来了一个仙人，轻轻拍我的肩膀。耳边隐隐传来笙管声，烟雾飞腾，不见人影。徘徊不定后，似相思的潇湘之地被一场大雨浸洗，又似湘夫人那纤纤玉指拨弄着五十根琴弦。河伯离开了黄河，徒增忧伤，东海鲛人织丝绸却不让麻姑卖东海。又遇到秦皇时的宫女毛玉姜，栖身于华阴山中的她形体生毛，吃松叶而不老，但无聊孤独的她万分思念秦宫。龙伯巨人手擎华山莲花峰，迷蒙中光线忽明忽暗，低头倚树睡梦还在延续。不料醒来看见大雨倾盆，水漫台阶，自己还是那副背着秋灯枕着胳膊的睡相。

　　这个梦境毫无悬念地披露了一个真相，即他对仕途的渴望，表达出科考登第后怀有的富贵生活的理想。可是即便进入仙境，还需要贵人拍肩予以关照。他在后面的诗句中剖白心迹，弹瑟思舜帝、龙伯守华山、毛女思秦宫，不忘故土，不弃明主，无不在表达自己对令狐家的深厚感情，不管令狐绹怎样冷落他，他仍对令狐绹抱有复杂的感情。他还有一件牵挂之事藏在心底，那就是身为男人的报国情怀，即便闲居长安悠闲自在，也远未达到"采菊东篱下"的隐退地步，他仍然对仕途抱有幻想，强烈渴望求得一官半职，为朝廷效力。

第五章

金鞍忽散银壶漏　更醉谁家白玉钩

　　朝廷内部在腥风血雨的博弈中厮杀。李商隐心灰意冷之时，再入幕府，离京赴泘州。待他重回京城，妻子王氏已过世。他生不如死地活着，入梓州幕府，梓州幕府终结后再度离京远赴扬州。这一任幕府生涯的漂泊，他的生命已走到尽头。

党争变局　入幕郑亚

　　唐武宗登基后，倚重李德裕，对唐朝后期的弊政做大刀阔斧的改革。在唐朝，佛教寺院的土地不交课税，僧侣免除赋役。在这些特殊政策的保护下，佛教寺院逐渐坐大，经济扩张，使得唐朝国库受损。另外，佛教寺院的土地扩张与普通地主的利益也发生了冲突。唐武宗信奉道教，对佛教深恶痛绝。唐会昌三年（843年），讨伐刘稹叛乱急需用钱，国家财政却拮据窘迫。唐武宗在道士赵归真和宰相李德裕的支持下，于唐会昌五年（845年）四月，下令清查所有寺院及僧侣人数。这次清查对佛教是个沉重打击，政府没收寺院良田数千万顷，得到大量财物、土地和纳税户，史称"会昌法难"。

　　《新唐书本纪第八》记载，"武宗用一李德裕，遂成其功烈。然其奋然除去浮屠之法甚锐，而躬受道家之箓，服药以求长年。以此见其非明智之不惑者，特好恶有不同尔"。唐武宗灭佛，独对道教迷信，结交了一些道士羽客，过从甚密。唐武宗喜欢娱乐，骑马打猎，还常常带着宠妃王才人到教坊饮酒作乐，但他在游乐中还能保持清醒的头脑。若论读书，唐武宗比唐文宗略逊一筹；若说知人善任，他又比唐文宗略胜一筹。但他对道教的痴迷却是他一生的败笔。唐武宗早年为藩王时，就痴迷于道教炼丹养气、长生久视之术，直接拜道士为师父。唐会昌四年（844年）三月，"以道士赵归真为左右街道门教授先生。时，帝志学神仙，师归真"①。赵归真得宠，朝臣内心不服，纷纷上谏，唐武宗置若罔闻，并在赵归真的怂恿下，派中官迎接"有长年之术"的罗浮道士邓元起入宫。大唐宫廷至此变成道士的天下，一片乌烟瘴气。唐武宗笃信神仙之说，"筑望仙台于南郊"，结果"饵方士金丹，性加躁急，喜怒无常"。由于服食"仙丹妙药"，他的身体及精神都受到严重伤害。

李商隐曾在玉阳山做过道士，他崇尚道教但不迷信，对于企求长生不死的道教玄学并不推崇。

青雀西飞竟未回，君王长在集灵台。
侍臣最有相如渴，不赐金茎露一杯。

——李商隐《汉宫词》

任重道远的使者青鸟啊，你飞向西方极乐世界就再也没有回来，可怜求仙的君王，还苦苦地守候在集灵台。唉，你的文学侍臣现在得了消渴症，为何不将那金茎上的仙露赐他一杯？

"青雀"即《山海经》中的青鸟，是西王母的神鸟。"君王"明指汉武帝，实则暗指唐武宗。"侍臣"指司马相如，相如患有消渴症。"金茎露"是承露盘中的露，汉武帝曾在建章宫神明台立了金铜仙人承露盘，盘中承接云表之露，即早晨的露水。在道教学说中，

---

① 详见北宋李昉等奉敕编纂的《太平御览·皇王部四十·武宗昭肃皇帝》。

将此露和玉屑服之，可以成仙。

李商隐借助想象将神话传说与历史故事巧妙地融为一体。一去不回的青雀杳无音信，可妄想升天的汉武帝却长久地守候在集灵台，不露声色地讽刺了汉武帝求仙的痴迷心态。接着笔锋一转，矛头直指汉武帝，他一心求仙却忽视求贤，文学侍臣司马相如得了消渴症，但他只顾求自己长生不老，对人才需要一杯救命水的迫切需求置若罔闻，不肯将那承露盘中的露水赐一杯给侍臣。在这首诗中，李商隐对皇帝求仙的妄想进行了委婉的批评，在另一首诗中则是尖锐的讽刺。

瑶池阿母绮窗开，黄竹歌声动地哀。
八骏日行三万里，穆王何事不重来？

——李商隐《瑶池》

西王母打开了瑶池上的绮窗，耳闻《黄竹歌》的悲哀足有撼动天地的声势。八骏神马可日行三万里，可周穆王为了何事竟爽约了？在这个美丽的神话故事中，天上瑶池云蒸霞蔚，美丽的西王母倚在窗前望眼欲穿，她在等待情人周穆王。三年前，他们就有一个约会，约好到瑶池共度良辰。她期待着看见在白云缥缈的窗外出现周穆王驾着八匹骏马的身影，可是却迟迟没有看见，只听见雾霭迷蒙中隐约传来《黄竹歌》的声音。那从人间传来的歌声是那样哀婉动听，西王母不禁仰天长叹，你那八骏马可是日行三万里啊，良辰已过，你为何迟迟不来呢？三年前，周穆王曾举觞与多情的西王母对饮，西王母告诉周穆王他已吃了天宫的不死仙丹、喝了长生玉液琼浆，将长生不老，二人一定后会有期。周穆王承诺，待他回去治理了国家，再来与她重续旧缘。现在倚在窗旁的西王母听到漫天遍野的哀悼周穆王的《黄竹歌》，说明周穆王并没有长生不老。

求仙到底有何用处？朝臣宰相的苦谏对唐武宗毫无影响，一个文人的几首诗歌能让他幡然醒悟吗？

唐会昌五年（845年）十月，李商隐守丧期满，回到长安复职兰台，继续任秘书省正字。这是他三入秘书省，第一次入秘书省，被外派到弘农县；第二次入秘书省，适逢母亲去世；第三次入秘书省，却只待了不到半年时间。时局风云突变，他再次遭遇"屋漏偏逢连夜雨"的无可奈何之事。

秘书省是一个是非之地，表面上一团和气，工作时查看、整理书籍，或讨论古书中存在的谬误，或者偷闲到邻近部省互通声气，闲暇时饮酒唱和，相安无事；实际上暗流涌动，同侪间钩心斗角、拉帮结派、流言诽谤，可谓鬼蜮伎俩、五毒俱全。就李商隐的德行而言，他不可能在这些丑恶行径中施展本事，他只是一个凭学问坦然做事的人，腹有才华，且不屑于做那些拉帮结派的事。时间一长，有关他的流言蜚语便在秘书省悄悄流传，由他的三入秘书省衍生出许多奇谈怪论。有人说他背靠令狐楚这棵大树，而今虽然令狐楚故去，但仍有令狐绹关照。更有好事者将李商隐与党派争斗联系起来，在他们看来，令狐绹是牛党中坚人物，李商隐理应是牛党一员，但现在，李商隐成了李党人物王茂元的女婿，这不是背牛投李吗？

这些流言蜚语在秘书省悄然流传，但李商隐毫不知情，照常与令狐绹保持书信往来，偶尔还寄诗唱和。但流言最终还是传进了李商隐耳中，他隐约感到党派划分的话题必将跟随他一生。李党虽在朝中得势，但随着唐武宗驾崩，牛党卷土重来，被划为李党的李商隐又将跌入谷底。

为了满足长生不老的奢望，唐武宗服食长生丹药不幸中毒，于唐会昌六年（846年）三月驾崩于含风殿，时年三十三岁。

唐武宗生前没有考虑继位者，经过一番宫廷斗争，继位者最后由宦官马元贽等人拥立。新皇帝就是皇太叔、光王李怡（后改名为李忱）。唐会昌六年（846年）三月，李忱枢前即位，是为唐宣宗。李忱大智若愚，先前普遍被认为智力不足，待登基为帝后，人们终于看清了这个韬光养晦数十年的人物。李忱身经太和、会昌两朝，为人低调，很少在众人面前说话，唐武宗看不起他，常在宴饮席上以他取乐，对他很无礼。李忱即位后，勤于政事，为人明察，从谏如流。他临朝时，对朝臣态度谦和；宰相奏事时，他仪容威严，直到奏事完毕才露出笑容。令狐绹在大中年间很得李忱圣眷，但他最怕李忱在他奏事时的威严模样，说："我秉政十年，深得皇上信任，但在延英殿奏事时，没有哪一次不是恐惧得汗流浃背。"

李德裕在朝当宰相时，宣称"君子不党"，事实上他的确有任人唯贤的开明之举。柳仲郢深得牛党党魁牛僧孺赏识，李德裕任用他为京兆尹。白敏中是众所周知的牛党中坚人物，在李德裕的推荐下，被任用为翰林学士。李德裕和唐武宗君臣相知，在唐武宗时期建立了不朽功勋，但新帝李忱尤其憎恶宰相李德裕，看不惯他专权，但又畏惧其威严。李忱即位时，李德裕主持册封典礼。大典完成后，李忱问内侍："刚才与朕挨近的是不是李太尉？他每看朕一眼，都让朕汗毛发直。"

面对如此功高盖主的宰相，唐宣宗大有一山不容二虎之意，即位后以雷霆手段在极短时间内"清洗"了唐武宗任用的重臣。不出一个月，李德裕被撵出朝，一贬再贬，直贬为崖州（海南岛）刺史，最后死在那个远离朝廷的穷乡僻壤之地。其他李党成员无一幸免，纷纷遭到贬谪。唐宣宗用人重视科举出身的牛党成员，任命翰林学士、兵部侍郎白敏中为同平章事，也就是执政宰相。同时，在唐武宗时期被贬的五位牛党宰相在同一天"翻身"，牛僧孺、李宗闵、崔珙、杨嗣复、李珏均北迁高就。

这波"一朝天子一朝臣"的狂澜，把李商隐的后半生完全卷了进去，政治洗牌毫不留情地断送了这个官场小人物的一生。事实上，他本是无党派人士，虽受恩于令狐楚，但并非牛党中人；虽身为王茂元的女婿，但未必是李党中人。正因如此，两党谁得势，都不把他当作自己人。现在，凡是跟他岳父王茂元关系紧密的人都遭到了清算，对李商隐来说，覆巢之下焉有完卵，紧张肃杀的政治氛围对他极其不利。所幸这时，桂管都防御经略使郑亚向他敞开了大门，发来一封邀请信，请他入桂州幕府，具体职务是观察支使、掌书记。

曾任给事中的郑亚与李德裕关系融洽，二人早在李德裕任浙西观察使时就是上下级关系，郑亚当时是李德裕的幕僚。李德裕入朝拜相后，郑亚即入朝任监察御史、兵部郎中兼史馆修撰并判馆事。随着李德裕失势，郑亚也被牵连，唐大中元年（847 年）二月，郑亚被免去给事中职务，改任桂州刺史兼桂管都防御经略使。

郑亚邀李商隐入幕除了欣赏他的才华以外，还有一个缘由，郑亚是荥阳人，跟李商隐有同乡情谊。大约他也有所耳闻，了解到李商隐在秘书省的艰难处境。从李商隐是王茂元女婿的身份来看，李党失势意味着他也要遭殃，不如趁自己建立幕府缺人手之机，邀他入幕，也许这对李商隐来说也是一条出路。

李商隐收到郑亚的邀请信后，果断辞去秘书省的职务，随郑亚远赴桂林。李商隐的举动看似突兀，事实上是明智之举。首先，单凭王茂元女婿这一身份，他将毫无悬念地被划入李党，被赶出秘书省是迟早的事，不如主动另谋出路。其次，唐宣宗刚即位就对李德裕这样劳苦功高的宰相采取粗暴清洗的态度，这种强硬做法不易被一个有良知的人接受，他入李党人物郑亚府中也表明对朝中朋党之争的抵触情绪。但李商隐绝对想不到此举会彻底激怒令狐绹，其中暗藏的危险也不甚了了。

这一年，李商隐可谓喜忧参半，妻子王氏为他生下一子。《蔡宽夫诗话》中提到，晚年的白居易非常喜欢李商隐的诗，曾经和他开玩笑说，希望死后能投胎做李商隐的儿子。后来，李商隐的大儿子出生，他想起白居易的那番戏言，于是给儿子取名"白老"。可是这个儿子生性愚笨，温庭筠嘲笑李商隐："以尔为侍郎后身，不亦忝乎？"意思是如果你这样的儿子也算是白居易的后身，那不是羞辱他老人家的名节吗？后来，王氏又为李商隐生下一子，当时正在秘书省任正字的李商隐喜得麟儿，取名为衮师，并写《骄儿诗》寄托对儿子的期望。聪慧异常的衮师后来也成为晚唐诗人。

衮师我骄儿，美秀乃无匹；
文葆未周晬，固已知六七；
四岁知名姓，眼不视梨栗；
交朋颇窥观，谓是丹穴物。
前朝尚器貌，流品方第一。
不然神仙姿，不尔燕鹤骨。
安得此相谓？欲慰衰朽质。

"衮师啊，我的好儿子，你聪俊过人，无人能比；尚在绣褓中还未满周岁，你就知道六和七。四岁便知道自己的姓名，再也不眼巴巴地贪馋梨栗。朋友们常暗暗端详，说你就像那丹穴山的凤凰；说在唯仪容风度是瞻的六朝，这孩子的品级居上不居下；说你有或者贵为神仙的风姿，或者藏有燕颔鹤步的贵骨。朋友们如此夸奖的用意是什么呢，无非是让我这老朽心里欢喜罢了。"

衮师那调皮伶俐的模样在他的笔下更添风采。

青春妍和月，朋戏浑甥侄。
绕堂复穿林，沸若金鼎溢。
门有长者来，造次请先出。
客前问所须，含意不吐实。
归来学客面，闹败秉爷笏。
或谑张飞胡，或笑邓艾吃。
豪鹰毛崱屴，猛马气佶傈。
截得青筼筜，骑走恣唐突。
忽复学参军，按声唤苍鹘。
又复纱灯旁，稽首礼夜佛。
仰鞭罥蛛网，俯首饮花蜜。
欲争蛱蝶轻，未谢柳絮疾。
阶前逢阿姊，六甲颇输失。
凝走弄香奁，拔脱金屈戌。
抱持多反侧，威怒不可律。
曲躬牵窗网，衉唾拭琴漆。
有时看临书，挺立不动膝。
古锦请裁衣，玉轴亦欲乞。
请爷书春胜，春胜宜春日。
芭蕉斜卷笺，辛夷低过笔。

"孩子们在风和日丽的春天结伴嬉戏，没有舅甥叔侄之分。绕着厅堂追逐，又打闹着穿过树林，嬉闹声像铜锅里的沸水翻溢。每当门环扣响，衮师一马当先跑到门口迎接来访客人。客人躬身问他想要什么，他却不答，不肯说出实话。送走客人后，他返身就学客人的样子，破门而入，拿着父亲的朝笏，或者嘲笑客人满腮胡须像张飞，或者嘲笑客人像邓艾那样是个结巴。他像雄鹰一样展翅屹立，又像骏马气宇轩昂。偶尔砍下一根青竹子，骑上竹马东驰西突。忽然又学做参军戏，压低嗓子呼唤苍鹘。走到纱灯旁边，学人叩头作揖；举起竹竿撩取蛛网，低下头来吮吸花蜜。要与蝴蝶比试轻盈，要和柳絮比赛快捷。在台阶前与阿姐相遇，便与她赌赛六甲，但频频失手。偷偷跑去翻弄她的妆奁，无意中一下子拉脱了匣子的铰链。拉开他后拼命挣扎，恐吓他也无济于事。弯着身子去拉窗户的网格，吐一口唾沫在琴上擦亮表漆。看见大人临写碑帖，挺直腰杆两膝不移半分。拿来古锦请求裁制书衣，见到玉轴也非要讨得。请求爸爸书写春胜，晓得春胜最宜春日。未舒展的芭蕉像斜卷的笺纸，含苞的辛夷像他递来的毛笔。"

如此聪明的孩子难道就让他像父亲一样碌碌无为吗？李商隐当然不甘心，他对衮师抱有很高的期望。

　　爷昔好读书，恳苦自著述。
　　憔悴欲四十，无肉畏蚤虱。
　　儿慎勿学爷，读书求甲乙。
　　穰苴司马法，张良黄石术。
　　便为帝王师，不假更纤悉。
　　况今西与北，羌戎正狂悖。
　　诛赦两未成，将养如痼疾。
　　儿当速成大，探雏入虎穴。
　　当为万户侯，勿守一经帙。

——李商隐《骄儿诗》

"父亲过去是个书痴，勤奋苦读，著书立传。如今憔悴不堪，年近不惑，身上无肉特别害怕蚤虱。儿啊，千万别像你的父亲，读书应举都要争取名列前茅。好好学学司马穰苴的兵法，还要琢磨黄石传给张良的战术。掌握了这些就能做帝王之师，无须指望那些琐碎的学识。何况现在国家西北不宁，羌戎正在叛乱骚扰。征讨安抚不能奏效，就如养痈成患终成痼疾。儿啊，你快些长大成人，不入虎穴焉得虎子。要用盖世武功博取万户侯，不要守着一本经帙耗尽一生。"

天意怜幽草　人间重晚晴

　　唐大中元年（847 年）春，长安城杨柳依依，葱茏十里，李商隐的弟弟义叟在这年春闱进士及第，主考官是魏扶①。义叟中举给李商隐带来莫大的喜悦。

　　三月，李商隐启程随郑亚离开长安，当初虽然痛快地接受了郑亚的邀请，但动身离开长安时，对妻儿仍是百般留恋。三月长安，沾衣欲湿杏花雨，吹面不寒杨柳风②，草长莺飞，绝胜烟柳，此情此景最是伤离别。为了生活，李商隐不得不离开妻儿，远赴桂林郑亚幕府。春光正好，马蹄声碎，尘土飞扬，他与长安城渐行渐远了。

　　暂凭樽酒送无憀，莫损愁眉与细腰。
　　人世死前惟有别，春风争拟惜长条。

----

① 魏扶，同州澄城（今陕西省澄城北）人，初唐名相魏征四世孙。
② 出自宋代释志南《绝句》。

含烟惹雾每依依，万绪千条拂落晖。

为报行人休尽折，半留相送半迎归。

——李商隐《离亭赋得折杨柳二首》

在这离别的驿站，暂借这杯酒将无聊遣散，别让离伤摧残了你的柳叶弯眉与杨柳细腰。人世间，除了死亡，没有比离别更痛苦的事。我这满怀离愁的人，要折下那长长的柳枝条送给我的爱人。多情离别最令人心伤，茂密的柳条在烟雾笼罩下催人泪下，暮色中万千枝条皆叹斜阳无情。行人莫因离情折尽枝条，让柳条留下一半，迎人归来。

李商隐随郑亚一行人离开长安，经由陆路一路南行，途经邓州（今河南省邓州市），在驿馆暂作停歇时，碰到一位薛姓朋友正取道回京，李商隐便托薛郎替他带一封书信回京，并叮嘱他一定要面呈户部侍郎卢弘止。卢弘止是李党人物，李党在唐宣宗执政后遭倾覆，他因远任地方大吏而侥幸逃脱。李商隐和卢弘止交情很深，两人早年相识，还是远亲，李商隐的祖母卢氏与卢弘止是同族。李商隐托薛郎转交的这封信并非简单的问候寒暄，而是有所重托，"今者万里衔诚，一身奉役，湖岭重复，骨肉支离……则某必冀言还上国，来拜恩门……斯愿毕矣，伏惟图之"①。寄希望于卢弘止在适当的时候给予关照，使他能早日回到长安与家人团聚。

过了邓州后到达襄州（今湖北省襄阳市），这里是山南东道节度使的驻节地，而节度使卢简辞正是卢弘止的哥哥。卢简辞对郑亚一行热情款待，大家相谈甚欢。临别时，李商隐给卢简辞留了一封书信，信中殷切希望卢简辞能在恰当的时候助他一臂之力，使他能早

---

① 详见《全唐文·卷七百七十五·上度支卢侍郎状》。

日返回长安。信上的诉求反映出李商隐离开长安的真实心态，他对长安和家庭充满不舍，但他在秘书省朝不保夕，因此不得不走，但在他看来这只是权宜之计。

过了襄州到达荆州时，他们已人马困顿，时间已到了闰三月中旬。荆南节度使郑肃考虑到他们前面还有一段漫长艰难的水程，因此让他们尽情休整以外，还给他们补充了充足的物资。随后一行人向西南继续前行，穿过洞庭湖，领教了洞庭湖如蛟龙般兴风作浪之险，转入湘江。到达潭州（今湖南省长沙市），大水拦路，无法溯湘江而上，一行人只好滞留此地待水势稍减再动身。他们自三月出发，历经艰难险阻，至五月初九才到达郑亚的桂州任所。初到南方，桂林山水让李商隐耳目一新。

城窄山将压，江宽地共浮。
东南通绝域，西北有高楼。
神护青枫岸，龙移白石湫。
殊乡竟何祷，箫鼓不曾休。

——李商隐《桂林》

比起北方的平原，这儿的城市被群山包围，头顶上只能看到窄窄的天空，而宽阔的漓江看上去就像浮在地平线上，西北耸立着高高的雪观楼。桂林至阳朔的百里漓江，一江碧水，夹岸奇峰异石，山洞幽深，皆赖神灵庇佑；巨龙在深邃的白石河潭底游弋。庙里日夜唱着龙船歌，箫鼓不歇，他们在祈求什么呢？

桂林虽然山清水秀，但从人文角度比之长安，则不能相提并论。"青枫岸"和"白石湫"都是恐怖之地。南朝梁的任在昉在《述异记》中说："南中有枫子鬼，枫木之老者人形，亦呼为灵枫焉。"晋代嵇含在《南方草木状》中的描述更加玄秘，这种枫木一旦遇上暴风骤雨，就会幻化为人形，专做鬼神之事的巫师可以借此人形通灵，但如果方法有误，它就会遁形，消失不见。城北有一个白石湫，据说这个水潭能吃人，如果从这水潭边路过，一定要战战兢兢、小心翼翼。这里的鬼祠很多，萧鼓祝祷之声整日不绝于耳。

郑亚非常器重李商隐，初入幕府便聘他为掌书记，很快转为支使、检校水部员外郎，从六品上阶京衔，仅次于正副观察使。这是李商隐仕宦生涯中的高峰。李商隐的才华使他在郑亚幕府中游刃有余地应付所有表、状、奏、启的公文写作。这年秋天，已被贬为东都留守的李德裕再次被贬为潮州司马，朝廷催行的命令接二连三，预感到形势愈发不妙的李德裕将他编成文集的奏议公文交给郑亚，请他作序，这些会昌年间的文件足以证明他的政绩。郑亚将代笔作序的工作交给李商隐。这些书函件、杂文和诗，使李商隐有机会看到当时的重要事件，唐代后期与吐蕃、回鹘的关系，包括昭义平叛以及会昌灭佛，从中更深地了解了李德裕的政绩和历史功绩。《太尉卫公〈会昌一品制集〉序》用四六骈文写成，用典丰富，辞藻华美，堪称锦绣文章。文中着重评述了李德裕执政六年来的几件大事，记载了李德裕和唐武宗在相互信任和支持下，运筹帷幄、诏告内外、平定叛乱、攘除边患等丰功伟绩。文章对李德裕大加赞赏，"成万古之良相，为一代之高士"。

在中晚唐政治史上，李德裕是一位治国之才，他的被贬是一件载入史册的大事。对李商隐来说，虽然他与李德裕的社会地位有天壤之别，但在李德裕被贬一事上，李商隐也难以幸免，与李德裕有关的人如郑亚、李回、李绅、崔嘏等，统统被打倒。郑亚一路外放，使得李商隐的仕宦生涯再度风雨飘摇。唐宣宗信佛，唐武宗时期的"会昌灭佛"被翻案，唐宣宗下令恢复了全国大大小小的寺庙。

人欲天从竟不疑，莫言圆盖便无私。

秦中已久乌头白，却是君王未备知。

——李商隐《人欲》

人欲天从的奢望，在人的心目中是亘古不变的观念，但别以为天地永远是无私的。秦中的乌鸦不会白头，这一点恐怕君王也未必知道。《尚书·泰誓》有言："民之所欲，天必从之。"百姓有愿望，上天都会顺应的。"圆盖"意为上天，宋玉《大言赋》中有"方地为车，圆天为盖"一句。"乌头白"出自《史记·刺客列传》："燕丹求归，秦王曰：'乌头白，马生角，乃许耳。'"乌鸦不会变白，马不会生角，比喻不可能的事。

这首政治讽刺诗尖锐地抨击了朝廷听信谗言，陷害忠良，以愤怒的笔触戳穿了天众人欲、上天无私的谎言。

由于郑亚的信任，李商隐在桂府的工作得心应手。他常常随郑亚四处游历探访，泛舟在风光无限的漓江之上，两位落魄文人惺惺相惜，互相同情，虽身处异乡却拥有难得的慰藉。一天傍晚，李商隐在寓所楼上凭栏远眺，此时雨后初晴，夕阳晚照，视线中呈现的是经过雨水冲刷后的清新画面，那纤尘不染的市井街道充满浓郁的南国风情，别有一番韵味。

深居俯夹城，春去夏犹清。

天意怜幽草，人间重晚晴。

并添高阁迥，微注小窗明。

越鸟巢干后，归飞体更轻。

——李商隐《晚晴》

在深居简出的清幽日子里，俯瞰城门外的曲城，百花凋零的暮春已去，迎来了清和气爽的初夏。那幽僻之处饱受雨水浸淹的小草，不由得使老天爷心生怜悯，而雨过天晴的傍晚也倍受人们珍惜。久雨放晴后，在楼阁上凭栏远望，视线更加遥远；夕阳的余晖透进小窗，光线柔和宜人。南方鸟儿的巢窝已经烘干，傍晚鸦雀归巢，体态轻盈地在高空中飞翔。

尽管深得郑亚器重，工作也驾轻就熟，但毕竟身处异乡，李商隐难忍对长安、对妻儿的思念。

地暖无秋色，江晴有暮晖。

空余蝉嘒嘒，犹向客依依。

村小犬相护，沙平僧独归。

欲成西北望，又见鹧鸪飞。

——李商隐《桂林路中作》

南方的泥土温暖湿润，放眼望去，大地上看不见北方秋日肃杀萧瑟的景象。在这个晴朗的黄昏，斜阳如血，余晖从西山顶上洒落江面。秋蝉微弱的鸣叫声在幽寂的日暮时分显得格外伤感，那是秋蝉的挽歌，在向我这个漂泊的异乡人诉说它对大地的依依不舍，似乎在向我寻求怜悯与呵护。在不远处的那座小院落里，忠实的狗儿护卫着主人的家园，它严阵以待，不让任何陌生人靠近。这时，一位僧侣正从江边的沙滩上走过，独自返回寺院。我抬头朝西北望去，多么渴望能看到我来时的地方——长安，可是扑入我眼帘的却是从树丛中惊飞的鹧鸪。

唐大中元年（847年）十月，郑亚托李商隐代他北上南郡拜谒荆南节度使郑肃。郑肃是郑亚的宗叔，叔侄二人在李德裕当政时期都是朝廷器重的要员。唐大中元年，李德裕罢相出朝，郑肃也遭罢黜，被贬为荆南节度使，而郑亚则被贬到蛮荒的桂海。郑亚赴任途中路过江陵时，曾受到郑肃热情款待。郑亚到桂州安顿下来后，一则为了回报郑肃，二则在此危难关头，彼此安慰鼓励尤为重要，但因他公务缠身，于是派遣最信任的李商隐带上书信前去问候。

李商隐携带郑亚的书信和桂林特产，在李处士等人的陪同下北上江陵。这趟公务轻松愉快，一路上大多是湘江水程。尽管沿途风景如画，但李商隐依然静坐在由桂林驶往江陵的官船中，翻阅随身携带的文稿，准备趁此清闲时间好好整理一下。和当时许多文人一样，李商隐也喜欢把平时写的一些文稿放在竹箧或布袋中，以备闲时翻阅。这次他有备而来，知道舟行寂寞，便想趁机编著骈体文集《樊南甲集》。遗憾的是，《樊南甲集》和《樊南乙集》都已散佚，只有《樊南甲集序》幸存下来。序言是一篇自叙古文，从中可知《樊南甲集》共有四百三十三篇骈文，按文类共分成二十卷。

樊南生十六，能著《才论》《圣论》，以古文出诸公间。后联为郓相国、华太守所怜，居门下时，敕定奏记，始通今体。后又两为秘省房中官，恣展古集，往往咽噱于任、范、徐、庾之间。有请作文，或时得好对切事，声势物景，哀上浮壮，能感动人。十年京师寒且饿，人或目曰：韩文杜诗，彭阳章檄，樊南穷冻，人或知之。仲弟圣仆，特善古文，居会昌中，进士为第一二，常表以今体规我，而未为能休。大中元年，被奏入岭当表记，所为亦多。冬如南郡，舟中忽复括其所藏，火爇墨污，半有坠落。因削笔衡山，洗砚湘江，以类相等色，得四百三十三件，作二十卷，唤曰《樊南四六》。四六之名，六博、格五、四数、六甲之取也，未足矜。十月十二日夜月明序。

——李商隐《樊南甲集序》

这篇自叙文明白晓畅，没有半点矫揉造作之态，文中提到的"郓相国"即令狐楚，"华太守"即崔戎。"十年京师，寒且饿"在时间上是个约数，实际上李商隐迁居樊南尚不满十年，虽然在京师确实很失意，但尚未沦落到饥寒不能度日的地步。值得回味的是"人或目曰：'韩文，杜诗，彭阳章檄，樊南穷冻。'人或知之"，韩愈的文章、杜甫的诗歌、彭阳（令狐楚）上报的奏章檄文，都是闻名遐迩的，而自己的"樊南穷冻"居然也与韩文、杜诗、彭阳章檄的名声一样等量齐观，人人都知道。

李商隐抵达江陵后，谒见郑肃，转达了郑亚的亲笔书信和问候。完成使命后，郑肃派人陪他游览了几处名胜古迹。李商隐辞别郑肃，择日乘船离开江陵。回程也是水路迢迢，船过洞庭湖边的岳阳后，行至湘江附近的湘阴黄陵。这时阴云低垂，江面上浊浪滚滚，眼看一场暴风雨就要来临，李商隐只能弃船上岸，打算找一间客栈暂时歇脚，待天色转晴再走。不料他一上岸，竟遇到了一位多年不见的老友刘蕡。

刘蕡，字去华，幽州昌平（今北京市昌平区）人，唐宝历二年（826年）进士。"博学善属文，明春秋，沉健有谋，浩然有救世志"。唐大和元年（827年），刘蕡参加贤良方正科考，秉笔直书一篇《对策》，对宦官掌权的现实大加鞭挞，主张铲除宦官。当年的主考官为冯宿。冯宿任刑部侍郎时，曾断一桩重刑之案，罪犯家人找到冯宿请求宽宥，冯宿回道："命修短，天也。吾不敢挠法以求佑！"可见他也是一名正直的官员。冯宿等考官对刘蕡的策论赞赏有加，极为叹服，认为将他比之汉代的晁错、董仲舒也不为过。彼时宦官当道，权势炙手可热，考官畏惧宦官的权势，唯恐惹祸上身，便暗中将刘蕡的策论压下，不敢将他划入录取名册中，社会舆论哗然。

很多正直人士传阅刘蒉的文章时，有人相对垂泣，谏官御史皆为之扼腕叹息，纷纷奏请朝廷重用刘蒉。同来应试的河南府参军李邰说："刘蒉下第，我辈登科，实厚颜矣！"于是上疏，表示愿意将已授给自己的官职让给刘蒉，但遭到朝廷拒绝。

应试归来的七年中，刘蒉的处境非常艰难，但他泰然处之，生性耿介的他早已将生死置之度外，始终不向宦官低头屈服。唐大和九年（835年），封疆大吏、山南东道节度使令狐楚及山南西道节度使牛僧孺相继将他召入幕府，授秘书郎，"以师礼待之"。而宦官对刘蒉却恨之入骨，诬告刘蒉，唐会昌元年（841年），刘蒉被贬为柳州司户参军。唐大中元年（847年），刘蒉从贬所放还，当时李商隐由江陵返回桂林郑亚幕府，二人在黄陵相遇。此时的刘蒉已满头白发，李商隐也双鬓染霜，二人相见，百感交集，遂作诗相赠。

江风吹浪动云根，重碇危樯白日昏。
已断燕鸿初起势，更惊骚客后归魂。
汉廷急诏谁先入，楚路高歌自欲翻。
万里相逢欢复泣，凤巢西隔九重门。

——李商隐《赠刘司户》

江风卷起惊涛骇浪，地动山摇地拍打着两岸悬崖峭壁。山石摇动，天昏地暗，江船危系于石磴上。桅杆摇晃，江风蔽日，满天乌云压顶。鸿雁有万里腾飞之志，但刚刚展翅便被狂风无情地折断翅膀。悲愤的骚客在远贬天涯后惊魂迟迟不归。哪有汉廷急诏把你提前召回，不妨像接舆那样佯装癫狂抒情歌唱。在远隔万里的他乡与君相逢，且喜且悲，热泪沾襟。只恨凤巢筑在僻野，与九重宫门遥遥相隔。

接舆是春秋时代楚国著名隐士，今湖南省桃江县人，姓陆，名通，字接舆。因对时政强烈不满，剪去头发装疯不肯做官，平时"躬耕以食"。他对孔子参政议政不以为然，讽刺孔子积极的从政态度，曾唱着歌从孔子的车前走过。楚昭王风闻接舆才能出众，有心召他入朝做官，派人带黄金百镒①、车马二驷②前去聘请他出山，替朝廷治理江南，但遭到接舆拒绝，使者只好将楚昭王送来的礼物放在接舆的家门口。后来，接舆和妻子隐居峨眉山，淡泊人生，直到去世。后人称其"楚狂接舆"。"凤巢"一词喻指贤臣在朝，相传黄帝时，凤凰栖于东园或巢于阿阁。"西隔"暗喻贤臣都被放逐到远离朝廷的地方。"九重门"指皇帝居住的地方。

自黄陵离别一年后，某日突然传来刘蕡客死他乡的噩耗，当时在长安的李商隐悲痛欲绝，写下《哭刘蕡》。

上帝深宫闭九阍，巫咸不下问衔冤。
广陵别后春涛隔，湓浦书来秋雨翻。
只有安仁能作诔，何曾宋玉解招魂？
平生风义兼师友，不敢同君哭寝门。

——李商隐《哭刘蕡》

在高天之上的天帝啊，安居深宫，九重宫门紧闭，为何不派遣巫咸下到凡界查证衔冤负屈的情况？自黄陵与您分别后就没有再见面，江上浩渺的春涛阻隔了我们的音讯。正在无尽的思念中时，噩耗传来，顿时眼泪飞如凄冷的秋雨。我只能像潘安那样写一篇诔文来寄托无限的哀思，却不能像宋玉那样作《招魂》使您死而复生。

---

① 古代重量单位，一镒合二十两。
② 古代指套着四匹马的车，或指同驾一辆车的四匹马。

我与您兼有师友之情谊，因此不敢像一般人那样在寝门之外哭吊。

"九阍"，天帝宫门有九重，故称九阍。"巫咸"即传说中的古代神巫。"安仁"指西晋文学家潘安，安仁擅长哀诔之文。"招魂"为楚辞名篇，"宋玉怜哀屈原，忠而斥弃，愁懑山泽，魂魄放佚，厥命将落，故作《招魂》"①。相传宋玉哀怜屈原，在屈原投江自杀后一年之际，来到汨罗江为屈原招魂。据《礼记·檀弓》载，孔子曰："师，吾哭诸寝；朋友，吾哭诸寝门之外。"死者是师，应在内寝哭吊；死者是友，应在寝门外哭吊。李商隐尊刘蕡为师，所以说自己不敢以刘同列自居而在寝门外哭。

李商隐伤悼友人刘蕡的七律，表达了内心深深的悲恸，也表达出对朝廷的强烈不满与失望，饱含对国家前途命运的担忧。清代纪昀在《玉溪生诗说》中评价其"一气鼓荡，字字沉郁"。

关于刘蕡去世的地点一直以来有几种说法，一说刘蕡后来与随人通明、通达沿资江而下，在宝庆（今湖南省邵阳市）境内隐居深山，后来在那里去世。这一说法的依据是当地现存的三郎庙，当地老百姓发现了刘蕡及其随人的墓冢与石屋遗址，遂修葺了这座三郎庙。另一说法是刘蕡死于柳州、葬于柳州，在《新唐书·列传第一百三·刘蕡》记载："贬柳州司户参军，卒。"北宋年间，经由朝廷批准为刘蕡立祠，即刘贤良祠，与柳宗元的柳侯祠合称"唐二贤祠"。李商隐接到的是一封来自溆浦的报丧书信，刘蕡到底死于哪里，李商隐也不清楚，但可以肯定的是，他与刘蕡分手半年后，二人就阴阳相隔了。

---

① 出自东汉文学家王逸注《楚辞章句》。

重吟细把真无奈　已落犹开未放愁

李商隐回到桂林后，郑亚又给他安排了一项公务，到桂管都防御经略使所辖的昭州（今属广西壮族自治区桂林市）去暂摄郡守。唐朝有一项规定，凡州县官员出现缺额，该州节度使、观察使有权委派人去摄守，即暂时代理。如果此人有政绩，该州主官可向朝廷申报，争取正式任命。这是郑亚的一番好意，想帮李商隐，让他先到州郡基层做官，然后逐步升迁。只是这种代理州县长的官很少有人能踏实干好，前去代理的人都是打走一步看一步的主意，因此没有为官一方、造福一方百姓的为政观念。

昭州，古称昭平郡，是多民族混居的地方，民情复杂。前不久，发生了一件匪夷所思的事，州刺史突然失踪了。从李商隐到任后了解的情况来看，这位州刺史因为贪污引起了百姓骚乱，眼看事情败露，残局难以收拾，便弃官逃遁，不知去向。但一州不能没有长官，郑亚仔细考虑后，便派李商隐以观察支使的身份前去代理郡守。

昭州离桂林不远，但由于经济落后，民生艰难，治理此州的官员贪腐横行，导致民怨沸腾，无人愿意接手。李商隐临危受命，急赴昭州时已到落日时分，昭州给他的第一印象简直糟透了。

桂水春犹早，昭川日正西。
虎当官道斗，猿上驿楼啼。
绳烂金沙井，松干乳洞梯。
乡音殊可骇，仍有醉如泥。

——李商隐《昭州》

这首五言律诗生动地记述了昭州呈现在李商隐眼前的情景，混乱不堪、无人管理的昭州连动物都敢在大白天跑到街上来闯荡。太阳刚刚偏西，老虎就在大路上打斗，猴子也爬上驿楼嘶叫。当地人的乡音怪异难懂，那个"醉如泥"者是谁，诗中没有明说，恐怕就是那个还守在州衙内的最后一名官员，因为无聊而喝得烂醉如泥。

这是李商隐生平第一次任地方官，之前他从未治理过一个地方，因此政绩对他而言显得尤为重要。李商隐到昭州后，开始着手了解民情民意，调查当地风情民俗。他从州治坐船顺抚河而下，沿途的考察使他对这里百姓的愚昧和生产经济的落后有了深刻的了解。

鬼疟朝朝避，春寒夜夜添。
未惊雷破柱，不报水齐檐。
虎箭侵肤毒，鱼钩刺骨铦。
鸟言成谍诉，多是恨彤幨。

——李商隐《异俗二首·其一》

一年四季天天都要避开疟鬼，初春的夜晚寒凉依旧，当地雷雨天气频发，人们对打雷闪电习以为常，并不觉得惊诧。岭南时常暴发洪水，往往在还没有察觉间，洪水已淹及屋檐了。用毒药涂在箭头上射杀老虎，用锋利刺骨的鱼钩捕鱼。当地人不会说官方语言，都说土语，即使到官府告状，也说这种叫人听不懂的话，而当地百姓上衙门来多是控告当官的。

　　从这首五言律诗中可以看出，当地自然环境恶劣，生产技术原始，人文风化落后。岭南气候炎热，故多疟疾，当地人认为这是疟鬼作祟。李商隐刚从干燥的北方来到湿度很大的南方，一时不太适应夜晚的凉意，所以他说"春寒夜夜添"，这应该是李商隐个人的独特感受。中原地带人口密集，猛兽绝迹，而南方地区人口稀少，百姓仍然沿袭原始的捕猎方法，这在李商隐看来不免怪异。"彤幨"就是朱红色的帷帐，指刺史等大官。从这些描述中可以看出，昭州医疗状况十分落后，百姓生病不知道求医，而是迷信巫师；不知道疟疾流行是因为病毒传染，而认为是魔鬼作祟，采用逃避的办法抵抗疟疾。抚河两岸的生活习俗还停留在原始的捕猎阶段。

　　户尽悬秦网，家多事越巫。

　　未曾容獭祭，只是纵猪都。

　　点对连鳌饵，搜求缚虎符。

　　贾生兼事鬼，不信有洪炉。

——李商隐《异俗二首·其二》

　　早在秦朝设置桂林郡时，织网技术就已流入当地，当地人因此称之为"秦网"。"户尽"一词显然是指独户人家，由于岭南一带还有猛兽出没，为了抗击野兽，独户人家须张网防兽。而在聚居的村落，人们虽不用张网防兽，但他们对付野兽的办法在李商隐看来也

193

十分怪异。他们对鬼神尤其恐惧，常常求助于巫师，故巫祝活动盛行。中原地带的孟春之月，要等獭祭鱼后才进入泽梁捕鱼。"獭祭鱼"是中原地区的一种风俗，水獭在捕鱼之前要先将鱼摆成一排，欣赏一番战利品后再吃，如有人先将鱼供上就称"獭祭鱼"。而岭南地区，冬天河不结冰，人们无须等獭鱼祭后才下河捕鱼，故"未曾容獭祭"也被李商隐列为异俗之一。当地有不杀豪猪的习俗，这在李商隐眼中也是有别于中原的异俗。钓鱼的人不用手握钓竿坐等甲鱼上钩，而是放出许多线和钩，以一线多饵钓甲鱼。当地虎豹出没，为了求平安，家家户户都搜求道家的缚虎符来避邪避兽，与中原地区在门上贴门神或福禄寿星的习俗迥然不同。"贾生"原指贾谊，这里泛指当地书生，这些人既从事诗书礼乐射的儒者行为，也兼事鬼神。这在李商隐眼中简直是又一大怪，因为真正的儒生是不事鬼神的。"洪炉"应该是指开天辟地的大成就，儒生们不追求天地大业，却热衷于鬼神之功；不信守仁义大道，却对权宜之术情有独钟。

在这人烟稀少的南方地区，李商隐有过一次意外收获，那是他梦寐以求的理想生活。有一次，李商隐带着几个小吏乘坐官船顺流而下，行至一处沙洲，只见沿岸树木成荫，鸟声啁啾，于是他们停船登岸，从而有了一次身心愉悦的游历。

沙岸竹森森，维艄听越禽。

数家同老寿，一径自阴深。

喜客尝留橘，应官说采金。

倾壶真得地，爱日静霜砧。

——李商隐《江村题壁》

一条幽深的小径，两旁是茂林修竹，小鸟悦耳的鸣唱声像吴侬软语那样令人心醉，走着走着，眼前豁然开朗，只见竹篱茅舍散落林间，村舍中的老人个个鹤发童颜，高寿而健康。看到突然出现的客人，他们急忙从家中捧出柑橘来接待他们。大家席地而坐，问及村中为何不见年轻人，老人们回答说年轻人都采金去了。这一处颇具原始情调的乡村使李商隐大为感慨，直呼终于找到一处喝酒的好地方。

李商隐有过在弘农县工作的经历，因为同情底层百姓，不惜得罪上司为穷苦人翻案而受到追究，最后愤而辞职。现在作为代理一郡的地方官，他更加体恤民情，深入民间视察情况，惩治贪腐，发展生产。为了实现他心中的理想，昭州在他的治理下，经济开始有了起色，社会也逐渐恢复正常秩序。不料风云突变，他的政治抱负又遭折戟。郑亚再次被贬，由桂管都防御经略使贬为循州刺史，官衔下降一级，任所更加偏远，朝命一波接一波，催促其尽快上任。

这原是牛党中人从中作祟，但幕后主人则是唐宣宗。唐宣宗一向厌恶李德裕，亲政后即刻将李德裕罢免、贬职，并波及其他李党人士。这一波风卷残云般的清洗，源于晚唐时期震动朝野的"吴湘案"。

唐会昌五年（845 年），七十四岁的李绅出任淮南节度使。此时，扬州江都县尉吴湘遭人举报，检举者称吴湘贪污公款，强娶民女。李绅接报后，立即将吴湘逮捕入狱并判处死刑。该案上报朝廷后引发巨大争议，谏官怀疑其中有冤情，朝廷派遣御史崔元藻前往扬州复查。崔元藻调查后发现，吴湘贪污公款属实，但数额不大，至于强娶民女的事也有曲折原委。起因是扬州都虞侯刘群欲娶流落广陵的美女阿颜，但阿颜的养母并不中意他，悄悄将阿颜嫁给了江都县尉吴湘，刘群一时难以接受，便唆使他人举报吴湘贪污公款，强娶民女。按崔元藻调查的结果来看，吴湘有罪，但罪不至死。然而，宰相李德裕支持李绅，执意将吴湘处以死刑。

唐大中元年（847年），宰相白敏中指使永宁曾经的县尉吴汝纳进京诉冤，状告李绅诬奏、李德裕挟私报复冤杀其弟吴湘。因为李德裕与吴家有世仇，吴湘的叔父吴武陵当年得罪了李德裕的父亲李吉甫，为了巴结李德裕，李绅罗列罪名，将吴武陵侄子吴湘处死。唐宣宗下令复审此案，崔元藻当年以御史身份调查过此事，便将此案来龙去脉上报朝廷，但李德裕并未采信他比较客观的调查结果。李德裕处死吴湘之后，还向皇帝奏报崔元藻失职，崔元藻因此被贬为崖州司户，因此他当然记恨李德裕。现在陈年旧案被翻了出来，复查此案牵涉到他，白敏中、令狐绹等人知道其中渊源，利诱他出来作证，他的证词将对李德裕极其不利。牵扯其中的还有郑亚，他当时任御史台知杂①，由于对李德裕的意图心领神会，便唆使他人从中作梗，由御史中丞李回上报朝廷，将吴湘处死。

　　复查结果定性为冤案，通过追责，李党骨干分子在朝内被全面清洗。实际上，当时处死吴湘是以贪污罪论处，并没有附加强娶民女的成分，因而并不冤。但关键是唐宣宗想利用此案放任白敏中、令狐绹等牛党成员打击李德裕党。面对此次清洗，郑亚在劫难逃，由桂管都防御经略使贬为循州刺史；李回削去光禄大夫、检校吏部尚书、同平章事，由剑南节度使责授湖南观察使。李绅已死，按唐朝的规定，"削绅三官，子孙不得仕"。

　　郑亚被谪为循州刺史，必须离开桂林，这意味着李商隐短暂的代理郡守的生涯结束了。李商隐再次看到官场的黑暗，在离开昭州前，他独自到印山亭②前徘徊，此时他的心情复杂到了极点。

一岁林花即日休，江间亭下帐淹留。

重吟细把真无奈，已落犹开未放愁。

山色正来衔小苑，春阴只欲傍高楼。

金鞍忽散银壶漏，更醉谁家白玉钩。

——李商隐《即日》

花儿一开就凋落，还不到它的花期开满便纷纷坠地，一年的春色转瞬即逝。站在印山亭下徘徊，无限惆怅，泪满衣襟。不断地吟诵，仔细地把玩，无奈花开花落无限忧愁，来不及遍撒芳香便被摧残了。黄昏来临，远山笼罩在暮色之中，清晰的小苑被昏茫衔吞了去，越来越朦胧。暮色更深了，只有高楼的侧面能反射到越斜越弱的微光。人已离去，夜渐深了，只能借酒消愁，一醉方休。

"金鞍"是金色的马鞍。"银壶"指古代计算时间的水壶，"银壶漏"指入夜。"白玉钩"出自西汉齐国的钩弋夫人赵婕妤，她自幼双拳不能伸展，汉武帝令其伸开手掌，展开后掌中握有一玉钩，故称"钩弋夫人"，后延伸为喝酒隔坐送钩之意。

郑亚离开桂州前，派人紧急通知李商隐前往桂林。李商隐知道昭州不是自己的久留之地，于是将公务托付给一个可靠的胥吏，跟着郑亚来使一同回到桂州。两人一见面，郑亚先叫李商隐代写几封书信，寄给朝中参与复查此案的昔日同僚，声称与崔元藻素无怨仇，而崔元藻的座主李回派遣崔元藻前往扬州调查吴湘案时，也没有私下嘱咐过什么。他今天做伪证，连座主都敢诬陷，那诬陷我这个同僚还不是小菜一碟？

李商隐和郑亚在桂林分手后，一个向南，一个向北，各奔前程。郑亚往南去往循州，李商隐则向北返回长安。此时是唐大中二年（848 年）三四月间，他们来桂林还不到一年。

回程都是水路，约五月间，李商隐到达潭州。前不久他曾以桂州府的一个僚属身份因公务经过此地，而今却是一文不名的落魄之人。到了潭州，李商隐意外得知从西川贬到这里的李回刚刚到此，不由得一阵激动，当年应博学宏词考试时，很得李回欣赏，这样于己有恩的人，理当前去拜望。

李回的身份是湖南观察使，他热情接待了李商隐，并让他多停留几日。在李回府上短暂的停留中，李商隐常常徘徊于江汉田间，他痛恨官场的黑暗和钩心斗角的人际关系，非常向往返璞归真的田园生活。

> 荷筱衰翁似有情，相逢携手绕村行。
> 烧畲晓映远山色，伐树暝传深谷声。
> 鸥鸟忘机翻浃洽，交亲得路昧平生。
> 抚躬道地诚感激，在野无贤心自惊。
>
> ——李商隐《赠田叟》

肩挑竹担的老翁看起来很有情致，我们相遇后一起绕着村子走。烧荒的火光将傍晚的远山映得像白天一样，幽暗的树林中，樵夫的伐木声响彻深谷。鸥鸟与白沙云天相伴，鸟儿和谐地在空中飞翔，亲友中有人得志升官却彼此不了解。反躬自问，不禁深深感激田叟的正直有道，权贵们却说乡野间没有贤人，这说法真让我心惊。

"鸥鸟忘机"出自《列子·黄帝》。有一个住在海边的人与鸥鹭无间，鸥鹭总是组成队伍飞来飞去，与他同玩。其父知道后心生一计，叫他把鸥鹭捉到手后一起玩。但第二天，鸥鹭看见他就不敢飞近了。意思是人若没有心机，不存害人之心，动物都愿意与他亲近。

在李回幕府中停留数日后，李商隐见李回没有要聘用他的意思，便客气地告辞。李回大概是有难言之隐，自顾无暇，哪里还顾得上李商隐？果不其然，就在这年冬天，李德裕贬为崖州司户，李回则被贬为贺州刺史，发配到了更远更蛮荒的地方。

短暂逗留后，李商隐继续北上，途经梦泽（今湖南省北部长江以南）。在这个洞庭湖以北的湖泽地区，古代楚国有云、梦二泽，云泽在江北，梦泽在江南。初秋时节，梦泽上风动白茅，满目肃杀。

梦泽悲风动白茅，楚王葬尽满城娇。
未知歌舞能多少，虚减宫厨为细腰。

——李商隐《梦泽》

呼啸的狂风掠过梦泽衰枯的白茅草，发出肃杀的悲声，左右摇摆的茅草平添了迷茫悲凉的气氛。春秋时，这里是楚国旧地，楚王每年都要向周国进贡包茅，用以祭祀时滤酒之用。荒淫无道的楚灵王葬送了多少如花似玉的美女啊，谁也说不清为楚王献舞的宫女有多少，她们宁愿忍饥挨饿就是为了拥有纤纤细腰！

李商隐触景生情，继而想到楚宫细腰，不胜唏嘘。《韩非子·二柄》记载："楚灵王好细腰，而国中多饿人。"为了迎合楚灵王的怪异审美，很多女子为了一袭苗条的"楚宫腰"而节食乃至饿死。在这悲风阵阵、萧瑟荒凉的地下，不知埋有多少为了细腰而葬送青春与生命的女子。楚王罪孽深重，但千古悲剧的制造者岂止残暴的楚王！清代姚培谦在《李义山诗集笺注》中评曰："普天下揣摩逢世才人，读此同声一哭矣。"

京城红叶深秋时　良辰未必有佳期

李商隐回到京城时，已是满山红叶的深秋时节。走在喧闹的长安城中，他感到恍如隔世一般，耳畔隐约传来的箫鼓之声和那南方风情的沙洲栎树，都已成过眼烟云。现在他回到京城的家中，夫妻团聚，说不完久别胜新婚的情话。衮师刚刚学会走路，突然见到久别的父亲，竟不敢到跟前来，怯生生地躲在母亲身后。王氏在李商隐远行的日子里，辛勤操劳，憔悴了许多，昔日丰满圆润的身体变得瘦骨伶仃，眉宇间埋着淡淡的哀怨。

短暂的欣喜过后，李商隐心里又沉甸甸地压上了一块石头——一家人的生计怎么办？现在李商隐待业在家，必须要出去找工作。这时，他想到唯一能帮他的人，就是令狐绹。唐大中元年（847年），外任湖州刺史的令狐绹被召回京城，任考功郎中、知制诰、充翰林学士。此时的令狐绹官运亨通，在天子面前如沐春风。李商隐自桂返回长安的途中，曾在一个山驿小站里梦到春风得意的令狐绹。失意之人梦到得意之人，昔日同学旧游，今日形同云壤。

山驿荒凉白竹扉，残灯向晓梦清晖。

右银台路雪三尺，凤诏裁成当直归。

——李商隐《梦令狐学士》

在这荒凉的山中驿站，白竹制作的大门里面冷冷清清，一灯如豆，灯油即将燃尽，天明将至，这时在梦里看到了清晨的太阳。在通往翰林院的路上，三尺积雪淹没了脚踝，令狐学士刚完成值班任务踏雪归来。

自从令狐楚逝世，李商隐入王茂元幕府后，令狐绹和他的关系每况愈下，虽说如此，但还没到老死不相往来的地步，二人时有书信往来。唐会昌五年（845年），李商隐的母亲去世，令狐绹出于礼节曾聊致慰问。唐大中元年（847年），李商隐辞去秘书省正字之职，随郑亚远赴桂州，这在令狐绹眼中是严重的背叛，二人关系一下子降到了冰点。

九月初九重阳节，长安城"满城尽带黄金甲"，已是一座菊花城。家家户户出游观赏，女人的发簪上插着各异的菊花，游走在城中，犹如移动的花海。皇宫上下热闹非凡，宫廷按照惯例分发节庆花糕，皇帝前呼后拥，在这一天前往万岁山登高。

李商隐也在这天出了门，但不是为了庆祝节日，而是径自朝令狐绹府上而去。此行别有深意，想当年重阳节，他与令狐恩公菊前把酒换盏，好不欢喜。令狐楚钟爱洁白的菊花，在他的庭院里，白菊怒放，开满各个角落，甚至连台阶上都挤满了盛开的菊花，整个庭院宛如一片纷纷扬扬的白色花海。

李商隐此次到令狐绹府上并不是单纯地怀念令狐恩公，而是急切地需要令狐绹救他于危难之中，现在他一家人还处在衣食无着的窘迫境地。令狐绹身居要位，帮他举荐是轻而易举的事。

李商隐进了府门，童仆将他引进一间小厅，然后进去通报，通报结果让李商隐很沮丧，令狐绹以商议公务、即将外出为由拒绝见客。这道客气而冷漠的逐客令，使李商隐心中顿生一阵凉意，他知道不但眼下的希望落空了，今后也不可能指望令狐绹帮他，令狐家与他至此恩断义绝。

李商隐叫童仆拿来笔砚，他一边磨墨一边看着窗外满院的菊花，怀念令狐恩公的情感充满胸臆，只是物是人非，眼前的情景已不同往昔了。他磨了一砚浓墨，在小厅的一面白墙上留下了满怀凄怅的《九日》。

曾共山翁把酒时，霜天白菊绕阶墀。
十年泉下无人问，九日樽前有所思。
不学汉臣栽苜蓿，空教楚客咏江蓠。
郎君官贵施行马，东阁无因再得窥。

——李商隐《九日》

曾经在重阳节与恩公把酒换盏，洁白的菊花开满庭院台阶。十年生死两相隔，今日又值重阳倍加思念，可是令郎徒居高位，不能引进贤才，就像汉使臣从西域引进苜蓿移栽到长安那样，空教我像屈原歌咏芳草那般孤芳自赏。君已显贵，不睦与我，我则将离，没有因由再来造访。

"行马"为官署前用交叉木条制成的木栅栏，阻拦人马通行，尾联中的"行马"令人心生寒意。令狐绹拒绝见李商隐，李商隐在百般失望中咬紧牙关捍卫了自己的尊严，明确表达了自己的态度，即再也不会来府上看望了。据清代姚培谦《李义山诗集笺注》记载，

"绚眸之惭恨，乃扃闭此厅，终身不处"。

> 流莺漂荡复参差，渡陌临流不自持。
> 巧啭岂能无本意，良辰未必有佳期。
> 风朝露夜阴晴里，万户千门开闭时。
> 曾苦伤春不忍听，凤城何处有花枝？

——李商隐《流莺》

惶然四荡的莺儿啊，上下翻飞，飞过小路，飞临河畔，漂泊流转而又身不由己。歌喉婉转，岂能没有本意？恰逢良辰，却未必有佳期。流莺飘荡鸣啭，无论朝霞夜露阴晴之日还是千家万户开门闭户之时。曾为伤春之情所苦，我不忍心再听，京城哪里能寻觅到可供栖息的花枝？

这是李商隐从桂州回到长安后的真实写照。流莺漂泊无依、不遇明时，李商隐联想到自己辗转幕府却无一枝可依的境遇，不胜伤感。

> 本以高难饱，徒劳恨费声。
> 五更疏欲断，一树碧无情。
> 薄宦梗犹泛，故园芜已平。
> 烦君最相警，我亦举家清。

——李商隐《蝉》

栖身高枝吸风饮露，但难以饱腹，悲鸣声不断却无人怜悯。五更以后，蝉声稀疏几近断绝，满树碧绿苍翠，对凄苦的蝉叫毫不动情。我位卑禄薄，漂泊不定，故园田地早已荒芜，野草都长过膝了。

烦劳你用鸣叫给我警告，让我明白一家人的生活跟你一样清寒。

"薄宦"言官职卑微。"梗犹泛"出自《战国策·齐策》，桃偶讥笑泥人："你只不过是用泥土做成人形，一旦洪水到来，你就没命了。"泥人说："我是用西岸土做成的人，即便洪水来了，我被冲得没有人形，但我还可以被洪水冲回西岸的家乡去。可是你呢，你是用东岸桃木做成的人形，洪水一来，你只能随水流漂泊而去，不知道漂泊到哪里去呢!"后来人们用"梗泛"比喻居无定所、漂泊无定的生活。

人言天无绝人之路，时逢吏部有一场选调考试，李商隐参加后被选调盩厔（今陕西省周至县）任县尉。盩厔是京畿属县，其行政归京兆尹统管，盩厔县尉官秩八品下阶。虽然官小，但对李商隐来说已是难得。上任前，他随县令等人去晋见京兆尹，京兆尹对李商隐的文才早有耳闻，恰逢京兆府缺人，于是将李商隐留在京兆府中，以参军之职专管章奏之事。

史家对李商隐入京兆府就职有不同看法。有人认为，这是令狐绹暗中相助的结果，虽然令狐绹给了李商隐一个难堪，但往昔的情义尚有余热，李商隐留在那面白墙上的题诗对他不无触动。而且依令狐绹在朝中的地位，他只需稍稍示意，就可以帮李商隐的大忙。

担任盩厔县尉只是李商隐官场谋生的一个权宜之计。唐大中三年（849年）春，牛党中人郑涓被召回京城任京兆尹，郑涓将李商隐招为法曹参军，从盩厔调回京城，专门负责章奏的起草工作，由从八品下阶升为正七品下阶，官升一级。

李商隐到京兆府经手的第一件公务就是为已逝的牛党首领牛僧孺写祭文。这篇祭文分量不轻，在《樊南乙集序》中，府尹评价这篇祭文："吾太尉之薨，有杜司勋之志与子之奠文，二事为不朽。"意思是牛僧孺去世，有杜牧为他写志文，李商隐为他写祭文，这两件事堪称不朽。府尹所说的杜司勋便是诗人杜牧。

在晚唐诗坛上，杜牧与李商隐齐名，人称"小李杜"。二人在晚唐诗坛上都是负有盛名的才子，但出身、性格与遭遇却大不相同。杜牧出身显赫，乃宰相杜佑之孙、杜从郁之子，唐大和二年（828年）中进士，授弘文馆校书郎，历任国史馆修撰、司勋员外郎以及黄州、池州、睦州刺史等职。李商隐十分钦仰杜牧，杜牧不仅诗写得好，而且精通文才武略，喜欢议政论兵，赞成朝廷打击藩镇，在对河北削藩的问题上，杜牧上书李德裕，陈述用兵方略，深得李德裕赏识。

李商隐很愿意结交杜牧，他在樊南的家离杜牧别墅很近，但二人却交集甚少。他们之间没有党争之虞，也许是趣味不相投之故。李商隐和白居易关系很好，但杜牧不喜欢白居易，甚至公开写文章骂过白居易，鉴于李商隐是白居易的拥护者，杜牧当然不愿多有往来。据说直到唐大中三年（849年），李商隐才和杜牧第一次相见，而且是在路上偶遇，二人在河畔的石椅上相谈甚欢。过了几天，李商隐写了两首诗赠给杜牧，杜牧却没有回应，也许是李商隐"背牛投李"的名声让杜牧有所忌惮。杜牧虽然不是牛党中人，但私下和牛党党首牛僧孺关系甚好，至少从感情上说是亲近牛党的。

在残酷的牛李党争中，杜牧和李商隐都无法置身事外。受党争之累，杜牧离开长安，几近家破人亡；李商隐也一路外放，每况愈下。唐宣宗即位后，杜牧和李商隐陆续从外地回到长安，杜牧任司勋外郎兼史馆修撰，李商隐则在京兆府担任代理法曹参军。

高楼风雨感斯文，短翼差池不及群。

刻意伤春复伤别，人间惟有杜司勋。

——李商隐《杜司勋》

风雨凄凄，上高楼凭栏远望，长安城沉浸在迷茫雨雾中。此情此景触动了胸中积郁的忧世之感，如一只弱燕在风雨中艰难行进，翅短力微，不能与众鸟群飞比翼。呕心沥血刻意写诗，感伤时事又伤离别，人世间唯有杜司勋可享赞誉。

李商隐在这首诗中蕴含了丰富的弦外之音，自谦才力浅短、短羽差池、不能奋飞。在评杜、赞杜的同时，含蓄地寄托自己因为春天到来而忧伤，发出对时事和身世的深沉慨叹。

李商隐满怀真诚地寄出了这首诗，然而，却如石沉大海杳无音信。于是，他又寄出一首七律。

杜牧司勋字牧之，清秋一首杜秋诗。
前身应是梁江总，名总还曾字总持。
心铁已从干镆利，鬓丝休叹雪霜垂。
汉江远吊西江水，羊祜韦丹尽有碑。

——李商隐《赠司勋杜十三员外》

杜司勋的字是牧之，一首《杜秋娘诗》宛若清新高远的清秋。前身莫不是梁代名诗人江总吧？江总乃是以"总持"为字以"总"为名。心如铁石意志坚定，胸中自有雄兵百万，兵甲锐利如同干将镆铘的剑刃，纵然鬓丝如霜雪垂肩，也不必叹老嗟卑。像杜预远吊羊祜那样凭吊西江的韦丹，羊祜碑文和韦丹碑文丹青永驻。

"干镆"，即干将、镆铘。相传春秋时，吴人干将及妻镆铘善铸宝剑，所铸宝剑有雄雌之分，雄剑名"干将"，雌剑名"镆铘"。"汉江"原指杜预，杜预曾任襄阳太守，襄阳地处汉江之滨。因为杜预与杜牧有远祖渊源，故此处"汉江"专指杜牧。"西江"即江西，借指韦丹。韦丹曾任江西观察使，政绩卓著。韦丹去世后，杜牧奉诏撰写韦丹碑。羊祜是魏晋时期的大臣，清廉正直。羊祜曾任荆州都督，以德怀柔，深得民心。西晋咸宁四年（278 年），羊祜病故后，百姓为他立碑，据说看到此碑的人都会流泪。

李商隐寄出两首诗以后，并没有得到杜牧的回音。杜牧似乎不屑于跟李商隐切磋应酬，当时二人都在京城，文人学士常有应酬唱和的聚会，但二人也从未在这种场合相聚。在杜牧的《樊川文集》中也找不到与李商隐有诗词往来的记载。虽说"道不同不相为谋，亦各从其志也"，却并不影响二人在诗坛上各领风骚的成就。李商隐和杜牧都写过咏史诗和爱情诗，文如其人，通过品味诗词可以鲜明地感受到他们不同的人生际遇以及各自的诗词风格。

山上离宫宫上楼，楼前宫畔暮江流。
楚天长短黄昏雨，宋玉无愁亦自愁。

——李商隐《楚吟》

巍峨的山峰上耸立着离宫的宫楼，宫楼前但见暮江东去，宫畔沧海横流。楚国的天空一片苍茫，风雨黄昏，烟雾迷蒙，即使宋玉没有烦愁也不得不愁。

诗中那座巍峨的山峰指的是巫山，"离宫"即楚宫。宋玉，战国辞赋家，曾与楚襄王一同游览过巫山，这在《高唐赋并序》中有记载。巫峡一带两岸的峭壁千仞入云，峡气萧森，猿啼凄凉。荒废的楚宫坐落在暮雨洒落的巫山上，这一切不禁让人心生悲愁。李商隐由郑亚幕府返回长安时途经潭州，在荆楚凭吊屈原，经过楚宫旧址时，眼前暮色凄迷，一片荒凉。旧事已过，就像东去流逝的暮江，曾经的辉煌一去不返。想到社会政治与个人身世，岁月蹉跎，壮志难酬，看似说宋玉愁实则是李商隐自己愁。

> 折戟沉沙铁未销，自将磨洗认前朝。
>
> 东风不与周郎便，铜雀春深锁二乔。

——杜牧《赤壁》

一支遗落的断戟深埋于赤壁的泥沙中，虽然历史久远，断戟却没有被完全锈蚀。我把它捡起来磨洗干净，认出这是三国赤壁之战的遗物。倘若当年周瑜不是得东风之助，火烧曹军，恐怕国色天香已被锁进铜雀高台，江东二乔已沦为曹公妾了。

东汉建安十三年（208 年）十月，在赤壁（今湖北省武汉市武昌区西南矶山）发生了著名的"赤壁之战"。孙刘联军击溃了号称八十三万大军下江南的曹军，奠定了三国鼎立的形势。"周郎"即"赤壁之战"的风云人物周瑜。"二乔"便是大乔、小乔，大乔是东吴前国主孙策的夫人，小乔是青年才俊周瑜的夫人，二位夫人是东吴著名美女，如果二乔都被锁进铜雀台，则东吴社稷亡矣。"铜雀台"建于漳水河上，极其壮丽。东汉建安四年（199 年），曹操消灭了袁氏兄弟以后，夜宿邺城，半夜忽见地里冒出一道金光，于是第二天命人挖掘，竟发现了一只铜雀。在谋士荀攸的鼓动下，于漳水之上修建了一座铜雀台，作为他平定四海的丰碑。曹操久闻江东乔公二女有沉鱼落雁、闭月羞花之貌，发誓要据为己有，曾说："吾一愿扫平四海，以成帝业；一愿得江东二乔，置之铜雀台，以乐晚年，虽死无恨矣。"诸葛亮借题发挥，以此激怒周瑜，促成孙刘联盟，火烧赤壁。

唐会昌二年（842 年），杜牧出任黄州刺史，曾到过赤壁古战场，在滔滔江水前，联想到赤壁之战的风云人物，不禁感慨万端，写下这首咏史诗。诗中把周瑜在赤壁之战中的胜利归于偶然的东风，清代《古唐诗合解》中评价"杜牧精于兵法，此诗似有不足周郎处"。这种说法并没有深刻理解杜牧的用意，杜牧通晓政治军事，胸怀经邦济世之志，"天时不如地利，地利不如人和"，他这样写看似是揶揄，实则是自负有用兵之才，借史事一吐胸中抑郁不平之气。

自古以来，才子大多有丰富的感情经历，杜牧和李商隐都是写爱情诗的高手，但二人在表达形式上各有特点。李商隐的爱情诗常有黯然销魂的缠绵悱恻之感，杜牧的爱情诗则很少用悲愁做主调，写得坦率、真挚。

为有云屏无限娇，凤城寒尽怕春宵。

无端嫁得金龟婿，辜负香衾事早朝。

——李商隐《为有》

雕饰着云母图案的屏风后面，有一娇媚美人。京城寒冬已过，却分外害怕短暂的春宵。无端地嫁了个做高官的丈夫，不恋香衾温玉，一心只想着去上早朝。

这首诗描写一对官宦夫妇的心态，诗中借年轻貌美的妻子之口，娇嗔丈夫天不亮就要起床去上早朝，只留自己独守空闺。虽夫婿身佩金龟，却不抵良辰一刻，表达了她对春宵的爱恋。诗歌写得深情委婉，耐人寻味。

娉娉袅袅十三余，豆蔻梢头二月初。

春风十里扬州路，卷上珠帘总不如。

——杜牧《赠别二首·其一》

十三四岁的少女身姿曼妙，举止轻盈袅娜，宛如二月初含苞待放的豆蔻花。十里扬州城春风沉醉，歌楼舞榭的珠帘翠幕中，多少佳人都不如她美丽动人。

　　这首诗是杜牧赠给一位歌伎的，当时他正要离开扬州奔赴长安，那位歌伎是他在幕僚生活中结识的。从诗中的"扬州路"可见当时扬州经济文化的繁荣，十里扬州路上，歌台舞榭林立，多少红衣翠袖"总不如"他心仪的女子那般超凡脱俗。用花来形容女子的美貌是文人常用的修辞手法，但花有百样红，这首诗中杜牧用豆蔻花来比喻与他分别的女子。豆蔻生于南国，其花成穗时，穗头呈深红色，边上嫩叶卷之而生，渐次展开，花渐探出开放，颜色稍淡。

　　杜牧的爱情诗没有李商隐那种痛彻心扉的伤感情绪，而是点染着轻快明丽的色彩。他善于写景喻人，用动态的手法塑造生动鲜明的人物印象，如"豆蔻梢头""娉娉袅袅"等，用语精妙。

今日涧底松　明日山头檗

唐大中三年（849 年），李商隐在京兆府任参军，从担任弘农县尉起，至今已十年了，此时的他已三十八岁，仕途进取不利，使他在精神上饱尝苦闷。虽然他遇到机缘，署为昭州郡守，但政局变化迅疾，府主郑亚被贬，他本有可能晋升的希望再次化作泡影。回到长安的李商隐，怀着希望寻求令狐绹，却因诸多前事与令狐家不再往来，他的处境越发窘迫。

苦竹园南椒坞边，微香冉冉泪涓涓。
已悲节物同寒雁，忍委芳心与暮蝉。
细路独来当此夕，清樽相伴省他年。
紫云新苑移花处，不取霜栽近御筵。

——李商隐《野菊》

从一片苦竹园移步向南，椒坞边上野菊遍地。微风送来菊花幽幽的暗香，花朵上的秋露似晶莹的泪珠点点。野菊无伴令人心生怜悯，如同孤雁在寒空中飞行。惜花之情充满胸中却有口难言，怎忍心将这托付给黄昏的暮蝉？一条弯弯曲曲的小路延伸向傍晚的夕阳，我独自徘徊于暮色笼罩的小路。一只酒杯是我唯一的亲密陪伴，趁着酒兴忆往事，浮想联翩。紫云东来，繁花御苑，吉祥满园。唯野菊被轻贱于此，无缘选栽，被排斥在御筵之外。

"紫云"即中书省，唐开元元年（713年），中书省被改为紫薇省，这里指令狐绹移官内职，任中书舍人。命运总是那般诡谲莫测，无才无德的人坐享高官厚禄，真才实学的人却沦落如草。令狐绹曾被温庭筠讥讽为"中书堂里坐将军"，虽身为宰相，实则不学无术。据说温庭筠屡试不第与令狐绹有关。南宋计有功在《唐诗纪事》中记载："（令狐）绹益怒，奏庭筠有才无行，卒不登第"。

京兆府参军的工作实际是为他人作嫁衣，薪俸微薄，李商隐一家的生活依然拮据。就在他开始感到心灰意冷时，一封来自徐州的聘书使他的精神为之一振，信中邀他到徐州入幕，幕主正是李商隐的远亲卢弘止。困在长安京兆府的李商隐如逢天降甘霖，喜出望外，连致三启道谢，一来感恩卢弘止知遇之恩，二来表达对徐幕的向往之情，三来感谢卢弘止的赏赐，使他免于捉襟见肘的窘境。

卢弘止乃中唐著名诗人卢纶之子，唐大和年间中进士，初为掌书记，因作风清廉果断，被朝廷看好。唐大中元年（847年），卢弘止官至户部侍郎兼盐铁转运使。唐大中三年（849年）五月，武宁军发生兵变。时义成军驻守滑州（今河南省滑县），乃中原一支劲旅，朝廷急调义成节度使卢弘止接管军务，前去平乱，并任命卢弘止为武宁军节度使兼徐州刺史，镇守武宁军，以肃军纪。

卢弘止到武宁军之前，先回了一趟长安，在前往武宁军中拨乱反正前，需要事先调集几名得力干将。他知悉李商隐在长安的不利处境，于是向朝廷奏请任命李商隐为节度判官，带从六品下阶的侍御史衔。李商隐身在徐州节度使幕府中，编制是朝廷的自式官衔，这就是在往来赠诗中朋友们称他为"李侍御"的由来。卢弘止离开长安前特意为李商隐留下一笔丰厚的经费，自己先行到徐州上任，让李商隐安顿好家务后赶来。卢弘止赴徐州前曾告知李商隐，治理武宁军旧部是一件非常棘手的事，责任非同小可。知道卢弘止对他期望甚殷，李商隐也当仁不让，他的政治热情鼓动他把赴徐州入幕看作一次从军，要到那里好好施展一番。

李商隐于是年冬启程前往徐州，他曾不止一次惜别家人赴考、入幕，但这次异常难分难舍，妻子王氏这些年来勤俭持家，靠着他微薄的薪水，尽力周旋维持。眼下尽管李商隐已经感觉到妻子出现病候，但也只能再次远行，不能守候在她的身边。王氏嫁给李商隐十多年来，总是在为丈夫送行，这次她也表现出特别的依恋。大雪飘飘，年近四十的李商隐辞别家人，心中那份歉疚和牵挂非常人所能体味。

李商隐赶到徐州幕府时，卢弘止已快刀斩乱麻地把原都虞胡庆方的叛乱镇压下去，他严惩首恶，胁从从轻，缩小打击面，采用安抚政策摆平其他人，恩威并举，局势很快稳定下来。当然这只是整肃部队的开始，往后任务势必更加繁重。李商隐作为新任判官自然也不轻松，他同时兼任掌书记，卢弘止所有公文的起草都由他经手，好在他有多年的幕府工作经验，又有文才，一切烦琐的工作都能驾轻就熟地完成。

转眼到了早春二月，李商隐的思家情绪有增无减。微风拂动的杨柳，使他想起了长安城内十里长堤柳絮飞花的情景，每每遇到春夜细雨，思乡之情就更为炽烈。

怅卧新春白祫衣，白门寥落意多违。

红楼隔雨相望冷，珠箔飘灯独自归。

远路应悲春晼晚，残宵犹得梦依稀。

玉珰缄札何由达，万里云罗一雁飞。

——李商隐《春雨》

　　新春时节，我穿着白祫衣在无限惆怅中似睡非睡，幽会的白门寂寥冷落，不由得万分伤感。细雨如帘，隔着蒙蒙细雨凝望红楼，更觉悲情万分，无奈顶着珠帘般的细雨孤单地走在惨淡闪烁的灯光下，默然归来。冷清凄楚的晚春，恰美人迟暮般无情，漫漫长路，我的悲凄怎样排遣？唯有梦中相会，残宵梦短。耳环情书早已准备妥当，找哪位信使来传递呢？只有寄希望于鸿雁传书，看那螺纹般的云片如网布满天空，刚好有一只大雁穿过阴云飞来。

　　"白祫衣"即白夹衣，是唐代流行的休闲便服。"白门"指情人幽会之处，南朝乐府民歌《杨叛儿》云："暂出白门前，杨柳可藏乌。"后人以"白门"代指男女幽会之地。"红楼"乃女子住的华美楼房。

　　卢弘止在徐州政绩卓著，上任一年多来，大局稳定，军旅无哗。只是他身体欠佳，向朝廷申请调回洛阳，但朝廷未予批准，反而提升他为检校兵部尚书、汴州刺史、宣武军节度使，驻扎汴州（今河南省开封市）。但他刚到汴州不久，便在任上因病去世，李商隐再次失去可靠的依赖，不得不离开汴州回长安。他万万没想到的是，此时妻子王氏已经命悬一线。

春日在天涯，天涯日又斜。

莺啼如有泪，为湿最高花。

——李商隐《天涯》

繁花似锦的春天独在天涯，天涯的红日已开始沉入西山。美丽的黄莺儿啊，你天籁般的啼鸣带着哀绝，你若有泪，就让你那婉转的歌声带着泪水洒向盛开在树梢顶上的花儿。清代冯浩在《玉溪生诗集笺注》中引杨守智的评语，认为此诗"意极悲，语极艳，不可多得"。

唐大中五年（851 年）初秋，当李商隐风尘仆仆地赶到长安的家中时，等待他的不是妻儿团圆、皆大欢喜，而是令他肝肠寸断的事实。就在这年初秋，长安城的白菊正含苞待放时，妻子王氏谢世了。

> 蔷薇泣幽素，翠带花钱小。
> 娇郎痴若云，抱日西帘晓。
> 枕是龙宫石，割得秋波色。
> 玉簟失柔肤，但见蒙罗碧。
> 忆得前年春，未语含悲辛。
> 归来已不见，锦瑟长于人。
> 今日涧底松，明日山头檗。
> 愁到天池翻，相看不相识。

——李商隐《房中曲》

蔷薇沾露像滚动的泪珠，为幽居素寒而哭泣。绿色的蔓条如衣带上缀着的钱纹那么小。娇郎痴立像天空迷离恍惚的浮云，拥抱白日在西帘下待到破晓。枕头是龙宫的神石，将秋波的颜色剪出。她柔美的体肤已从素席上消失，唯见到一片惨绿的罗被散落。犹记得前年春天分别，一语未出已含悲切。归来再也不能相见，唯有锦瑟斜挂长存。今日如涧底青松，明日如山头黄檗。真怕到那天翻地覆之日，纵然相见也不能相识。

"龙宫石"相传为龙女所有，此处把妻子用过的枕头比作龙女拥有的宝石，以示遗物价值不菲。"涧底松"喻有才干而地位卑下的人，李商隐一生仕宦沉浮，穷困潦倒，故以涧底松自喻。"山头檗"引自南朝乐府民歌《子夜四时歌》，"黄檗向春生，苦心随日长"。黄檗味苦，以黄檗隐喻自己心苦，一日胜似一日。

王氏与李商隐一见钟情，她当初被李商隐的才貌倾倒，爱上了这个英俊才子，在李商隐的强烈追求下，她嫁给了他，可是婚后的生活漂泊不定，拮据落魄。这个王家的娇贵小姐当初貌美如花、新罗绮带、乌鬓翠钿，与爱人携手十四年后，香消玉殒，长眠于林泉之下。

李商隐与王氏伉俪情深，相濡以沫。李商隐因为夹在牛李党争的旋涡中，一辈子郁郁不得志。两人刚结婚时，生活上屡蒙妻舅李执方接济。唐开成五年（840年），李商隐一家移居长安，全靠李执方支援钱物、车马才得以顺利迁居。唐会昌四年（844年），李商隐致信李执方："今则贫病相仍，起居未卜……仲宣非女婿之才。"在信中，他哀叹自己无能，没给王氏创造好的生活境遇，很是惭愧。他将王氏的灵柩护送回郑州荥阳坛山原的家墓落葬，路过洛阳时，在崇让宅住宿一夜。这一夜他辗转不能眠，无限凄凉。

树绕池宽月影多，村砧坞笛隔风萝。
西亭翠被余香薄，一夜将愁向败荷。

——李商隐《夜冷》

月影朦胧，林木在月影下环绕着宽阔的水池。村中打砧声和坞

216

头的笛声隔着风中的藤萝传来。西亭翠绿的植被在一层薄薄的落花覆盖下散发着香气，今夜的愁绪全都抛洒向衰残的一池莲荷。

李商隐安葬好王氏后，回到长安，丧妻之痛使他万念俱灰，几乎丧失了生活的勇气，身体日渐衰颓。一天，李商隐的妻舅十二郎和韩瞻相约前来樊南看望他，见他意志消沉、情绪低落，便邀他出去小酌解闷。可他无心于此，拒绝了亲友对他的好意，在家里写了一首诗，打发家童送去。

谢傅门庭旧末行，今朝歌管属檀郎。
更无人处帘垂地，欲拂尘时簟竟床。
嵇氏幼男犹可悯，左家娇女岂能忘。
秋霖腹疾俱难遣，万里西风夜正长。

——李商隐《王十二兄与畏之员外相访见招
小饮时予以悼亡日近不去因寄》

当年岳父府上，我是那个坐在末座的年轻人，今天的歌吹宴饮之乐非檀郎莫属。如今那门帘低垂的室内，空空如也，人去楼空，只有灰尘笼罩满屋，连床上的被褥都沾满了。想想我的儿子和女儿，难道他们不比嵇康的儿子和左思的女儿更可怜吗？雨下个不停，这几天腹疾难愈，病痛令人愁苦不迭，在这漫漫长夜里，西风正刮得猛烈。

"谢傅"指东晋太傅谢安。谢安，字安石，陈郡阳夏（今河南省太康县）人，东晋政治家、名士。谢安是名门出身，其父谢裒，官至太常。谢安多才多艺，性情温和，处事秉公明断。他生性淡泊，不喜欢做官，屡辞辟命，隐居在会稽郡山阴县之东山，与王羲之、许询等名士、名僧交往甚密，捕鱼打猎，吟诗作文。"檀郎"是西晋文学家潘安的小名。有人认为，诗中代指李商隐自己或指李商隐的连襟韩瞻。晋代潘安相貌英俊，据说他乘车路过洛阳时，沿途的妇女为了一睹他的美貌，竟手拉手地围观他，往他车上扔水果和鲜花，以示爱慕。"簟竟床"一语出自潘安的《悼亡诗三首·其二》："展转眄枕席，长簟竟床空。"心爱的妻子不在了，只剩下一张铺着竹席的空空如也的床。"嵇氏"指嵇康，三国时期思想家、音乐家、文学家，"竹林七贤"之一。他娶魏武帝曹操曾孙女长乐亭主为妻，拜郎中，调中散大夫，世称"嵇中散"。后隐居不仕，因得罪司隶校尉钟会，遭奸人诬构，被大将军司马昭处死，死前弹奏一曲《广陵散》堪称绝响。"左家"指左思，字太冲，齐国临淄人，西晋文学家，因其作品《三都赋》而使"洛阳纸贵"，名噪一时。

这是李商隐在长安最凄苦的一段日子，孩子需要抚养，自己从徐州回来无事可做，不得已只好再次向令狐绹陈情，希望令狐绹能施以援手。令狐绹看在昔日情分上，推荐李商隐去做太学博士。这是个清闲的职位，负责给太学生们教书讲经。此时的李商隐依然沉浸在丧妻之痛中无法自拔。这时，新任梓州刺史、剑南东川节度使柳仲郢邀他去梓州幕府，为节度使府的掌书记，一来去四川任职需要帮手，二来将李商隐带出长安或许能让他从睹物思人的悲痛中摆脱出来。李商隐深思熟虑后决定跟随柳仲郢赴川任职，再次踏上游幕之旅，这是李商隐一生中最后一次、也是最长的一次幕府生涯。

剑外从军远　回梦旧鸳机

　　唐大中五年（851 年）七月，柳仲郢接到朝廷急令，要他即刻启程赶赴任上，前任因病亡故，东川吃紧。比李商隐年长约二十岁的柳仲郢是个厚道之人，知道李商隐眼下家务琐碎，妻子病故，需要时间调整心绪，于是给李商隐留下一笔丰厚的费用，让他把家事安排妥当后再到东川。

　　柳仲郢，字谕蒙，京兆华原（今陕西省铜川市）人，太保柳公绰之子，与李德裕关系甚好。柳仲郢出任京兆尹治理长安时，政令严明，以法治市，颁布市场规约，设置标准计量器具，对缺斤少两、坑害顾客的不法商贩严惩不贷。当时禁军目无法纪，仗势横行，地方官无人敢管。一次，柳仲郢去公府途中经过市场，见一禁军小将纵马横冲直撞，当即下令将其杖杀。第二天，柳仲郢入朝延英殿奏对，唐武宗责备他为何擅自杀人。柳仲郢回答："陛下认为我略有贤能，让我在京兆府任职。京兆尹是京城的表率，我上任伊始，一个小将竟敢策马在市场上横冲直撞，这是目无陛下的诏命，并非轻慢了我本人。我只知道杖打不守法的人，不知道他是禁军小将。"

柳仲郢为官严谨。李德裕罢相出朝后，柳仲郢被派往郑州任刺史。周墀入朝为相，知道柳仲郢善治，提擢他为河南尹。柳仲郢在任以宽惠为治，救济贫寒，政绩卓著。旁人问他为何不同于京兆之治，他答道："京畿重地，弹压为先；郡邑之治，惠养为本。"唐大中年间，柳仲郢转任梓州刺史、剑南东川节度使。

柳仲郢七月离开长安赴任。转眼秋天来临，看着落叶飘然而下，李商隐心里隐隐作痛，他必须尽快离京前往梓州幕府就职，可孩子怎么办，带着一起前往，终是不妥。于是，他将孩子交托给连襟韩瞻，韩瞻把衮师姐弟安顿到自己家里。看着孩子们天真烂漫的模样，李商隐心里稍得安慰。

转眼到了年底，对李商隐来说，这是一个残忍的冬天。这次离家不同以往，再没有妻子为他打点行装、送他出门，他孤身一人默默地走，再次踏上游幕之路。他水陆兼程，赶赴东川，出长安后先陆路，经陈仓（今陕西省宝鸡市），过大散关，沿嘉陵江一路向南，再行走在李白吟诵的"难于上青天"的蜀山栈道之上。

行至大散关时，途中遇雪，大片的雪花漫天飞舞，寒风刺骨，李商隐内心痛楚难耐。

剑外从军远，无家与寄衣。

散关三尺雪，回梦旧鸳机。

——李商隐《悼伤后赴东蜀辟至散关遇雪》

剑外路途遥远，我起程前往任职；我已没有家，仅带着单薄的行囊，时值寒冬，但是再也没有人给我寄来寒衣了。大散关皑皑白雪，天气奇寒，道阻且长；在留宿的驿舍内，蒙眬进入梦乡，梦里分明看见良人正坐在旧时的鸳机上赶制棉衣。在这个雪夜，李商隐似睡非睡，在梦中看见王氏坐在织锦机上为他赶制棉衣。那是多么温馨的回忆啊，可醒来却发现只是一场梦。

抵达利州（今四川省广元市）后，下船顺嘉陵江一路南行，至望喜驿。

嘉陵江水此东流，望喜楼中忆阆州。
若到阆中还赴海，阆州应更有高楼。

千里嘉陵江水色，含烟带月碧于蓝。
今朝相送东流后，犹自驱车更向南。

——李商隐《望喜驿别嘉陵江水二绝》

嘉陵江水从这里开始向东流去，我站在望喜楼中回忆阆州。如果江水到了阆州还要奔向大海，那我更应该站在高楼上回忆了。嘉陵江沿岸风光如画，含烟带月，江天一色，河水比靛青还要蓝。现在我在江水向东之地与你挥手作别，然后独自驱赶马车向南而去。

这一路向南，经过"一夫当关，万夫莫开"的剑门关，险峻的山路让李商隐胆战心惊。再往前行，就是梓潼、下涪江船，终于抵达目的地梓州（今属四川省绵阳市三台县）。唐至德二年（757年），剑南道分为东川和西川，东川地理位置优越，东西环绕着两条河流，一条是四川盆地中部的涪江，另一条是沱江。东川治所梓州的规模在四川境内仅次于三国时蜀国重镇成都，当时的梓州城繁华而美丽。

梓幕公务非常繁忙，但好在忙而有序，各部关系融洽。在李商隐未到之前，掌书记一职由来自吴郡的张黯代理，李商隐到来后，柳仲郢改派他为节度判官。与李商隐共事的四位同僚个个文采斐然，大家志同道合，常在一起设宴摆酒、吟诗唱和。

山清水秀的梓州使李商隐的心情逐渐平和，孩子安顿在连襟韩瞻家中，他也很放心。然而，他并没有走出丧妻的阴影。这一点柳仲郢看在眼里，暗自思忖，让李商隐再续弦一房，或许能让他重振往日风采，不再一蹶不振。

唐朝时，每个节度使府或州府都有"乐营"。梓州作为东川首府，又是节度使的驻地，乐营规模自然庞大，男女乐伎人数可观。才子学士与乐营中的歌伎发生恋情，或位高权重的官员独霸某个才貌出众的歌伎的事情层出不穷。遇到这种事时，男方往往设法将女方赎出，使之从良，以便长久厮守。

在梓州幕府的乐营中有一位歌舞乐伎名叫张懿仙，这个才貌双全的歌舞伎略通文墨，每逢府中群贤毕至或宴饮庆贺时，她便应府主或客人的要求即兴表演。柳仲郢看她才艺俱佳，又得知她比较贤惠，认为这是许配给李商隐的最佳人选，便向乐营使写下帖子，吩咐人去操办，待事情有眉目后再向李商隐说明。

李商隐在宴席上也与张懿仙见过面，张懿仙对李商隐清秀的容貌和出众的文采印象深刻，很有好感。而李商隐本是一个心地善良之人，对文艺也有浓厚的兴趣，在宴席上对歌舞伎这种身份低微的人很有同情心，故对张懿仙很是友好。在柳仲郢心目中，这事应该很妥当了，现在不幸鳏居的李商隐没有理由拒绝再娶一个女人，不料却遭到了李商隐的婉言拒绝。

商隐启：两日前，于张评事处伏睹手笔，兼评事传指意，于乐籍中赐一人以备纫补。

某悼伤以来，光阴未几。梧桐半死，方有述哀；灵光独存，且兼多病。眷言息胤，不暇提携，或小于叔夜之男，或幼于伯喈之女。

检庾信荀娘之启，常有酸辛；咏陶潜通子之诗，每嗟漂泊。所赖因依德宇，驰骤府庭。方思效命旌旆，不敢载怀乡土。锦茵象榻，石馆金台，入则陪奉光尘，出则揣摩铅钝。兼之早岁，志在玄门，及到此都，更敦凤契，自安衰薄，微得端倪。

至于南国妖姬，丛台妙妓，虽有涉于篇什，实不接于风流。况张懿仙本是无双，曾来独立，既从上将，又托英寮。汲县勒铭，方依崔瑗；汉庭曳履，犹忆郑崇。宁复河里飞星，云间堕月，窥西家之宋玉，恨东舍之王昌。诚出恩私，非所宜称。伏惟克从至愿，赐寝前言，使人尽保展禽，酒肆不疑阮籍。则恩优之理，何以加焉？干冒尊严，伏用惶灼。谨启。

——李商隐《上河东公启》

"商隐启，两天前在张评事那里敬见手书，兼有评事传达事旨，您要从乐籍中选赐一人为我缝补衣衫。

自妻子亡故以来，哀伤痛楚还不过几日。梧桐树的一半已死，故有叙述哀悼之作；我如灵光殿茕茕独立，且身有多病。思念子女，却无暇顾及。他们一个比嵇康的儿子小，一个比蔡邕的女儿幼。检出庾信讲女儿荀娘的书启，每每感到心里酸苦；念陶潜讲其子通子的诗，不禁叹息自己漂泊无定。所幸府主仁德可依，遂从长安前来为幕府效劳，正思为节度献上绵力，不敢怀念故土。这里有锦绣褥子，有象牙装饰的床榻，有石室藏书和燕昭台，入内陪侍风采，出外身带铅刀。早年信奉道教，到此地更与早年经历不谋而合。我认命在天，安于衰弱薄命，略微得道于玄门。

至于南国娇姬、丛台妙妓，虽在诗篇里写过，实与她们毫无干系。何况张懿仙才貌俱佳，堪称天下无双，既得宠上将又托身英俊幕僚。在汲县刻石，依靠崔瑗；在汉庭足跋木屐，心里却念着郑崇。

岂能再让织女星飞下银河，再渡鹊桥，投身他人怀抱？岂能让云里的月亮落下人间，窥墙西邻密约的宋玉，恨不能嫁东邻的王昌？实乃出于私恩，但不宜相称。敬求听从本人恳切的愿望，收回赐伎的成命，使国人保证坐怀不乱柳下惠，酒肆主不疑阮籍之私心。那样就是优厚的恩德了，无复加增。不惜触犯尊严，敬表诚惶诚恐。谨慎启奏。"

"河东公"即柳仲郢，河东是柳姓的郡望，故称柳仲郢为河东公。"梧桐半死"出自汉代枚乘的《七发》："龙门之桐，高百尺而无枝……其根半死半生。"此处喻自己丧妻后孤身一人的凄惨状况。"展禽"即柳下惠，春秋时期鲁国人，中国传统道德的典范，"坐怀不乱"的成语即出于他的故事。"酒肆不疑阮籍"出自《世说新语·任诞》："阮公邻家妇有美色，当垆酤酒。阮与王安丰常从妇饮。阮醉，便眠其妇侧。夫始殊疑之，伺察，终无他意。"

从这封启文中看出李商隐无意续弦，柳公是善解人意之人，也就不再提了。

李商隐年轻时对道教充满兴趣，曾经有过刻骨铭心的"玉阳山之恋"，但自从和王氏结婚后，往事如烟，宋华阳女冠成了他心中一抹遥远的记忆。与王氏十四年的伉俪情深彻底主宰了他的感情生活，除却王氏，他对谁都不会动心。现在，心如止水的李商隐企望从佛教中找到慰藉，他曾在自己的《樊南乙集序》中说："三年以来，丧失家道。平居忽忽不乐，始克意事佛，方愿打钟扫地，为清凉山行者。"

> 白石莲花谁所共，六时长捧佛前灯。
> 空庭苔藓饶霜露，时梦西山老病僧。
> 大海龙宫无限地，诸天雁塔几多层。

漫夸鹜子真罗汉，不会牛车是上乘。

——李商隐《题白石莲花寄楚公》

白石凿成的莲花灯台，在寺院中整天都捧着灯火。深秋时节，霜露落满院中的苔藓之上，夜里梦见西山体弱多病的老僧。大海里的龙宫和雁塔一样高。以舍利佛为代表的阿罗汉为修行得道，还没有理解佛家那圆通广大的道理，仍停留在小乘极里，不通晓最上乘义。

巴蜀之地留下了许多云游僧人的足迹，来往高僧常常到峨眉山礼佛，李商隐得以结识了一些高僧禅师，其中包括名僧知玄禅师。长平山的慧义寺也是李商隐经常光顾的地方，他还捐出自己的俸禄在慧义寺经藏院建了五间石壁。

残阳西入崦，茅屋访孤僧。
落叶人何在，寒云路几层。
独敲初夜磬，闲倚一枝藤。
世界微尘里，吾宁爱与憎。

——李商隐《北青萝》

夕阳西下，沉没在崦嵫山中，我独自前去探访一位独居在茅屋中的僧人。林中落叶遍地，不知僧人住在何处，沿着寒云缭绕的山路，走了一弯又一弯。夜幕降临，耳闻僧人在茅屋中独自敲磬诵经，悠闲地倚着藤杖。大千世界的万物俱在微尘中，我为什么还要谈爱与憎呢？

万里忆归元亮井　三年从事亚夫营

唐大中五年（851年）底，柳仲郢派给李商隐一桩公事，差他到成都一趟。这趟公差难度不大，起因是一件民事案件牵涉到东川、西川两地，李商隐以东川节度使判官、侍御史的身份参与审案。柳公的本意是让李商隐出去走走，舒解内心的郁闷。成都的名胜古迹很多，很值得游历一番。当时镇守西川的是西川节度使杜悰，乃唐宪宗的女婿、岐阳公主的驸马。此外，他与李商隐还有一层亲戚关系，是李商隐的表兄。柳仲郢用心良苦，派李商隐前去既是希望他能借游历名胜舒缓情绪，又能与亲戚叙旧，重温手足之情。

如柳仲郢所料，公事办得很顺利，案子简单，处理得当。西川同僚很热情，陪李商隐到处观光游历。离驿馆最近的一处名胜是武侯祠，这也是李商隐早就盼望要去瞻仰的地方。

　　蜀相阶前柏，龙蛇捧閟宫。
　　阴成外江畔，老向惠陵东。

大树思冯异，甘棠忆召公

叶凋湘燕雨，枝拆海鹏风。

玉垒经纶远，金刀历数终。

谁将《出师表》，一为问昭融。

——李商隐《武侯庙古柏》

蜀相庙阶前古柏森森，像盘绕虬曲的龙蛇，拱卫着深闭的祠堂。枝繁叶茂的树荫一直延伸到外江的江岸，苍老遒劲的枝柯伸向东边的惠陵。看到大树，不禁使人想起了冯异将军；看到甘棠树，就想起了召穆公。树叶凋零，就像湘地的石燕在风雨中上下飞舞；枝条开裂，气势如大鹏展翅扶摇而上。玉垒山前，诸葛亮曾作军事谋略，然而刘家天下气数已尽，败局无法挽回。如今，有谁能手持《出师表》，问那高远的苍穹呢？

"蜀相"指诸葛亮。"阶前柏"是武侯祠庙前高大的柏树，相传为诸葛亮亲手栽植。"惠陵"即刘备的陵墓。冯异，东汉开国名将，屡建奇功，诸将并坐论功时，他一人独坐大树下，无心于功名利禄，人称"大树将军"。"召公"指召穆公，在甘棠树下处理政事，后人赋《甘棠》① 赞美他。"湘燕雨"来自民间传说，据说在零陵（今湖南省境内）有石燕，一旦遇到风雨就会像燕子那样在空中飞翔，风雨一旦停歇，又复为石。"金刀"暗指刘家天下，"刘"字的繁体"劉"可拆分为卯、金、刀。"昭融"是光明、长远之意。

在成都游历名胜并不是李商隐的终极目的，除了公事以外，他另有私心，即希望与表兄杜悰进行深层次的沟通。

杜悰，字永裕，京兆万年（今陕西省西安市）人，唐朝宰相，

---

① 详见《诗经·国风·召南·甘棠》。

外戚，中唐宰相杜佑之孙。杜悰是牛党骨干人物，为官声名狼藉。史家评价他"处高位而妒贤，享厚禄以丰己。无功于国，无德于民"①。杜悰的父亲杜式方，与杜牧之父杜从郁是亲兄弟，故杜悰与杜牧是堂兄弟的关系。而杜悰与李商隐是远亲，杜悰之父杜式方的妻子李氏，乃是李商隐外祖父李则的次女，也就是说，杜悰是李商隐姨母的儿子，因此二人是姨表亲。

　　杜悰熟读史书，而且一表人才，他成为岐阳公主的丈夫实乃幸运。一个偶然的机会，唐宪宗看到宰相权德舆的女婿独孤郁，见其温文儒雅，情不自禁地叹道："德舆有婿乃尔！"岐阳公主是唐宪宗的爱女，为了给女儿招东床，唐宪宗同意岐阳公主在文武大臣中挑选如意郎君。不料公侯将相家的公子对皇帝选女婿的事并不感兴趣，一听说唐宪宗要招东床佳婿，个个避之不及，有的甚至推说有病不来应召，只有杜悰站在麟德殿接受挑选。于是，杜悰在没有竞争对手的情况下顺利当上了驸马，自此官运亨通，授殿中少监，加银青光禄大夫衔，历任京兆尹、左仆射兼门下侍郎、剑南东川节度使。

　　唐会昌年间，杜悰任宰相时，与李德裕在政见上屡次发生冲突。唐会昌三、四年（843年、844年），在平泽潞之战中，他高唱主和论调，反对李德裕镇压叛乱的主张，同情叛镇，主张姑息。李德裕洞若观火，深知姑息必定养奸，今后朝廷会陷入尾大不掉的被动局面。幸而唐武宗和李德裕力排众议，通过平泽潞之战维护了朝廷的统治权威，杜悰因此被罢相。

　　李商隐来到西川幕，干谒杜悰，先后写下《五言述德抒情诗》

---

　　① 详见宋代孙光宪撰《北梦琐言·卷一》。

和《今月二日不自量度辄以诗一首四十韵干渎尊严》①两首长诗，极力为杜悰歌功颂德。

> 率身期济世，叩额虑兴兵。
> 感念崤尸露，咨嗟赵卒坑。
> 倘令安隐忍，何以赞贞明？
> 恶草虽当路，寒松实挺生。
> 人言真可畏，公意本无争。
>
> ——李商隐《五言述德抒情诗》节选

这段诗的大意是，兴兵动武会耗费民力，于民生有难，打仗死人又耗费钱财。看到尸横遍野，不禁使人长叹。如果不能和为贵，怎么叫人赞颂君主的圣明？虽然恶草当道，但松柏依然挺直生长。人言可畏，公本无心争夺功名。

李商隐在为李德裕作《会昌一品制集·序》时，对李德裕大加褒扬，肯定李德裕平定叛镇、维护朝廷权威的功劳，现在摇身一变，又将李德裕暗喻为"恶草"，立场截然不同。而在《今月二日不自量度辄以诗一首四十韵干渎尊严》中，对杜悰的溢美之词已到了令人肉麻的地步。史家对他为杜悰写两首诗的举动给予猛烈抨击，清代冯浩评价："长篇叠赠，丑诋名臣，妄希汲引，可谓无聊之谬算矣。"这一批评很尖锐，对李商隐急切盼望杜悰施以援手而不惜颠倒美恶的吹捧，给予人品上的批判，认为这近乎操行有亏。的确，这两首

---

① 按《全唐诗》收录情况，两首长诗的全名分别是"五言述德抒情诗一首四十韵献上杜七兄仆射相公杜悰"与"今月二日不自量度辄以诗一首四十韵干渎尊严伏蒙仁恩俯赐奖踰其实情溢于辞顾惟疏芜曷用酬戴辄复五言四十韵诗献上亦诗人咏叹不足之义也"。

诗作也从一个侧面说明了李商隐晚年时可悲的心态。

但不管李商隐如何巴结吹捧杜悰，却始终没有达到预期的效果。杜悰并非良善之辈，当时人给他的外号"秃角犀"正可以说明他的为人。古代官员有一项重要的责任与义务，即必须"荐贤"，从先秦诸子时代开始便形成了荐贤的传统，若知贤不举或有贤不知，都被认为是不尽忠，甚至会引来杀身之祸，有贤不举要承担失察的责任。杜悰出将入相，却只顾奉养自己，从来没有荐贤，所以人称"秃角犀"。犀牛以角为贵，脱角便无用了，借此讽刺杜悰有名无实。史载杜悰从不出手助人，即便亲朋好友，他也冷淡寡情。李商隐纯属一厢情愿的幻想，他写诗干谒杜悰，又给杜悰写了几封启文，或表达企望，如"延之设问，希鲍昭之一言；何逊著名，系沈约之三读"；或诉说艰辛，如"幼常刻苦，长实流离，乡举三年，才沾下第，旅宦十载，未过上农"①。但他的哀求并没有打动杜悰，始终没有得到杜悰的援助。

唐大中六年（852年）春，李商隐即将返回梓州。临行前，西川幕府的同僚为他饯行，在饯别宴席上，李商隐赠诗一首。

> 人生何处不离群？世路干戈惜暂分。
> 雪岭未归天外使，松州犹驻殿前军。
> 座中醉客延醒客，江上晴云杂雨云。
> 美酒成都堪送老，当垆仍是卓文君。
>
> ——李商隐《杜工部蜀中离席》

人生在世，哪有不与朋友离别的时候？战乱年代，即便短暂的

---

① 详见《全唐文·卷七百七十八·献相国京兆公启》。

分别也叫人依依不舍。天山雪岭，朝廷使者还留在天外未归，松州一带仍有朝廷的军队驻扎。座中的客人醉了，纷纷向我这清醒的人劝酒；江水上空的云层里，浓黑的雨云夹杂在明亮的天空上，变幻莫测，就像眼下动荡不安的社会局势。如今，垂垂老矣，成都的美酒最是度过晚年的慰藉，何况当垆卖酒的是像卓文君那样的美女。

一直以来，唐王朝与吐蕃、党项的关系都很紧张，朝廷屡次派使者前去处理边境事宜。西北边境历年战乱不息，动荡不宁，从诗中颔联来看，边境局势处于一触即发的状态，大军驻扎，随时都有可能打起来，而官员们却还沉醉在美酒之中。李商隐怀着忧国伤时的心情写下这首诗，而且在风格上刻意模仿杜甫，从感情到文风颇有杜甫之韵，故清人屈复在《玉溪生诗意》中评价此诗"虽无工部之深厚曲折，而声调颇似之"。

李商隐回到梓州后，同僚张黯因故回京，掌书记一职暂时空缺，柳仲郢便让李商隐兼任这项工作。虽然李商隐身兼节度判官和掌书记二职，但仍能在两者间游刃有余，况且如此一来待遇也变得丰厚，对于要抚养儿女的李商隐来说，也乐得如此。有时空闲下来，他便到梓州各处游看，这个时期是李商隐诗歌创作的丰产期。唐大中六年（852 年）秋，七夕到来，身处梓州幕府的李商隐托人给令狐绹转去一封书信，诗中充满了他对令狐绹的失望之情。

> 已驾七香车，心心待晓霞。
> 风轻惟响珮，日薄不嫣花。
> 桂嫩传香远，榆高送影斜。
> 成都过卜肆，曾垆识灵槎。
>
> ——李商隐《壬申七夕》

好不容易等到织女驾着七香车来赴约，刚刚相逢两心相印却又担忧晓霞到来，良辰倏忽消逝。夜已深，清风徐徐，只听见玉佩的叮当声清脆悦耳。日光你黯淡些吧，不要用强烈的光照将艳丽的花儿晒蔫了。半圆的新月在寒宫中把馨香之气传得很远，星间的高榆给人间送来舒适的斜影。她很想把他们相会的事隐藏下来，因为成都那些占卜的小摊上，有人能识别出他们相会的灵筏。李商隐在这首诗中以织女自况，写自己珍视佳期，而以牛郎喻牛党，即令狐绹。

唐大中七年（853 年）初春，巴蜀一带柳绿花红，莺歌燕舞，人们脱下冬装，走向春意渐浓的户外。二月初二是蜀地民间的踏青节，衙门公署放假一天。这天，有人找来一条大船，幕府的同事们乘兴登船，沿江游览。李商隐坐在船上，望着远处连绵不断的青山，脚下一江春水悠悠地流淌。

二月二日江上行，东风日暖闻吹笙。

花须柳眼各无赖，紫蝶黄蜂俱有情。

万里忆归元亮井，三年从事亚夫营。

新滩莫悟游人意，更作风檐夜雨声。

——李商隐《二月二日》

二月二日踏青节春游来到江上，东风和煦，旭日温暖，笙簧悠扬。花蕊如须，柳芽如眼，各自任意生长，紫蝶、黄蜂恣意飞舞，情意绵长。客居万里的游人思归故里，柳伶郑处不觉已三年光阴。江上新滩不解我的心意，夜间檐前风吹雨打、潮声凄切。

元亮即东晋诗人陶渊明的字，"元亮井"特指故里。"亚夫营"借指柳仲郢的军幕。"亚夫"即汉代将军周亚夫，以军纪严明著称。周亚夫将军曾屯兵在细柳（今陕西省咸阳市西南）防御匈奴，后世称"亚夫营"或"细柳营"。

来到梓幕不觉已三年了。一天，一个名叫杨本胜的公子来到梓州幕府见李商隐。说来他与李商隐的相识颇为曲折。弘农郡人杨本胜乃杨汉公之子，李商隐并不认识杨本胜父子，但他认识杨汉公的哥哥虞卿。虞卿曾在朝内担任高官，李商隐与他相识时，他已失势出朝，被贬往遂州，后来死在任上。这次杨本胜来梓州前，特意去看望了衮师姐弟，给李商隐带来他们的近况。就在李商隐思念儿女时，猛然听到孩子们的消息，不禁涕泪纵横，两人一直交谈到深夜。

> 闻君来日下，见我最娇儿。
> 渐大啼应数，长贫学恐迟。
> 寄人龙种瘦，失母凤雏痴。
> 语罢休边角，青灯两鬓丝。
>
> ——李商隐《杨本胜说于长安见小男阿衮》

听说您在长安看见了我最娇惯的小儿子。渐渐长大后就知道忧愁，啼哭的次数也多了。因长久贫困，学业恐怕要推迟。寄人篱下的，即使是龙种也会瘦弱，失去母爱的小凤雏也会变得痴呆。说完这番话我倚在墙角无语，一盏孤灯映照出我两鬓斑白的发丝。

这年七夕之夜，仰望星罗棋布的夜空，李商隐想起牛郎织女鹊桥相会的故事，不禁悲从中来。

> 鸾扇斜分凤幄开，星桥横过鹊飞回。
> 争将世上无期别，换得年年一度来。
>
> ——李商隐《七夕》

拨开鸾扇进入帐篷，喜鹊已将约会的长桥搭建完毕。为何要将死别作为相会的筹码，换取那一年一次的相聚？

这个优美的爱情故事，令人心醉神迷，喜鹊飞往天河搭起鹊桥，织女已经走出了凤幄，她要在天河上分开鸾扇与牛郎相会，可是独留在人间的他怎样才能与亡妻见上一面呢？

转眼到了秋天，在柳幕的三年中，李商隐除了思念儿女与亡妻外，也很思念朋友，尤其思念与他同病相怜的温庭筠。他初来梓州时，温庭筠曾寄诗给他，其中有句"旅雁初来忆兄弟"①，与李商隐以兄弟相称，可见二人关系很亲密。两人早年同在令狐幕中，唱诗作答，互为知己。在这寂寞的秋雨之夜，李商隐瘦长的身影在一灯如豆的烛光下摇曳不定，远在长安的袞师姐弟和友人温庭筠的形象不断在脑海中浮现，挥之不去。

君问归期未有期，巴山夜雨涨秋池。
何当共剪西窗烛，却话巴山夜雨时。

——李商隐《夜雨寄北》

你问我什么时候回来，可是我归去的时期定不下来啊！现在我能对你说的，就是我这里天天下着绵绵不尽的夜雨，池塘都涨满了。我想，什么时候我们相聚了，一起坐在西窗下，共剪烛花，互诉衷肠，细述那在巴山夜雨中的思念！

在这首诗中，李商隐创造了两个成语，一是"西窗剪烛"，一是"巴山夜雨"。剪烛是将燃烧的烛芯剪去一些，使烛光更明亮。在李商隐的诗中，西窗剪烛的本意是思念远方的妻子，清代蒲松龄《聊

---

① 详见温庭筠《秋日旅舍寄义山李侍御》。

斋志异·连锁》中有"与谈诗文，慧黠可爱，剪烛西窗，如得良友"的句子，后引申为亲友之间相聚叙谈。"巴山夜雨"概括了四川盆地秋季阴雨连绵的自然现象，很容易使身处异乡的人产生思乡之情，在思乡情浓的夜里又逢连绵的阴雨，显得更加孤单。

关于这首诗的对象，学术界有两种说法，一说认为这首诗写于唐大中六年（852年），而李商隐的妻子王氏已先于此一年病故，所以他应该是写给朋友的。但内容是"寄内"，因而写作时间应推至唐大中二年（848年），这一时期李商隐正在桂州郑亚幕府中，郑亚被贬为循州刺史，李商隐未跟随郑亚到循州，而是独自由水路经长沙，于次年返回长安。因此，有学者认为，这是李商隐在归途中"徘徊江汉，往来巴蜀"时的作品，"夜雨寄北"应该是李商隐在归途中经过巴蜀之地时写给妻子王氏的。但这一说法有待商榷，因为李商隐在这一时间的巴蜀之程没有明确的背景佐证。

也有学者认为，此诗是李商隐写给一位朋友的，而且对方满足三个条件：一是亲密无间的挚友，二是一直有书信往来，三是心有灵犀。除了他的妻子王氏以外，只有晚唐诗人温庭筠符合这三个条件，二人常有诗作互赠。温庭筠虽出身名门，但同样逃不脱党争的打压，他的仕途遭遇和李商隐一样饱受排挤，直到晚年才做了方城尉与国子助教。因此，有学者认为，这首诗是李商隐在梓州幕府时写给温庭筠的。

魂归故里　此情可待成追忆

　　唐大中九年（855 年），在梓州政绩卓著的柳仲郢被朝廷征调为吏部侍郎，奉调进京。柳仲郢回京前曾询问李商隐的去留意向。此时，李商隐正想儿女想得心焦，哪能愿意留在梓州。"回长安！"李商隐不假思索地回答。

　　待启程时间确定后，柳仲郢设宴酬谢梓州各级官员，幕中同僚连日来也频频摆酒为柳公和李商隐送行。

　　　　不拣花朝与雪朝，五年从事霍嫖姚。
　　　　君缘接座交珠履，我为分行近翠翘。
　　　　楚雨含情皆有托，漳滨卧病竟无憀。
　　　　长吟远下燕台去，惟有衣香染未销。

　　　　　　　　　　　　——李商隐《梓州罢吟寄同舍》

　　不管是百花争艳的春天还是大雪纷飞的寒冬，我们在幕府相处共事，难忘这五年时光，如弹指一挥间。你们为了公务接待贵宾，在酒席间穿梭繁忙；我则组织歌伎演出，取悦客人。幸幕府主人使我们衣食有着落，我们才能同在一个屋檐下。可我常常身体抱恙，无聊寂寞如影随形。今后我们天各一方，离别的失落令人惆怅。怎么能遗忘昔日的相聚，诸君的衣香将常在梦中萦绕。

"霍嫖姚"即霍去病，《汉书·霍去病传》记载："为嫖姚校尉。"此处比喻柳仲郢。"燕台"，战国时燕王筑台招揽天下贤才，台上置千金，后称黄金台或燕昭台，此处指柳仲郢幕。

转眼到了唐大中十年（856 年），元旦刚过，柳仲郢动身前往京城上任，李商隐随柳仲郢的车马队伍离开了梓州。他的行囊很简单，几件换洗衣服，还有一个大竹篓，里面装着他的《樊南文集》和一些文章。五年前，李商隐来梓州时，一人独行，百般艰辛。此次回程不能同日而语，沿途有官员接待酒饭，还有官驿可住，车马队伍走出后下榻的第一间驿馆就是筹笔驿（今四川省广元市北）。三国时期，诸葛亮出兵伐魏时曾在此驻扎，在这里出谋划策，部署军事行动。

> 猿鸟犹疑畏简书，风云长为护储胥。
> 徒令上将挥神笔，终见降王走传车。
> 管乐有才真不忝，关张无命欲何如？
> 他年锦里经祠庙，梁父吟成恨有余。
>
> ——李商隐《筹笔驿》

诸葛丞相的军令，至今连猿鸟都还惊畏，他军垒里的藩篱栅栏也被风云环绕护卫。诸葛亮在这里挥笔运筹的一切，全是徒然，后主刘禅最终坐着邮车出降。孔明不愧是管仲乐毅之才，关公张飞已死，他独木难支，怎能力挽狂澜？往年我途经锦城进谒了武侯祠，曾经为他朗诵《梁父吟》深表遗恨。

"储胥"指军用的篱栅。"降王"指后主刘禅，"走传车"是古代驿部的专用车辆，刘禅成为亡国之君后坐着驿站的车辆出降。"梁父吟"是诸葛亮隐居时吟诵的一首乐府诗。

翻过大散关，来到大散关与陈仓之间的秦冈山上，再由南向北行至圣女祠，到了这里离长安就指日可待了。李商隐不止一次路过圣女祠。令狐楚去世那年，李商隐路过圣女祠时，曾写下《圣女祠》一诗，他再次路过圣女祠，又写下《重过圣女祠》。

> 白石岩扉碧藓滋，上清沦谪得归迟。
> 一春梦雨常飘瓦，尽日灵风不满旗。
> 萼绿华来无定所，杜兰香去未移时。
> 玉郎会此通仙籍，忆向天阶问紫芝。
>
> ——李商隐《重过圣女祠》

圣女祠的白石门前，碧绿的苔藓爬满门扉，从上清仙境谪落此地，回归时间遥遥无期。春夜的蒙蒙细雨洒落在大殿的青瓦上，丝雨如梦，灵风轻微，不能吹展祠中的旗幡。萼绿华洒脱地说来就来，居无定所，杜兰香青童接驾说走就走，立时往返，踪迹飘忽不定。玉郎与圣女通报仙籍要相会于此，圣女有心愿一起登天阶服紫芝，位列众仙。

"萼绿华"是传说中的女仙名，南朝陶弘景《真诰·运象》记载其年约二十，"上下青衣，颜色绝整"，曾于东晋升平三年（359年）十一月，夜降羊权家，与羊权私订终身，后授羊权仙药引其登仙。"杜兰香"出自东晋曹毗的《杜兰香传》，据说她是后汉时人，三岁时被湘江渔夫收养，十余岁时，有青童灵人从天而降，将其携去，临升天时她对渔夫养父说："我仙女也，有过，谪人间，今去矣。""玉郎"是道家对天上掌管神仙名册的仙官的称呼。"紫芝"是一种真菌，在古人眼中是瑞草，在道家眼中为仙草。《茅君内传》称："句曲山有神芝五种……第三名燕胎芝，其色紫，形如葵，叶上有燕象，光明洞彻，服之拜为太清龙虎仙君。"此处喻指朝中官职。

唐大中十年（856年）春，柳仲郢一行回到京城长安，李商隐立即拜访连襟韩瞻的家，并送上从巴蜀带回的土特产。李商隐到梓幕后不到半年，韩瞻受命到果州任刺史，但他的家人仍在长安。唐大中五年（851年）秋末，李商隐入柳仲郢幕府临别长安时，韩瞻为他置酒饯行，席间，韩瞻十岁的儿子韩偓即席赋诗。李商隐离开长安时，正值天寒地冻的冬季；当他重返长安时，阳春时节，杨柳依依，春风拂面。韩偓的赠诗使他想起了当时依依惜别的往事，写下两首七绝酬答。

> 十岁裁诗走马成，冷灰残烛动离情。
> 桐花万里丹山路，雏凤清于老凤声。
>
> 剑栈风樯各苦辛，别时冰雪到时春。
> 为凭何逊休联句，瘦尽东阳姓沈人。
> ——李商隐《韩冬郎即席为诗相送①》

十岁的冬郎才情迸发，像东晋的袁虎，即席写成了送别的诗章。

---

① 本诗全名为"韩冬郎即席为诗相送一座尽惊他日余方追吟连宵侍坐裴回久之句有老成之风因成二绝寄酬兼呈畏之员外"，详见《全唐诗·卷五百四十·李商隐》。

酒宴上的蜡烛悠悠地燃尽了，烛芯的灰烬也已冷却，宴席渐近尾声，离情触动，阖座依依惜别。不久，你将携同儿子远赴果州，在那丹山的万里路上，美丽的桐花覆盖遍野，花丛中传来雏凤清脆圆润的鸣叫声，比老凤苍劲的叫声更加悦耳动听。

我在靠近剑门栈道的巴蜀之地，你在有风樯的江南，彼此天各一方。回想当初离别时天寒地冻、寒风凛冽，转眼间，又是春风杨柳、百花盛开。如果要将韩冬郎的文才与何逊一比，将我与沈东阳一比的话，为了休联句，我已瘦比沈约了。

"剑栈"即剑阁栈道，梓州柳仲郢幕府驻地。"风樯"指韩瞻所在的江南之地，与蜀道剑阁栈道有一段水程。"走马成"语出《世说新语·文学》："桓宣武北征，袁虎时从，被责免官。会须露布文，唤袁倚马前令作。手不辍笔，俄得七纸，殊可观。东亭在侧，极叹其才。"何逊乃南朝梁诗人，出身名门，八岁能诗，弱冠①州举秀才，官至尚书水部郎。何逊擅写离愁别绪，写景更是一绝，他的诗情景交融，惆怅情绪融在景物描写中，令人过目难忘。"姓沈人"即沈约，南朝梁开国功臣，沈约学问渊博，精通音律，是"永明体"的倡导者之一。沈约曾任东阳太守，在《与徐勉书》中，他说自己又老又瘦："百日数旬，革带常应移孔；以手握臂，率计月小半分。"何逊八岁能诗，沈约曰："每读卿诗，一日三复不已。""休联句"指不要写诗了。这句是说，何逊呀，你别再写诗了，你再写诗，沈约就要劳神费力、无尽地瘦下去了。

返回长安的李商隐见到一别五年的儿女，他们都长高了许多，而李商隐已明显地憔悴了。欣喜之余是沉寂下来的伤感，家里没有妻子，处处弥漫着空空如也的凄凉。为了调理身心，李商隐暂居长

---

① 古时汉族男子二十岁称"弱冠"。

240

安，偶尔往返于长安、洛阳之间。一次，他偶然路过昭国坊，在李十将军的南园前，驻足停留许久。这里有他温馨的回忆，由于姻亲关系，新婚时的李商隐夫妇曾在南园小住。他不禁上前轻叩门环，主人热情接待了他，并陪同他重游南园。景色依旧，物是人非，往事历历在目。

潘岳无妻客为愁，新人来坐旧妆楼。
春风犹自疑联句，雪絮相和飞不休。

长亭岁尽雪如波，此去秦关路几多。
惟有梦中相近分，卧来无睡欲如何。

——李商隐《过招国李家南园二首》

潘岳没有了妻子，连来访的客人都为他发愁。只见新人已占据了从前居住的旧妆楼。只有春风依旧，就像当年的联句，漫天飘飞如雪的柳絮和春风纠缠在一起，飞舞不休。

又是一年岁暮，长亭离别，大雪之后的地上，落雪就像海中的波浪起伏。从梓城回长安，路途遥远。唯有在梦里能与你亲近，可是最近辗转床榻、毫无睡意，这可如何是好。"潘岳"指西晋文学家，此处喻指诗人自己。

走出昭国坊，李商隐一路溜达，皇城脚下、曲江边上、大街小巷，随处是熙熙攘攘的人群，摩肩接踵地从他身边走过。陌生而又熟悉的长安城啊，漂泊在外的游子回来了，李商隐心里五味杂陈。他走进一家酒肆，依他今天的兴致，真想一醉方休，可是现在身体大不如前，禁不住酒力，只能小酌一杯。坐在靠窗的座位上，隔窗看着川流不息的人群，三年不举、幕府漂泊、妻子病故……往事一并涌上心头。

　　静下心来的李商隐特别想见见过去的友人，可是坏消息接二连三：他崇拜的诗人杜牧已于三年前故去；他在弘农县的老上司姚合也离开了人世，这个厚道的老人当年"谕使还官"，十分器重他，孰料当年一别竟成永诀。在世的朋友中最亲密无间的当数温庭筠，可是温庭筠也不如意。这个桀骜不驯的才子此次参加进士考试再度落榜，一时意气用事上书考官千余言，有司为控制局势授他为方山尉，如今温庭筠已离开长安履职去了。举目四望，长安城内可以推心置腹的人寥寥无几，叫李商隐好不惆怅。

　　一天傍晚，郁闷的李商隐驱车来到一处胜景，这就是长安城西南的乐游原。早在汉代，汉宣帝立乐游庙，据《汉书·宣帝纪》载，"神爵三年春，起乐游苑"。乐游原是唐代长安地势最高的地方，登上乐游原，长安城尽收眼底。城中朱雀门大街在夕阳余晖的映照下，金碧辉煌，在这个美好的时刻，站在高处的李商隐亲身感到时光在飞快地流逝，在他的视野里，那轮猩红如血的夕阳正往西边奔去，很快在地平线上就剩下半个圆了。

　　　　向晚意不适，驱车登古原。
　　　　夕阳无限好，只是近黄昏。

　　　　　　　　　　　　　　　　　——李商隐《乐游原》

　　傍晚时分我心情不悦，独自一人驾着车登上了乐游原。夕阳一片灿烂辉煌，无限美好，可是黄昏近了，夕阳即将落山。

　　登高望远很容易引起无穷的思绪，家国情怀、身世之感，这一轮夕阳美景，使李商隐不禁生发出万千遗憾，大唐王朝就像这轮美丽的夕阳，很快就会西下。在史学家眼里，李商隐这首久负盛名的五言诗是他对唐帝国即将衰落的感叹。

这年十月，柳仲郢出任吏部侍郎，李商隐在长安一边调养身体，一边等待柳仲郢的安排。柳仲郢的确把李商隐的事放在了心上，但天有不测风云，柳仲郢还未找到适合李商隐的职位，唐大中十一年（857年）正月，朝廷颁发一道任命，柳仲郢以兵部侍郎充诸道盐铁转运使。柳仲郢在去扬州治所上任前，奏请朝廷以李商隐为盐铁推官，李商隐将再次离开长安，随柳仲郢离京到扬州赴任。

盐铁院是国家的敛财机构，中唐时期，江南盐铁院的收入可以抵几百个州的赋税；晚唐时期，朝廷的重要财政也来自盐铁收益。盐铁院所设盐场和监管机构有数百处，盐铁转运使治所在扬州，盐铁使下设市置盐铁推官。这个官职负责盐铁税收案件的裁定和处理，在一般人眼中是个肥差，但对于李商隐来说，盐铁推官并非理想的职位，然而，一来柳仲郢是出于好意，二来自己也需要俸禄养家，只好接受任命。

春寒料峭之时，李商隐随柳仲郢启程，途经洛阳时，他特意请柳仲郢在此暂停几日，因为他有一桩心事未了。这天，李商隐辗转来到崇让宅，眼前的景象使他有恍若隔世之感。昔日的崇让宅，人丁兴旺，门庭若市，来往儒生在华灯下畅怀痛饮，那是多么值得怀念的时光啊。可是现在映入眼帘的却是满地残枝败叶，在初春彻骨的寒风中，廊檐亭榭一片凄凉，几只蝙蝠阴森森地挂在蛛网上，老鼠像赶集一样在院子里跑来跑去。是夜，清冷的月光洒向大地，月色朦胧中的院子更显得阴暗沉寂。李商隐点燃一支蜡烛，随着烛光在各个房间游移，最后，他来到与王氏共同居住过的房间，这是个令人极度悲伤的时刻。

密锁重关掩绿苔，廊深阁迥此徘徊。

先知风起月含晕，尚自露寒花未开。

蝙拂帘旌终辗转，鼠翻窗网小惊猜。

背灯烛共余香语，不觉犹歌起夜来。

——李商隐《正月崇让宅》

铁锁重门，庭院深深，绿苔爬满小径，只有我独自徘徊于这幽深的回廊与阁楼之间。朦胧黯淡的月晕预示着明天清晨将会起风，夜露冰凉，如此清冷的节候怎能唤醒瑟瑟未开的花朵。夜游的蝙蝠飞进飞出，拂动着帘旌。老鼠在深夜里翻过窗格，让人阵阵惊乍，终夜不能成眠。恍惚中闻到衾枕间妻子的一缕余香，背着烛光独坐，恍若伊人犹在，与亡妻窃窃私语、共话良宵，情不自禁轻声唱起了《起夜来》。

李商隐抵达扬州时已是暮春时节。扬州自古繁华，唐贞观年间，扬州属十道中的淮南道；唐天宝年间改扬州为广陵郡；唐乾元元年（758年）复扬州之名。晚唐时期的扬州商贾云集，富甲天下。

李商隐在盐铁推官的任上有一年多时间。一年来，他的健康每况愈下，体力渐渐不支。唐大中十二年（858年），柳仲郢奉调进京，升任刑部尚书。这一次，李商隐没有跟随柳仲郢回长安，而是直接回到河南荥阳老家。也许冥冥之中他有某种预感，已到叶落归根、魂归故里的时候了。

荥阳老家的房子多年来没有人居住，已是破败不堪，经过一番修葺整理，他已耗尽了心力，大病一场。之后，对络绎不绝上门来求索字画或请写墓志铭的人，他一律婉言拒绝。在生命最后的时光里，他时而翻看竹箧里的旧手稿，时而在病榻上回忆，回忆儿时在令狐家那年少得意的时光，回忆夹在党争旋涡中的两难处境，回忆辗转幕府的漂泊生活……这年冬季来得很早，雪花纷纷扬扬，落在荥阳的山川草木上，大地一片银装素裹。在一个寒冷的夜里，李商隐安静地走了，油尽灯枯，浮生若梦，他那些未竟的政治抱负全都化为一场梦幻，被带到了另一个世界。第二日，亲属们在他的床头发现了一纸昨夜写成的诗，这是一首谜一样的诗。

> 锦瑟无端五十弦，一弦一柱思华年。
> 庄生晓梦迷蝴蝶，望帝春心托杜鹃。
> 沧海月明珠有泪，蓝田日暖玉生烟。
> 此情可待成追忆，只是当时已惘然。

——李商隐《锦瑟》

精美的锦瑟因何有五十根弦，每弦每节足以表达令人思念的似水流年。庄周在梦中化为蝴蝶，翩跹起舞；望帝托身于杜鹃，寄托自己美好的心灵。明月高悬于沧海的上空，鲛人哭泣的眼泪都化成了颗颗珍珠；蓝田红日生暖，彼时彼地良玉生烟。那些令人感动的悲欢离合之事，只能留在记忆中了，而如此珍贵的回忆在当时却漫不经心，未曾珍惜。

诗中穿插了诸多典故和优美的民间传说，"庄生晓梦迷蝴蝶"出自《庄子·齐物论》："庄周梦为蝴蝶，栩栩然蝴蝶也；自喻适志与!"此处喻人生如梦。"望帝春心托杜鹃"出自《华阳国志·蜀志》："杜宇称帝，号曰望帝……时适二月，子鹃鸟鸣，故蜀人悲子鹃鸟鸣也。""蓝田"出自晋代文学家陆机的《文赋》："石韫玉而山辉，水怀珠而川媚。"今陕西省蓝田县东南就是闻名遐迩的产玉之地，因为日光照耀，此山蕴藏了玉气。"珠有泪"出自西晋张华的《博物志》："南海外有鲛人，水居如鱼，不废绩织，其眼泣则能出珠。"珠生于蚌，蚌在于海，每当月明浪静之时，蚌就会向明月张开，以养其珠，珠得到月光的滋润，始极光莹。这些典故和民间传说不仅给诗歌平添了唯美色彩，还隐含了李商隐个人的情感色彩，一种凄寒孤寂的感伤，一种难以言说的惆怅。

作为李商隐的代表作，《锦瑟》堪称最负盛名，同时它又是一首最难解的诗。关于它的写作对象，历来众说纷纭，有人说是写给令狐家的一名侍女，这名侍女叫锦瑟，北宋史学家刘攽在《中山诗话》里明言："李商隐有《锦瑟》诗，人莫晓其意，或谓是令狐楚家青衣名也。"有人说是悼亡诗，是李商隐睹物思人，写给已故妻子王氏的。还有人认为，这是一首描写音乐的咏物诗。此外，还有自叙诗歌创作或影射政治之说。总之，千百年来，争论甚嚣尘上，莫衷一是。清代钱谦益、何焯在《唐诗鼓吹评注》中认为："此义山有托而咏也……顾其意言所指，或忆少年之艳冶而伤美人之迟暮，或感身世之阅历而悼壮夫之晚晚，则未可以一辞定也。"这首诗到底写给谁、要表达什么思想，最权威的答案在李商隐本人心中，他没有留下提示，只留给我们一个难解的谜。